究

叢書・知を究める 13

科学哲学の源流をたどる

研究伝統の百年史

伊勢田哲治［著］

ミネルヴァ書房

科学哲学の源流をたどる――研究伝統の百年史【目次】

序　章　科学哲学の来た道……1
現在の科学哲学を振り返る　「科学哲学」という言葉のおこり
多様な広がりを持つ研究伝統を垣間見る

第1章　帰納と仮説をめぐる論争……11

1　ジョン・ハーシェル……12
科学哲学の先駆者としてのベーコン　「演繹」と「帰納」という言葉の変遷
ベーコン哲学の刷新へ　仮説を利用するものとしての科学
ハーシェルの考えた実在　帰納へのこだわり
科学哲学の仕事は科学の分類だった？　科学は役に立つか
ヒューウェルによる書評　原子仮説をめぐる対立

2　ウィリアム・ヒューウェル……28
ウェイトリーへの反発　科学哲学のための科学史
事実と観念を両輪とする科学　科学の発展
「仮説」に対する態度の軟化？　『帰納的諸科学の歴史』への反応
『帰納的諸科学の哲学』の出版　事実のまとめあげ
正しい概念を使ってものを見る　帰納の合流　ヒューウェルと実証主義
ハーシェルとの応酬　ヒューウェルのダーウィンへの影響？

3　ジョン・スチュアート・ミル……52

科学方法論の研究家としてのミル　ミルの科学方法論への関心
「ウルトラ経験主義者」ミル　帰納の四つの方法　帰納なのか記述なのか
単なる仮説としてのエーテル　ヒューウェルからの反撃
仮説の使用についての応酬　道徳の改革との関わり　論争の断絶

第2章　「サイエンティスト」の起源……73
1　「サイエンス」と「サイエンティスト」……73
初出は書評だった　「才能ある紳士」　神学や音楽もサイエンス？
「イギリス科学の衰退」　英国科学振興協会の誕生
科学紳士、科学人、科学耕作者
差別化の言葉としてのサイエンスとサイエンティスト
2　「サイエンティスト」のその後……88
「サイエンティスト」へのためらい？　「サイエンティスト」の再挑戦
「サイエンティスト」定着への長い道　「フィジシスト」の起源
「フィジシスト」も苦難の道をたどった

第3章　一九世紀のクリティカルシンキング……99
1　一九世紀までのクリティカルシンキング……99
「よく吟味すること」と「誤謬を避けること」

クリティカルシンキングもアリストテレスからはじまった
われわれを惑わす四つの偶像　ポール・ロワイヤルの誤謬論

2　ウェイトリーとミル……108
ナポレオンの実在性も疑える？　『論理学の諸要素』の体系的な誤謬論
多義表現の具体例を論じる　議論の作法としての修辞学
証拠を出す責任は誰にあるのか　『論理学体系』は論理学の本なのか
強い感情が誤謬を生む　誤謬のさまざまな形
形而上学の基本原理も誤謬に満ちている　科学者たちの誤謬
思い込みか、アプリオリな真理か　神の加護をめぐる誤謬　一般化の誤謬
意識を物質に還元しようとする「誤謬」　論理と言葉にまつわる誤謬
誤謬論の集大成　一九世紀末の誤謬論
「クリティカルシンキング」の成立

第4章　実証主義の成立……137

1　観察可能な対象に科学のスコープを限る思想……138
実証主義と観念論　ダランベールの実証主義　「活力」をめぐる論争
「運動中の物体に内在する力」の追放
後の実証主義者たちとの問題意識の違い　イギリスにおける力の実証主義
誰が誰に影響を与えたのか　マールブランシュの機会原因論
物体に「込められた」力の否定　マールブランシュの不本意な（？）影響

目　次

一九世紀の実証主義へ　ラプラスは実証主義者だったか
カルノーによる力の実証主義の継承　フーリエと実証主義の一般化
2 「実証主義」という言葉の起源……161
positive と実証　「実証」を使いはじめたのはスタール夫人だった？
サン＝シモンの実証的社会主義　知識の進歩の理論としての実証主義
人類教としての実証主義　一九世紀の三つの実証主義
社会実証主義の範囲　ミルとコントの微妙な距離
知的巨人としてのスペンサー　さまざまなレベルでの「進化」の思想
スペンサーの「総合哲学」　もう一人のイギリス実証主義者、ハミルトン
「知識の相対性」としての実証主義

第5章　一九世紀末から二〇世紀初頭の科学哲学……185
1 ドイツ語圏における科学哲学の展開……186
ドイツ語圏における観念論的科学哲学　ヘルムホルツの登場
実験によって原因を発見するという思想　ラプラスの魔にも知りえないこと
実証主義と実在論のせめぎあい　批判的実証主義
心理学化された実証主義　実在論でもなく観念論でもなく
空間も時間も絶対的ではない？　批判的実証主義の系譜
ボルツマンの科学実在論　エネルギーを中心に世界を解釈する
エネルギー論の衰退

2 社会科学の哲学のおこり……211
自然科学的方法の拡張としての社会科学
自己意識を持つものを研究する科学　心理学における反実証主義
個別の特徴を扱う科学としての文化科学
3 英米の科学哲学……219
トムソンとテイトの穏健な経験主義　クリフォードとピアソンの「常識」
閉じ込められた電話交換手としての人間　統計学は科学の文法か
アメリカにおける忘れられた先行者
メタフィジカル・クラブとプラグマティズム
非実証主義の科学哲学者としてのパース
さまざまな流れをつなぐ存在としてのジェイムズ
4 フランスの科学哲学……233
フランスの新実証主義　取り決めとしての無限の宇宙
構造のみを認める実在論　誤解されてきた哲学者としてのデュエム
良識は決定不全を超える　道具以上のものとしての科学理論
良識主義の行方

第6章 論理実証主義へと続く道

第6章 論理実証主義へと続く道……245
1 ウィーン学団につながるさまざまな道……245

目次

「科学的世界把握」　科学的世界把握の先達たち
ウィーン学団の社会的な文脈　第一ウィーン学団
シュリックを中心としたサークルの発展
新カント派の「概念」へのこだわり　シュリックのマッハへの歩み寄り
カルナップの構造へのこだわり

2 哲学内部の運動としての科学哲学……260

科学内的実証主義から哲学的実証主義へ　原子の存在の証明
科学内的実証主義の終焉　実証主義の物理学者キャンベル
操作主義と原子　論理実証主義者たちの原子への態度
科学哲学の研究伝統

注 274
あとがき 299
科学哲学関連年表 305
参照文献
人名・事項索引

凡例

・本文内での文献への言及は、どの版を参照したか、あるいは翻訳を参照したかにかかわらず、著者名と最初の公表年で行う。同じ著者による同一公表年の複数の文献がある場合は、二つ目以降にa, b, cという記号を付す。ただし、改訂版等で付加・改変された内容に言及する場合は、その内容の初出年を示す。

・注内でも、単に文献を参照する際には著者名と最初の公表年で行う。注においてページ数を示す場合は、そのページ付けのもとになっている版の出版年を示す。その版が内容や版組の改変を伴う別版である場合は山括弧〈 〉、論文集・全集・復刻版の場合は亀甲括弧〔 〕、別言語訳の場合は角括弧［ ］で表示する。内容や版組の改変がほとんどない改刷を参照した場合は特に注記せず、その内容の初出年を示す。

・講演の論文集への収録に言及する場合は講演年を無印で、論文集収録年を亀甲括弧〔 〕で示す。

・全集版や翻訳版の解説や編注・訳注等、全集版、翻訳版で付加された部分を参照する際には、著者名と全集出版年・翻訳出版年で参照し、全集や翻訳であることが分かるよう、亀甲括弧〔 〕、角括弧［ ］で年号を示す。

・本文中引用内での引用者による補足は亀甲括弧〔 〕を用い、全集版等における編集者による補足に角括弧［ ］を用いる。

・本文中では頻出する書籍名や長い書籍名について一部略語を使っている。
『序説』＝ハーシェル『自然哲学研究序説』
『歴史』＝ヒューウェル『帰納的諸科学の歴史』

『哲学』＝ヒューウェル『帰納的諸科学の哲学』
『体系』＝ミル『論理学体系』
『自伝』＝ミル『ミル自伝』
『衰退』＝バベッジ『イングランドにおける科学の衰退に関する考察』
『講義』＝コント『実証哲学講義』
『政治体系』＝コント『実証政治体系』
『常識』＝クリフォード『厳密科学の常識』
『概念と理論』＝スタロ『近代物理学の概念と理論』
『目的と構造』＝デュエム『物理理論の目的と構造』
『構築』＝カルナップ『世界の論理的構築』

序章　科学哲学の来た道

わたしの専門は科学哲学であるが、この分野は残念ながらまだそれほど知名度が高いとはいえない。自己紹介をすると「科学哲学って何をやるの」はまだよい方で、「科学について哲学的に考えるとか意味があるの」とか「そんなの科学の役に立たないんじゃないの」とか、はては「科学哲学って語義矛盾じゃないの」とか、いろいろな反応をいただく。意味があるかとか役に立つかというのは別として、「科学哲学」が「科学」と離れて独自の問題意識を育ててきたのは事実であり、その問題意識を科学者に説明するのにたいへんな苦労をすることもある。科学哲学はどうしてこういう分野になってきたのだろうか。本書では、一九世紀を中心に、科学哲学のやってきた道をたどることで、この問いに答える手がかりを得たいと思っている。

現在の科学哲学を振り返る

過去の科学哲学を振り返る前に、現在の科学哲学という分野ではどんなことをやっているのか、少し紹介しておきたい。「科学哲学」について他分野の人と話をしていてどうもうまく話が通じないなと思うときによくあるのが、「科学哲学」という言葉の意味にそって理解するか、「科学哲学」という名前でここ一〇〇年ほど哲学者たちがやってきたものを想像するかで食い違っているという状況である。

言葉の意味からいえば、「科学哲学」というのは、科学について哲学の観点から考える営み全般を指すだろう。これを「概念としての科学哲学」と呼ぶことにする。それに対して、実際に「科学哲学」という名前のもとに行われている研究は、もちろん「概念としての科学哲学」の範囲内に収まる研究が多いものの、その中でも特定の問題意識にそって、特定の課題を集中的にとりあげてきた。さらにいえば、そうした問題意識は、個々の科学哲学者が勝手にやっているというより、お互いに影響を与え合う哲学者たちのゆるやかな研究コミュニティで共有され、受け継がれてきたものである。このような形で受け継がれてきた問題意識や、その問題意識に基づく研究を「研究伝統としての科学哲学」と呼ぶことにしたい。この研究伝統は、それぞれの時代や地域で「科学哲学」やそれに類する名前で呼ばれることもあるし、そうでないこともある。いずれにせよ、科学哲学者が「科学哲学ではこういう問題をとりあげます」とか「科学哲学ではこういう考え方をします」という場合、研究伝統としての科学哲学の話をしている。それに対して、「いやいや、科学哲学はそういうものじゃないだろ」と他の分野の人が言う場合、「概念としての科学哲学」について話していることが多い。お互い違うものについて話していることに気づかないと何も食い違いがないのに不毛な言い争いになったりするので注意が必要である。

もちろん、研究伝統としての科学哲学は、概念としての科学哲学を常に意識してはいる。実際、研究伝統としての科学哲学は、「これもまた科学についての哲学的考察だな」と思うものを取り込むことで問題圏を広げてきた。例えば、近年の科学哲学の大きなテーマとなっている、科学における「モデル」の役割の分析や「メカニズム」という概念の分析などは、実際の科学研究でこれらの概念が重要な役割を果たしていることに触発されている。とはいえ、研究伝統としての科学哲学には、長らく受け継がれてきたいくつか定番のテーマがある。科学哲学の過去を振り返るためのいわば基準点として、その一つである「科学的実在論論争」と呼ばれる論争を紹介しよう[1]。

科学的実在論論争は時代と共にさまざまな変遷を経てきたのだが、一九八〇年ごろにだいたい現在まで続く論争の構図ができた。科学的実在論とは（現在の科学哲学での用法でいえば）、目に見えないものも含めて、成熟した科学が「存在する」と主張するものはおおむねその通りに存在する、という立場である。この実在論を擁護する代表的な議論として「奇跡論法」と呼ばれる考え方がある。平たくいえば、これは、もし電子や原子などが本当に存在するのでなければ、そういうものの存在を前提として行われる予測や技術的応用がうまくいくのは奇跡になってしまうのではないか（例えばそうした理論に基づいてつくられたテレビジョンという装置が本当に遠隔地の映像を映し出すのは奇跡になってしまうのではないか）、という議論である。

それに対して、反実在論という言葉で総称されるさまざまな立場がある。科学的実在論に反対するということは、実在論の否定、つまり、成熟した科学が「存在する」と主張するものは実は存在しないという立場なのかというとそうでもない。一九五〇年代ごろには、反実在論の代表は「道具主義」という立場だった。これは、目に見えない（科学哲学の用語では「観察不可能な」）対象を指す語（これを「理論語」と呼ぶ）は無意味であり、そういう語を含む文も真理値を持たない（真でも偽でもない）、という考え方である。つまり、「電子」や「原子」はあるかないかという以前に、その言葉は何も指していないから話にもならない、というわけである。

この考え方では現実の物理学の理論にも無意味な文が多数あることになり、何のために物理学者がそんな無意味な文を使って何かを論じているのかさっぱり理解できなくなる。さすがにそれは無理があるということで一九八〇年代に反実在論の代表となったのが、ファン＝フラーセンという哲学者の「構成的経験主義」と呼ばれる立場である（van Fraassen 1980）。これは、観察不可能な対象について語っている文も真理値は持つのだが、科学のそもそもの目的として、そういう文の真偽は科学の関心の対象ではなく、観察可能な部分について正確な予測や説明を行うことこそが大事なのだ、という立場である。

こうした反実在論の立場を支持する議論としては、論理的にいってどんなデータに対してもそれと両立する（観察不可能なものについての）仮説は無数にあるという「決定不全性論法」や、科学の歴史をひもといても、非常にうまく予測や説明を行ってきた理論が観察不可能なものについて言っている部分がまったくまちがいだった例に事欠かない、という「悲観的帰納法」の議論などがある。特に悲観的帰納法については、「エーテル」や「熱素」といった、非常にうまくいった理論に登場したものがあとからみるとまったく存在しなかったという事例があり、科学的実在論者からも真剣に受け止める必要があると認められている。実在論の側からの悲観的帰納法をふまえた提案としては、科学が存在すると考える対象の中でも、われわれが操作・介入できるものだけについて存在すると認めようという「介入実在論」という立場や、観察不可能な対象についての理論の中で、数学的な構造の部分については存在すると認めようという「構造実在論」という立場などがある（構造実在論については、ポアンカレの立場との類似性が指摘されているので、第5章でもう少し詳しく触れる）。

複雑な論争をざっくり説明したのでわかりにくかったかもしれないが、現在の科学哲学は例えばこういうことを論じている。さて、この論争について哲学の外部の人、とりわけ理系の研究者に説明するときに、なぜそもそも「観察可能」かどうかにそんなにこだわるのか、という点の説明に困ることがある。電子顕微鏡などで原子レベルの構造まで「見える」ようになった今、五感でアクセスできるかどうかはもはや重要な問題ではないだろう、というわけである。もちろん、科学的実在論の側の哲学者は観察可能であろうとなかろうと科学が存在すると主張するものはおおむね存在する、という立場ではあるが、その立場をとる人でも、道具主義や構成的経験主義がまじめに応答すべき立場であるということは認める。これは、こうした反実在論の立場が、「不確実なことについてはできるかぎりコミットメントを避ける」という、それ自体としてはもっともなところのある方法論的規則を背景にしていることも影響しているだろう。そうした問題意識や前提が、はじめてこの論争に接する人にはたいへん理解しにくいのである。

これは「研究伝統としての科学哲学」が、その分野内での議論の歴史を背負っているがゆえに、どういう前提で何を論じているかがわかりにくくなっているよい例ではないかと思う。以下で紹介していくように、科学的実在論論争のもとになる論争は一九世紀には科学者たちの間で展開していた。科学者たち自身はそういう枠組みで考えるのをやめてしまったが、哲学者が、その問題意識の核の部分を（時期ごとの変遷はありながらも）受け継いでいる形となっている。本書の目的は、そうした歴史的背景を知ることで、今の科学哲学がなぜわかりにくくなっているかをよりよく理解し、科学哲学の今後を考えていく材料とすることである。

「科学哲学」という言葉のおこり

「概念としての科学哲学」とも、「研究伝統としての科学哲学」とも、まったく無関係ではないものの完全にどちらかと一致するわけでもないのが、「科学哲学」

（philosophy of science）という言葉自体の歴史である。「科学について哲学する」営みは、科学そのものと一体となって昔から行われてきたが、そのほとんどは「科学哲学」という言葉とは無関係なところで行われてきた。他方、学会や学会誌といった制度的側面がととのった専門分野としての科学哲学は一九二〇年代のウィーン学団の旗揚げからはじまったと言われる。しかし、そうした制度的な裏付けがなくとも、みんなで議論しながら同じ問題意識を受け継いでいく研究伝統としての科学哲学はそれよりも少なくとも一〇〇年近くはさかのぼる。そして、「科学哲学」という言葉の導入もそうした営みのはじまりと密接に結びついている。

英語圏だけでなくフランス語圏まで見ると、オーギュスト・コントが『実証哲学講義』（一八三〇）の序文で「諸科学の哲学」（philosophie des sciences）という言葉を「実証哲学」の別の呼び方の候補として挙げている(2)（この「実証哲学」がどういう考え方かは第4章で紹介する）。A・M・アンペールの『科学哲学論』（Ampère 1834）は「諸科学の哲学」という言葉が本のタイトルになった最初の用例のようである。しかし、この記念すべきタイトルを持つ本は、全体としてはひたすら科学の諸分野の分類を数え上げる本である。これが今の意味での「科学哲学」の初出でありうるかというと、やはりちょっとためらわざるをえない。

わたしの知るかぎり、philosophy of science という英語の表現をほぼ現在の意味で使った嚆矢は、同時期のイギリスの科学者・科学史家・科学哲学者・神学者のウィリアム・ヒューウェルである。ヒューウェルは本書の前半で主役の一人として何度も登場するが、せっかく名前が出たのでここで簡単に紹介してしまおう。彼は一七九四年にランカスターに生まれ、奨学金を得てケンブリッジ大学のトリニテイ・カレッジで学んだのち、一生を同カレッジで教鞭をとって過ごし、学寮長までつとめた。教育改革など、大学運営にも大きな影響をあたえた（一八六六年没）。彼の著作は、潮汐の研究を代表とする自然科学から科学史と科学哲学、そして自然神学、道徳、教育論、あるいはドイツ語の小説や詩の翻訳など、非常に多岐にわたる。しかし、現代にも残る一番大きな仕事を残したのは科学哲学の分野だといっていいだろう。

ついでに、「科学哲学」という表現の導入に関わり、また本書の前半の主役の一人でもあるジョン・ハーシェルも紹介しておこう。(3) ジョンの父ウィリアム・ハーシェルは天王星の発見者として知られる著名な天文学者であり、ジョン自身も天文学者として知られる。ジョンはもともと数学に興味があったが、父親のあとをついで二重星のカタログを完成させるべく天文学者の道を歩んだ。一八二四年に出版されたカタログでイギリスの天文協会とフランスの科学アカデミーから賞をもらい、『自然哲学研究序説』を書いた一八三〇年には友人のチャールズ・バベッジに担ぎ出されてロンドン王立協会の会長候補となるも落選している。その後は南アフリカの喜望峰に五年間滞在して南天の観測でさまざまな成果を挙げ、帰国後準男爵に任ぜられている。また、若いころには写真技術の初期におけるカロタイプと呼ばれる写真法の開発にも関わり、「ネガ」や「ポジ」という言葉を作ったのもジョンだといわれている。

さて、そのジョン・ハーシェルの『自然哲学研究序説』（Herschel 1830 以下『序説』）は、科学哲学という研究領域が成立する上で重要な役割を果たした本だと言われる。この本の内容的な面については第1章で詳しく見るとして、ここでは「科学哲学」という言葉の登場との関わりを紹介したい。というのは、「科学哲学」に類する言葉が最初に使われたのが、どうやらヒューウェルによる本書の書評（Whewell

1831）だったようなのである。

ヒューウェルはこの本の意義を以下のように説明する。「本書はもう一つの重要な要素を含んでいる。それは、ハーシェル氏の自然科学の哲学（philosophy of physical science）についての見解、つまり自然科学の構造の基礎にある原理についての見解や、その研究をうまく実施するために研究者たちが従ってきた、そして従うべき格言についての見解である。（中略）本書は、現代科学が持続的で着実な進歩をとげ、現在の繁栄に至る上で貢献した研究方法の規則や教えを詳しく解説しようという重要な試みの最初の一つである」[4]。physical science はこの時点では自然の探究から得られる知識全般を指し、範囲としては今でいう自然科学に近い。この記述は、科学哲学という言葉がそもそも何を指す言葉として作られたのかが示されているという意味でも興味深い。「構造の基礎にある原理」が何を指すかは曖昧だが、基本的には研究方法の原理やルールが（ヒューウェルの言う意味での）科学哲学なのである。

もっとストレートに、philosophy of science という言葉が使われた初出と思われるのが、一八三七年に出版されたヒューウェルの第一の主著『帰納的諸科学の歴史』（全三巻）である。「科学哲学」という言葉は、この本の初版の序文冒頭に登場する。「現在において、科学哲学を改良し拡張するいかなる努力も何らかの興味をかき立てることが期待できる。教養あるすべての人が同意するであろうように、真理の発見の様式や、その目的のためにわれわれがどういう力を持っているか、またそうした力はどういうものにあてはめればもっとも有効かといったことに何らかの光が投げかけられるなら、非常に重要な強みが得られるであろう」[5]。そして、その意味での科学哲学をやる上ではまず科学の歴史を知らなくてはならない、ということで科学史をまとめることの必要性が説かれるのである。

引用したヒューウェルの叙述から、彼が「科学哲学」をどういうものと思っていたかも大体わかる。真理を発見する様式や、その使い方について研究するのが科学哲学だというわけだから、今の言葉でいえば科学方法論と呼ばれるものを想定していると思われる。実際、「哲学」と「方法」（method）は序文の中で何度も並べて用いられる。当然ながら、この意味での科学哲学は科学の歴史と同じくらい古い。ヒューウェル自身、一七世紀初頭の哲学者フランシス・ベーコンを偉大な先達として真っ先に名前を挙げる。しかし、科学の方法論は自分で科学的な研究を行う人々が自分の仕事の一部として語るのが普通で、独立の研究対象とは考えられてこなかった。それがハーシェルの『序説』やヒューウェルの一連の著作によって、ある程度独立性を持った研究対象となってきた。

さて、フランス語、英語ときたらドイツ語はどうなのか、という疑問を持つ人も多かろう。ドイツ語で科学哲学を指すもっとも一般的な表現は Wissenschaftstheorie である。これは「学問論」とでも訳すことができる意味の広い言葉で、英語圏で言う意味での科学哲学と同一視されるようになるのがいつかを特定するのは難しい。よく引用されるのは、エルンスト・マッハが一八九五年にウィーン大学に着任した際に、「哲学（特に帰納科学の歴史と基礎論）講座」（Lehrstuhl für „Philosophie, insbesondere Geschichte und Theorie der induktiven Wissenschaften"）の教授となったことである。[6] これが本当に現在の Wissenschaftstheorie という表現の起源なのか、ということについてはもっと調査が必要だが、それは今後の課題としたい。マッハがこうした肩書きを得るに至った哲学的な研究の内容については第5章で紹介しよう。

多様な広がりを持つ研究伝統を垣間見る

本書で今後「科学哲学」と呼ぶのは、基本的には研究伝統としての科学哲学である。主にとりあげていくのは、「科学哲学」に類する言葉が使われはじめ、内容的にも現在の科学哲学とつながるような研究がまとまった形で出はじめた一八三〇年ごろから、ウィーン学団の結成が宣言されて科学哲学が学術分野として成立する一九二九年までの、ちょうど一〇〇年間ということになる。ただ、研究伝統としての科学哲学がこうした言葉の使用とともにはじまった、というわけではないのが歴史というもののややこしいところで、必要に応じてその前の時期の哲学者や出来事も紹介していく。

ここに名前の挙がったコント、ハーシェル、ヒューウェル、マッハらがその伝統の発展の鍵になったことは間違いないが、一九世紀における科学哲学の研究伝統は、彼らを包み込みながら、多様な立場、多様な関心の人々が議論に参加し、いろいろな方向へと広がっていて、おそらくその全貌を把握している人は誰もいない。本書でもそのほんの一端をとりあげることしかできないが、わたしの紹介から垣間見える奥行きの深さを少しでも感じとっていただければ幸いである。

第1章　帰納と仮説をめぐる論争

本章でとりあげるのは、一九世紀の前半の科学哲学を代表するイギリスの科学哲学における論争である。その中心となったのは、すでに紹介したハーシェルとヒューウェル、それからJ・S・ミルであり、ハーシェル＝ヒューウェル＝ミル論争などとも呼ばれる。これは有名な論争であるにもかかわらず、この論争の背景なども含めて詳しく紹介されることはあまり多くない(1)。

しかし近年になって、ローラ・スナイダーによる一連の著作、とりわけ『哲学の改革——科学と社会に関するビクトリア時代の論争』(Snyder 2006) や『哲学朝食クラブ』(Snyder 2011) で彼らの論争が詳しく分析され、研究が活発化している。本章では、そうした先行する研究なども参照しつつ、この時期、科学や科学哲学がどのようにイメージされていたか、特に論争の的になった「帰納」や「仮説」の概念に焦点をあてながら見ていきたい。

1　ジョン・ハーシェル

科学哲学の先駆者としてのベーコン

すでに紹介したように、ジョン・ハーシェルの『自然哲学研究序説』(Herschel 1830 以下『序説』)は、「科学哲学」という言葉の起源とも関わる、科学哲学の歴史において画期的な著作である。その画期性は何より、自然科学の方法論や、自然科学とはそもそも何かといった、科学についてのメタな考察だけをテーマに一冊の本を書いたことにある。もちろん、それまでも科学の方法論についてはいろいろな人が論じてきた。ガリレオやニュートンの著作には自らの研究の方法について論じている箇所があるし、もっと近いところではジョゼフ・フーリエの『熱の解析的理論』(Fourier 1822)も科学の方法論の考察から話がはじまっている(この本については第4章でも紹介する)。しかしこれらの科学者による著作はどれも、内容的には研究が本体であって、それに方法論も付け加わっているという感じである。それに対して、『序説』はハーシェル自身の天文学などの研究にはほとんど触れず、科学全般の方法を論じている。

こういう感じの本の前例としては、フランシス・ベーコンの『新オルガノン』(Bacon 1620)があり、一九世紀の科学哲学の議論でも強く意識されていたので、まずそちらを紹介しよう(2)。近年の評価としては、ベーコンの提唱する方法論に彼のオリジナルといえる要素はほとんどなく、科学哲学の歴史をまとめたロセーなどは、アリストテレス、グロステスト、ロジャー・ベーコンら過去の哲学者のいっていたことを焼き直したにすぎず、フランシス・ベーコンは独創的な理論家というよりはどちらかといえば有能な宣伝家だったという評価を下している。[3]

ただ、アリストテレスが「エパゴーゲー」（この言葉がその後 induction と訳されることになる）について述べていることは非常に限られていて、「CはすべてAである」と「CはすべてBである」という形の命題をさまざまなCについて調べ上げて行くことで「BはすべてAである」という結論にたどりつく（これは通常の三段論法の結論と前提の一方からもう一つの前提を導き出すという逆推論になっている）、という形に限定されている。[4]ベーコンはさすがにそれよりはかなり多様な推論の形を検討しているので、ロセーの評価はちょっと過小評価気味かもしれない。

ベーコンの『新オルガノン』（アリストテレスの「オルガノン」と呼ばれる著作群を刷新するという意味でこう名付けられた）といえば、「四つのイドラ」が有名である（その話も第3章でクリティカルシンキングの歴史という文脈で紹介する）。しかし、帰納法の歴史という点からは、四つのイドラの出てくる第一巻だけではなく、第二巻にもその後の科学哲学の発展に影響を与える興味深い論述が多い（岩波文庫版では残念ながら第一巻しか訳出されていない）。

ベーコンはよく知られるように経験のみが知識の源泉だという経験主義を採用していた。その知識獲得の方法が「帰納」である。しかし、よくベーコンの名前と結びつけられる「枚挙的帰納法」、つまり同じような事例を集めてそこから一般化するという手法についてはベーコン自身は否定的である。「排除および自然の分解ないし分離を利用せずに、単純な枚挙によって知識の原理（principia scientiarum）を導き出すのは悪しき帰納である」[5]。

排除や自然の分解・分離というのはベーコンの考えた科学の方法である。例えば「熱」の本質が知りたいとしよう（これはベーコン自身が詳しく扱っている例である）。ベーコンの考えでは、まず科学者がやるべきは、さまざまな「熱」の事例を集めることである。その事例の一部にしか現れない特徴は本質ではないから「排除」する。熱現象と常に一緒に現れるように見える性質についても、その性質が熱現象と切り離された事例がないか探す（自然の分解・分離）。否定的事例を使って仮説を絞り込むという考え方は、直接には後で紹介するミルの帰納の四つの方法のうちの「差異法」につながっていくし、二〇世紀まで視野に入れるならポパーの反証主義と通じるところもあるかもしれない。

ベーコンはまた、『新オルガノン』第二巻の大半を使って、理論選択に役立つ「特権的事例」(praerogativae instantiarum, prerogatives of instances) を列挙していき、その数は二七項目におよぶ。特権的事例とは、研究対象の本質を捉えるのに特に役立つとベーコンが考えた事例で、調べたい対象が単独で存在する事例やとりわけ強くないし弱く現れている事例、存在しない状態から発生する事例や存在する状態から消滅する事例などが挙げられる。自然の分解・分離も特権的事例の一種である。特権的事例のリストはたいへん雑多なのと、似たような事例がいくつにも細分化されているのとで、なかなか評価に困るのだが、一九世紀にこのリストがハーシェルとミルによって整理されて、帰納の四つないし五つの方法へと洗練されていくことになる。

特権的事例のリストで特に後世への影響があったのが、一四番目に挙げられた「道標の事例」(instantiae crucis, crucial instances) である。[6] crucial という言葉は分かれ道の道標に使われる十字架 (crux) から採られた言葉で、「道標の事例」というのは、ベーコンの説明によれば、ある現象の原因となる候補がいくつかあるときにどれが本当の原因か見分けるのに役立つような事例のことである。この概念は二ュートンが自分の実験を記述するのにも使われる。(7) 一九世紀以降には「決定実験」という意味で crucial experiment という言葉が使われるようになっていく（一九世紀になって crucial に「重要な」という意味が発生したのもこの意味の変化に影響しているらしい(8)）。

ベーコンが科学の方法論について先駆的な分析をいろいろ行っているのは確かだが、他方で具体例を見ると、あまり高く評価できない気持ちにもなる。彼は同じ概念であらわされるものはすべて同じ法則に従うという前提で消去法（「排除」）を行っていく。例えば、ベーコンは熱が関わる現象を片っ端から列挙し、そのどれか一つにでも現れない性質は熱現象にとって本質的ではないと除外していくのだが、その結果、熱現象の周囲で生じるさまざまな興味深い現象はすべて無視され、残るのは「熱は周囲に向かって拡張する運動である」といったたいへん抽象的な一般論だけである。(9) 熱の概念分析ならこれでいいかもしれないが、物理の研究のスタイルとしてはあまり薦められないだろう。

「演繹」と「帰納」という言葉の変遷

さて、一九世紀の「演繹」と「帰納」をめぐる議論に深入りしていく前に、特に現代の論理学の教育を受けた人に注意を促しておくべきことがある。それは、「演繹」や「帰納」という言葉の意味はこの二〇〇年ほどの間に大きく変わったということである。(10) 二〇世紀における論理学の古典的教科書であるウェズレー・サモンの『論理学』（Salmon 1963）では「演繹的」な議論とは、「もしすべての前提が正しければ結論も正しくなくてはならない」ような議論であり「結論に含まれる事実的な内容が、少なくとも暗黙のうちに、前提にすでに含まれている」ような議論である。これに対して「帰納的」な議論とは、「もしすべての前提が正しければ結論もおそらく正しいが必然的に正しいわけではない」議論であり、「結論に含まれる事実的な内容が、暗黙のうちにさえ、前提にすでに含まれていない」ような議論、と特徴づけられる。[11] 演繹と帰納をこのように対比させる考え方はわたしの知る限り英米の論理学や科学的推論についての議論で今日まで踏襲されている。

しかし、例えば一九世紀後半のウィリアム・スタンレー・ジェヴォンズの論理学の教科書を見てみると、まったく異なる定義が採用されている（Jevons 1870）。演繹的推論（deductive reasoning）とは、「二つないしそれ以上の一般的命題を総合的に組み合わせて前提よりも一般性の低い命題や真理を導き出す」ことであり、帰納とは「逆に、一般性がより低い事実、ないし個別の事実からさえ、より一般的な命題、真理、あるいはしばしばそう呼ばれるように、自然法則へと進む」ことである。[12] つまり、一般からの個別化が演繹、個別からの一般化が帰納というわけである。後で見るように、ヒューウェルとミルは「帰納」という言葉の意味をめぐって激しく対立するのだが、帰納が個別からの一般化であるというもっとも大枠の定義については同意している（だからこそ論争が成り立つという言い方もできる）。

つまり、一八七〇年から一九六三年まで一〇〇年たらずの間に演繹と帰納という言葉の意味がすっかり変わってしまったわけだが、なぜそんなことが起きたのだろうか。最大の理由は、記号論理学の登場により「三段論法」という議論の形式が特別視されなくなったことだろうと思われる。伝統的論理学における正しい推論は、どれも、より一般的な命題が前提に一つは含まれ、結論がより個別的命題になるという形をとっていた。そして、そうした推論は、現在の演繹の定義、つまり前提すべてが正しければ結論も正しいという条件も満たしていた。しかし二〇世紀の記号論理学ではそうした推論は妥当な推論の例にすぎず、一般的か個別的かという区別があまり意味をなさないような妥当な推論もたくさんあることが示された（例えばAという前提からAという結論、つまり自分自身を導き出すような推論も妥当な推論である）。そうした論理学の展開にあわせて導入されたのが「演繹」の新しい定義だと考えられる。先に「演繹」という言葉の意味が変わり、しばらく「帰納」という言葉が宙にうく形になっている時期もあったが、サモンの教科書あたりから、「帰納」という言葉が新しい意味の「演繹」と対応する形に再定義されるようになったらしい。

本当にこの流れで言葉の意味が変わっていったのか確認するためにはもっとさまざまな文献を検討する必要があるが、ここではそこには立ち入らない。本書を読み進めていく上で大事なのは、本書で扱う範囲では演繹と帰納はほぼ古い意味で使われているというのを念頭におくことである。

ベーコン哲学の刷新へ

さて、話を一九世紀にもどそう。ハーシェルにとってヒューウェルはケンブリッジ大学の学部生時代からの友人だった。スナイダーによれば、彼らは同じく同窓生の数学者チャールズ・バベッジ、経済学者リチャード・ジョーンズらと一緒に朝食をかこむ会合を開いていたらしい。そして、そこでベーコンの『新オルガノン』を読んで（少なくともハーシェルとヒューウェルは）いたく感銘を受け、その方法論を広めようと誓い合ったという（スナイダーは『哲学朝食クラブ』でたいへん生き生きとこのシーンを描くのだが、本人たちがこのケンブリッジ時代の交友関係について書き残したものはすべてたいへん断片的なので、彼女の描写のどこまでが想像なのかは気をつけて読む必要がある(13)）。

ハーシェルらが『新オルガノン』を読んで感銘を受けたのはまちがいないようだが、全面的に賛同したというわけでもなかったようである。そもそも『新オルガノン』はハーシェルたちにとってさえ二〇〇年以上前の本で、ニュートン力学すら成立していない段階の著作である。当然、その後の科学の進展をふまえたアップデートが必要となる。また、そこで紹介されている帰納の方法は、ハーシェルのようなベーコン信奉者にとっても必ずしも全面的に支持できるものではなかった。熱の本質をめぐる議論など、実際に研究に携わるハーシェルから見れば不満な点が多かっただろう。以上のようなことから、ベーコンの方法を現代的に提示しようというのがハーシェルの目論見だったようである。

『序説』はラードナーズ・キャビネット・サイクロペディアという啓蒙叢書（自然・人文系の本も含まれていた）の一冊として出版された。叢書の企画者ディオニシアス・ラードナーからハーシェルに、最初に科学の方法論を論じる巻がほしいと依頼があり、以前からの問題意識にも適うということで引き受けた、という経緯らしい[14]。

仮説を利用するものとしての科学

『序説』に対する書評の中でヒューウェルが「自然科学の哲学」（philosophy of physical science）という表現を使ったのが「科学哲学」に類する表現の初出であること、そこで意味されているのは基本的には研究方法の原理やルールだったことは序章で紹介した。ではハーシェルはこの「自然科学の哲学」についてどういうことをいっているのだろうか。教科書的には、『序説』は「仮説」というものの科学研究における役割をはじめてきちんと位置づけ、「発見の文脈」と「正当化の文脈」の区別を明確に定式化した著作ということになっている[15]。それまでの「ベーコン的方法」のイメージは、科学とはあくまで観察された事実を整理して法則にまとめたり、観察された事実をうまく組み合わせて、機械的なやり方である現象を生む原因を探り当てたりする、ボトムアップの方法だった。ニュートンが著作の中で「われ仮説を作らず」と書いたことも影響して、仮説を立てるなど科学者のやることではないと思われていた[16]。

ハーシェルは科学的な探究の目的について次のように述べる。

科学的な心が新しい現象を見せられたときに最初に考えるのが、説明であり、言い換えればその現象を直接生み出している原因を指し示すことである。それができない場合、つぎに考えるのは、その現象を一般化し、似たような現象とあわせて何らかの法則の表現の中に含めることである。後者は、これを考えておくことで、知識がもっと進んだときに、十分な近接因の発見につながるのではないかという希望の下に行われる。[17]

つまり、ハーシェルは科学（科学的精神）の目的を二段構えで考えている。もし可能であれば目に見える現象の背後にある「原因」を明らかにすること、それができない場合は、せめて目に見える現象を統合するような法則を発見することである。これは、序章で紹介した科学的実在論論争に引きつけていえば、実在論的な研究ができるなら科学的実在論で、そうでない場合は構成的経験主義で、と言っているようなものである。どちらが本来の科学の目的かと論争している現在の状況をハーシェルが見たら何と思うだろうか。

また、この明らかにすべき原因について、ハーシェルは、説明に使われるのは真の原因（verae causae）、つまり仮説的なものでなく自然に実在すること（real existence in nature）がわかっている原因でなくてはならない、という。[18] この「真の原因」というのはニュートンに由来する概念である。ニュートンは『プリンキピア』第三部冒頭で「自然哲学の規則」として、科学的推論の四つのルールを列挙している。[19] その第一が「自然物を説明する際に認められるのは、真であり、しかもその自然物の表れを説明するのに十分なだけの原因のみである」というものである。この「真の原因」は、ここでのハーシェルの解釈のように、実際に存在することがわかっている、という意味で伝統的に解釈されている。

さて、その原因を明らかにする方法について、ハーシェルは、観察だけからは導けない大胆な仮説を立てて、そこから導かれる予想を確かめるという方法もあるという。「理論に関する仮説は類推を調べる動機を与える。つまり、それらの仮説と関わるすべての事例を吟味のために召喚する根拠となるのである。よく考えられた仮説は（中略）少なくとも一歩深く一般化し、いくつかの法則をより普遍的な表現の下にまとめる助けとならないことはまずない」[20]。さらにハーシェルは、これでも仮説というものの役割を過小評価しており、仮説を立てることでこれまで思ってもみなかったような実験につながるということを指摘する。

具体例としてハーシェルは光の波動説に言及する。光は粒のような存在なのか、あるいは波のような存在なのかというのは、一八世紀を通して論争の的になった話題であるが、一九世紀初頭に波動説が勝利を収めた。この決め手となったいくつかの実験は、波動説がなければ誰も思いつかないようなものだった。たとえば波動説の反対者シメオン・ポアソンは、波動説が間違っていることを示そうとして、「もし波動説が正しければ球体の影においては中央が明るいことになってしまうが、そんなわけはない」と考えた。ところが一八一九年にフランソワ・アラゴが実際に調べてみると、球体の影は本当に中央が明るいことが判明し（ポアソンスポットないしアラゴスポットと呼ばれる）、俄然波動説は信憑性を増した。ハーシェルはこうした同時代の事例に感銘を受け、仮説の重要性を主張するようになったわけである。

ただし、ハーシェルは仮説の役割を過大評価してはならないとも言う。「この種の仮説に大きな力点を置くのは、一般法則を打ち立てるための足場（scaffold）として役に立つ限りにおいて力点を置く場合という「足場を建築物と取り違える」ことである。[21]「足場を建築物（pile）と取り違える」というのはアレクサンダー・ポープの『道徳論集』という本の中の散文詩からの引用である。[22] つまり、いくらよく検証された仮説でも、一般法則を発見するための「足場」でしかない、というのがハーシェルの立場だと思われる。法則を確立するのはあくまで帰納的一般化と呼ばれる積み上げ式の方法であって、仮説はその途中段階で、帰納の素材となるべき新しい観察結果を得るための手段なのである。これは現在の科学哲学の用語では、「発見の文脈」と「正当化の文脈」の区別にあたる（ハーシェルはこの用語を使わないが）。仮説を立てる過程は「発見の文脈」で、いってみれば何でもありだが、その仮説を検証する「正当化の文脈」はきちんとしたルールに従う必要がある。ただ、細かいことを言えば、ハーシェルは仮説そのものが検証されるというより、仮説を使って得た観察結果から一般化してあらためて別の理論を帰納的に正当化するという、ちょっと入り組んだイメージを持っていたようである。

ハーシェルの考えた実在

では、ハーシェルはどういうものなら単なる仮説を越えて正当化されると思っていたのだろうか。当時、本当に存在するかどうかが論争の対象となっていたものの例として、「原子」や「エーテル」がある。

イギリスの化学者ジョン・ドルトンは一九世紀の初頭に気体の合成の際の質量比に一定のパターンがあることに気づいた。これは気体が「原子」（これは古代ギリシャ哲学で導入された概念で、もともとはそれ以上分割できないような物質の基本単位を指す）から構成されていて、この原子のくっつき方が単純な法則（炭素原子一つにつき酸素原子は一つか二つなど）に支配されているからではないか、と考えた。そして、あらゆる気体は原子から構成されていると考え、気体質量の比率に関する法則はあらゆる気体にあてはまるはずだと推測した。この原子論は一九世紀を通して大きな論争の対象になる（Dalton 1808）。ハーシェルのころには、その原子論の提唱から二〇年以上が過ぎ、分子の概念が導入されて大きな成功を収めていたが、根拠となるのが混合比をはじめとする気体のマクロな性質であることには変わりがなかった。

エーテルはこの時期さまざまな目的のために想定される対象だったが、ここでは特に光の媒質としてのエーテルに話を限る。すでに紹介したように、光は波であるという仮説は『序説』が執筆されたころ、光が粒子であるという説に対して大きな勝利を収めていた。波というものは（当時の理解では）何かが振動している状態であり、その振動が伝播することで波も伝播する。波がぶつかったときに増幅したり打ち消しあったりするのもこの振動というものの持つ性質による。では、光が伝播するとき、何が振動しているのだろうか。この「何か」について、よくわからないところは多々あるものの、とにかく「エーテル」と呼ぼう、ということになった。

これらの想定された対象について、ハーシェルはそれぞれ以下のように述べる。「近代化学の諸発見は、古代人のある者たちが抱いていたある意見が真であることを確立する（establish the truth）までに至っている。それは、宇宙が、個々別々の、分割不可能な原子から構成されている、という意見である」[23]「その〔実験の〕結果は彼〔フレネル氏〕によって、光というものが弾性媒体〔エーテル〕の振動からなるとみなす理論を決定的に支持するものだと述べられている」[24]（以下〔　〕は筆者補足）。これらの引用からは、ハーシェルが仮説の扱いには慎重でありつつも、原子やエーテルといった、一定の裏付けのある仮説については、そこに登場する対象の実在性を受け入れる態度をとっていたことがわかる。[25]

帰納へのこだわり

以上のように、ハーシェルの科学哲学は同時代の新たな展開に刺激を受けて科学の方法の新しいイメージを提供した画期的な研究だったのだが、『序説』全体のトーンからは、むしろベーコンの帰納の方法の忠実な継承者であろうとしていた様子がうかがえる。ハーシェルは、ベーコンにならって、自然についての知識の唯一の源泉は経験であり、その経験の中でも特に大事なのが実験である、ということを強調する。

彼の考える科学の目的は「直接の原因」(proximate cause) を見つけることだが、その方法として彼がリストアップするさまざまな手法はベーコンの二七項目の特権的事例を一〇項目の方法に整理した形になっている。[26] その方法には、「クラスのなかにある特定の性質 (peculiarity) や事情 (circumstance) を持たない事例があれば、その特定の性質は原因ではない (第一のルール)」「クラスのすべてが持つ事情があれば、それは求める原因かもしれないし、同じ原因から生じた並行的な結果かもしれない (第二のルール)」「結果を強度に応じて並べるだけで原因が見えてくることがある (第五のルール)」「さまざまな原因がからみあって複雑な現象がおきている場合、既知の因果関係を取り除いて残余の現象 (residual phenomenon) だけを見るという方法もある (第九のルール)」など、ミルの帰納の方法の直接の元ネタになっているものがいくつも含まれている。

また、具体例としては、高山の岩の中で発見される貝の化石 (これも当時注目されていた話題だった) についてのさまざまな仮説を帰納の観点から比較する。そして、実際に起きることがわかっているメカニズムの組み合わせで説明するべきだということで、土地の隆起を原因とする説を支持し、他の説を「空想の産物に属する」と却下している。[27]

このあたりのこだわりから、ハーシェルのイメージする科学とは何かということが見えてくる。ただ単に自然を研究すれば科学になるわけではなく、ちゃんとした方法に従うことによってその研究は科学になる。その方法とは実験や観察のデータだけを頼りにするということである。想像力を働かせて仮説を立てるのも大事だが、それは最終的には帰納の厳格な方法で吟味しなくてはならない。そうやって科学は進歩してきた。今から見ればどれも当たり前のことのように見えるが、これがこの後大きな論争の引き金となるのである。

科学哲学の仕事は科学の分類だった？

『序説』ではほかにも多くのテーマが扱われている。例えば同書の最後三分の一は科学の諸分野の分類にあてられている。力学からはじまって光学、熱学、化学、電磁気学、天文学、地質学等の分野が簡単に紹介されており、今の自然科学の分類と見比べると、生物学系がほとんど紹介されていない（生理学、動物学、植物学がそれぞれ少しずつ言及されている）のが目立つ。

このような学問の分類はハーシェルに限らず、この時期の科学哲学的な著作によく見られる特徴である。例えば、A・M・アンペールの『科学哲学論』（Ampère 1834）が「科学哲学」（la philosophie des sciences）という言葉のフランス語での初出だと思われるのに、内容としては科学の諸分野の分類を数え上げる本だという話は序章で紹介した。これは人間の知識を体系化することを重視する百科全書的な思想の反映かもしれないし、そもそも科学について哲学するということのイメージが現在と違うことによるのかもしれない。

ただ、こうした科学の分類が展開されている箇所で、現在でいうところの「個別科学の哲学」（科学全体ではなくそれぞれの分野に特有の問題を扱う科学哲学）にあたる話もそこここで展開されている（『序説』でいえば、あとで見る熱学や原子論についてのハーシェルの見解もそうした箇所で扱われている)。その意味では決して軽視できない部分である。

科学は役に立つか

ハーシェルの『序説』でもう一つ目を引くのが、科学は何の役に立つのかということについて一章を割いて論じているところである。ハーシェルが範としたベーコンも同様の主題を論じており、科学の有用性を論じるというのは帰納主義者の一つのこだわりなのかもしれない。

ハーシェルは自然法則についての知識が役立つ四つのパターンを列挙している。不可能なことをしようとしてしまわないこと、目的に適わない手段を選ぶという失敗を避けること、効率的に目標を達成すること、知識がなければそもそもやろうと思いつかなかったことを試みるように促すこと、である。具体例としては、石炭層のないところで石炭を探すという無駄を避けるとか、潜水装置を作る際にきちんと水圧を計算できるとかが挙げられる。

科学的知識がなければそもそもやろうと思いつかないことの例としては、ヨウ素の発見(一八一一年)と、それを使った甲状腺腫の治療などが挙げられている。現在では科学的発見が技術的に応用されるというのは当然すぎてあらためて言及するのも気恥ずかしいくらいだが、一八三〇年代はまだ科学と技術はまったく別の営みだった。ヨウ素の例などは、まだ目新しい出来事だったのだと思われる。

科学の成果のこうした実用化が可能なのも、自然法則が中心になっているからである。そして帰納法は実際に観測された規則性から一般化して自然法則を得ることで、その法則が実用の場面でも成り立つことを保証する。このように考えれば科学の中心に帰納法を据える考え方と科学の応用を強調する考え方が密接に結びつくのはある意味で自然ともいえる。

ヒューウェルによる書評

さて、ハーシェルの『序説』は非常に好評だったらしい。序章で「自然科学の哲学」という言葉の初出として紹介したヒューウェルの書評も、全体のトーンとしてたいへん好意的である。二人が学生時代以来の親友であることを思えば当然のようでもあるが、それにしても、『新オルガノン』に対する見事な注釈である」とか、方法論に関する箇所が「ベーコン以来はじめて哲学の規則を体系だてようとした」という点で「哲学に対するもっとも価値ある貢献である」といった高い評価をしている[28]（ここでの「哲学」はむしろ今でいう自然科学を指す）。

もちろん、ハーシェルはたかだかベーコンの注釈者にすぎない、とヒューウェルが考えていたわけではない。前にも触れたが、ベーコンの帰納のイメージにはいろいろと変わったところがあった。ヒューウェルは、ベーコンの「熱」に関する研究の仕方について、「たいへん奇妙」なやり方だった、と同じ書評の中で述べる[29]。それは、「熱」という言葉があてはめられる現象にもいろいろあって、原因もいろいろある、という可能性が無視されているからである。ハーシェルも『序説』でこれを指摘しているが、「ある時期の物理哲学」が混乱した、という言い方で、ベーコン一人を批判してしまわないよう配慮をしている[30]。ヒューウェルは、そうしたベーコンの「研究」と比較して、ハーシェルは自分自身も科学者であることから、実地に使われて成功した方法論を提示しており、この点ではハーシェルが歴史上はじめてである、という[31]。

原子仮説をめぐる対立

しかし、興味を引くのは、ヒューウェルがハーシェルに対して批判的なコメントも若干している点である。それは「仮説」の利用についての部分である。ハーシェルは「経験からの一般化」という厳格な帰納のほかに、発見的なツールとして「仮説」を利用することを認めていた。しかし、ヒューウェルはそれを読んで勘違いする読者が出てくるのではないかと心配した。

具体的には、ヒューウェルはドルトンの原子論についてのハーシェルの発言を問題視する。すでに触れたように、この時点で原子そのものはまったく観察のしようがなく、気体の化合についてのいくつかの法則（定比例の法則や倍数比例の法則）から推測されるだけのものだった。そして、より具体的なものから段階を踏んでより一般的な真理に向かう、という厳格な帰納のプロセスでは決して観察できないものにはたどりつかない。そのためヒューウェルは「倍数比例の法則は今や広く安全な帰納によって確立しているように見えるが、この法則を原子論を使って表現することはそうした尊敬を受けるところに達しておらず、今のところおそらくわれわれには手の届かない知識の領域に属する」という[32]。つまりここではヒューウェルの方が厳格な帰納主義者としての顔を見せているわけである。

ついでにいえば、この一九世紀初頭当時、イギリスは化学に限らず、地質学以外のほとんどの自然科学分野で後進国だったが、ドルトンはその中でも例外的なイギリス出身のスター科学者だった。ヒューウェルも原子論を批判しつつ、それがドルトン批判にならないように注意を払っているように見える。

ハーシェルが原子論を基本的に受け入れていたのはすでに見た通りである。ハーシェルは以下のようなことも言っている。「［倍数比例の法則＝原子論が］非常に単純であったために、ドルトンは、従属的な法則を手間ひまかけて帰納的に上って行くという付随的な段階を経ずに、わずかな事例の考察に基づいてもっとも一般的な形でこれを宣言することになった[33]」。ヒューウェルは、この箇所に対して以下のようにかみつく。「このような言い方は誤解されやすいと考えざるをえない。もしドルトンがわずかな事例だけから推測（guess）し、それ以上のことをしなかったのであれば、そのような検討を経ない単純化で法則にたどりついた最初の人物として科学史に名前を残すことになっただろう」「労力をかけない発見という考え方ほど反対すべきものはない」。さらに、だめ押しで著名な地質学者アダム・セジウィックの演説も引用する。「単なる推測（guesses and conjectures）から重要な物理的真理が予期された例は人類の歴史に一つもない」[34]。つまり、原子論なんて法則の確立にはほとんど役に立っておらず、倍数比例の法則を確立したのはあくまで段階を踏んだ帰納的一般化だというわけである（ちなみにヒューウェルは後の著作では guess という言葉をもっと肯定的に使うが、その点でもこの書評は興味深い）。

こうしてヒューウェルは、友人ハーシェルの著作に若干の不満を持つことになる。これが一〇年後に彼自身の科学哲学を著作にまとめる原動力の一つになったことは想像に難くない。

2 ウィリアム・ヒューウェル

ウェイトリーへの反発

ヒューウェルの人となりについては序章ですでに紹介した。『序説』が出た一八三〇年、ヒューウェルは力学の入門書や鉱物学の著作等はすでに公表していたが[35]、まだ科学の方法論についての著作はなかった。しかし、ヒューウェルの書簡等を詳細に研究したスナイダーによれば、ヒューウェルは実は『序説』よりはるか前から科学の方法論としての帰納についての著作を計画していたという[36]。『序説』への書評を経て、次は自分が著作をまとめる番だという意識は強く持っていたに違いない。

ヒューウェルが科学方法論の著述を行うようになっていくに当たっては、また別の刺激もあったことが指摘されている。ヒューウェルはハーシェル同様学生時代からの友人である経済学者ジョーンズと、自然科学だけでなく道徳や経済学なども含めた人間の知識全般の方法論として帰納法を打ち出すという哲学の改革について書簡の中で語り合っていた[37]。彼らの議論でやり玉にあがっていたのはウェイトリーの『論理学の諸要素』である[38]。これはもともと『メトロポリタン百科事典』の一項目として執筆された論理学の項目が好評だったために単独の著作として刊行されたもので、その後何度も版をあらためて一九世紀イギリスにおける論理学の代表的な入門書となる。この著作の中でウェイトリーは帰納法にも一つの章を割いている。その論旨はなかなか刺激的で、帰納論理と呼べるものが仮にあるとすれば、それは単に省略した三段論法にすぎない、というものである[39]。観察した事例から、観察していないものも含めてすべてのものが従う普遍的な法則を導き出すのは、「観察した事例で成り立つ規則性は観察していない事例でも成り立つ」という暗黙の前提をおいているからで、これを明示すれば普通の三段論法になる、というわけである。

ヒューウェルとジョーンズは、ウェイトリーの論述が科学の基礎としての帰納法を矮小化していると感じたようで、上述の書簡で意見交換を行っている。そこで危惧されていたのは、ウェイトリーの本を読んで科学が基本的に演繹的にできる（つまり幾何学のように公理を設定して後はそこから証明を行う、というようなやり方）という誤解が広まらないかということである。これは根拠のない危惧ではなく、デカルトは衝突の法則を完全に理屈だけから導けると考えていたし（ほとんどはまちがっていたが）、一八世紀の力学の歴史では、実験に基づかずに数学的に力学的問題を解く手法が大きな発展を遂げていた（こちらは古典力学の枠の中で行われており、うまくいった）。ウェイトリーの議論はこうした具体例を想定していなかったが、ヒューウェルらはこの機会に科学の研究はあくまで実験や観察からはじまる、ということを強調する必要があると考えたのであろう。

さて、その議論仲間のジョーンズはハーシェルの『序説』の翌年、ヒューウェルより一足先に『富の分配についての論考』（Jones 1831）を発表して、帰納法を使った（要するにデータに基づく）経済学を行うことを宣言する。また、一八三〇年代にはヒューウェルは潮汐の研究を行い、その論文で一八三七年のロンドン王立協会の学会賞ロイヤルメダルを獲得して科学者としての名声を確立する。こうしたさまざまな刺激や条件を背景として、ヒューウェルは、『帰納的諸科学の歴史』『帰納的諸科学の哲学』という二つの大部の著作に乗り出していくことになる。

科学哲学のための科学史

ヒューウェルの主著の一つ『帰納的諸科学の歴史』（Whewell 1837 以下『歴史』）は、古代から同時代への「帰納的諸科学」、つまり今でいえばおおむね自然科学にあたるような諸分野の歴史をまとめた本である。それも、ただまとめるだけでなく、彼一流の科学の方法論や科学の発達のモデルを背景にして、ヒューウェル自身の科学観が色濃く反映された歴史叙述となっている。

この本はハーシェルに捧げられている。刊行されたときハーシェルは南天観測のために喜望峰にいたが、ヒューウェルによる彼への献辞も実際にハーシェルにあてた手紙のようになっている[40]。献辞の中でこの本は学生時代以来ハーシェルと話してきたテーマだと説明するとともに、「同様の話題をとりあげた君の楽しい『序説』にあらためて刺激され、興味をかき立てられて」考えをまとめるという目的を見失わずにいられた、といったことが綴られている。

これに続く序文が「現在において、科学哲学を改良し拡張するいかなる努力も何らかの興味をかき立てることが期待できる」[41]と、「科学哲学」という言葉の初出と目される文章ではじまることはすでに紹介した。さらに序文を読み進めると、ベーコンがはじめた「哲学の改革」の革新と拡張こそが現在求められており、そうした改革は「人類の知識の現状の包括的調査」に基づかなくてはならず、そのために行ったのがこの科学の歴史の研究だったという。[42]

このように科学史と科学哲学を密接に結びつける考え方は二〇世紀前半の英米の科学哲学や、それに影響を与えたドイツ語圏の実証主義運動では見失われており、一九六〇年代になってT・S・クーンらによって再発見される。この考え方に基づいて、科学史科学哲学（HPSと略称される）という学際的な学科がさまざまな大学に作られ、二〇世紀後半に科学哲学は大きな変貌を遂げていくことになる。こうした後の展開を知っている目で見ると、ヒューウェルの哲学の捉え方には意外な先進性を感じる。ただ、ヒューウェルのイメージする科学史は、二〇世紀後半の科学史では「ウィッグ史観」という呼び名で批判されるタイプの歴史観、つまり現在の目から見て歴史を再構成し、現在の科学につながらないような部分を切り捨ててしまう歴史観だった。その意味ではヒューウェルをあまり現代的に捉えすぎるのも慎まなくてはならない。

事実と観念を両輪とする科学

『歴史』は全体としては確かに科学の歴史を分野ごとに現在までたどった本であり、しかも全三巻とかなり大部である。しかしその叙述はヒューウェルの考える「帰納的諸科学」のあるべき姿に裏打ちされており、それが序章（序文の後にさらに序章がある）で概観されている。内容的には三年後の『帰納的諸科学の哲学』で深く展開する話題を先取りしている。

ヒューウェルはいう。「最初に述べたいのは、科学には二つのことが必要だということである。それは事実（fact）と観念（idea）である。これは外にあるものの観察と内なる思考の努力であり、言い換えれば感覚と理性である」[43]。

これはヒューウェルがこの後発展させていく「両輪型」とでもいうべき科学哲学の最初の表明となっている。『帰納的諸科学の哲学』の方の紹介でまた触れるが、それまでの「帰納」のイメージが、単純に観察の結果からパターンを発見する作業としてイメージされていたのに対して、ヒューウェルは観察をどのような視点からまとめあげるかという、まとめあげ方の視点（これが前の引用でいう「観念」にあたる）も同じくらい重要だという。古典的な帰納の支持者からはその点を捉えてヒューウェルは「カント的」だといわれることになる。

それはともかく、序章では観念がどういうものかについてはあまり掘り下げられておらず、一貫してもいない。すぐ後の箇所では「合理的で思弁的な原理」[44]と言い換えられており、一種の形而上学のようなものが想定されているようにも読める。しかし、科学と日常的思考の違いを述べているところでは、科学の観念は「正確で安定しており」「明確な洞察を伴い」「厳格で限定された意味で用いられ、常にまったく同じ意味で使われる」といった言い方がなされている[45]。このあたりを見ると、むしろ科学の専門用語のことをいっているようでもある。この段階では、いろいろな要素をひっくるめて「観念」という言葉で代表している、と理解した方がよさそうである。

科学の発展

科学の変化に関するヒューウェルのイメージも非常に興味深い。ヒューウェルは、ある科学理論の消長を、その理論がもっとも活発に発展させられる帰納期（inductive epochs）

と、その前の前奏曲（preludes）、そのあとの続編（sequels）という三つの時期に分ける。[46] 帰納期には偉大な発見が行われるが、そうした発見には準備段階が必要で、それが前奏曲と呼ばれ、また、発見のあと、それが完成され拡散されていく時期があり、これが続編である。

彼は科学の歴史において、過去の「原理」（今の言い方では「理論」といった方がしっくりくるところだが）と現在の「原理」が違っていたり矛盾していたりするように見えることを指摘した後で、次のようにいう。

この矛盾が見かけのものにすぎないと覚えておくのは大事なことである。科学の過去の段階の勝利を構成する原理は、後の発見によって覆されたり追い払われたりしたように見えるかもしれない。しかし、それらの原理は（それが正しい限りにおいては）後の学説にとりあげられ、含められているのである。それらは科学の本質的な部分であり続ける。以前の真理は追放されるのではなく吸収されるのであり、否定されるのではなく拡張されるのである。それぞれの科学の歴史は、このように革命の連鎖のように見えるけれども、実際には発展の系列なのである。[47]

そのような発展の系列を図にまとめたものが帰納チャート（inductive chart）である。[48] 帰納チャートは『歴史』では名前が出てくるだけだが、次の『帰納的諸科学の哲学』には天文学の帰納チャートが収録されている。

クーンが『科学革命の構造』（Kuhn 1962）という本を書いて科学が革命の連鎖からなっていると主張

するのはヒューウェルの『歴史』の初版から一二〇年以上も後のことであるが、ここだけ読めばまるでヒューウェルがクーンのような立場が登場することを予期して反論しているかのようである。ただ、内容的に見ると、今度は立場が逆転し、クーンが批判の標的にしているような科学の発展の見方をヒューウェルが提示していることがわかる。ヒューウェルは局所的な規則性が統合されてより一般的な規則性が形成されるプロセスとして科学を理解し、これをさまざまな源流が合流して大きな川になっていく様子にたとえている。(49) これは二〇世紀になってエルンスト・ネーゲルが提示する科学の進歩のイメージ(入れ子モデルなどと呼ばれる)の祖先にあたるものであり、クーンの『科学革命の構造』はこうしたイメージを打破することが目的の一つだった。(50)

この序章でもう一つ興味深いのは「演繹」についての態度である。演繹、つまり一定の原理から論理的に帰結を導き出すプロセスは、適切に使えば科学の不可欠な要素であることをヒューウェルは認める。しかし、演繹の出発点となる基本的原理は帰納によって得られたものでなくてはならない。「そうした素材なしには、一連の証明は、影が実際の物体に似ているのと同じ意味においてしか自然科学とは似ていない」(51)。さらには、科学が停滞する時期の存在を指摘した後で、その主なパターンとして、「事実」と結びつけずに「観念」だけを扱い、演繹ばかりをするという状況をやり玉にあげている。(52) ウェイトリーに対するヒューウェルの批判はこのような形で本の中に組み込まれたわけである。

「仮説」に対する態度の軟化?

さて、ヒューウェルの『歴史』はハーシェルに対する答えという面も持つわけだが、すでに紹介したハーシェルへの批判と『歴史』の関係はどうなっているだろうか。おさらいすると、ハーシェルが「仮説」の果たす役割をポジティブに(といってもあくまで発見法として)評価した箇所について、ヒューウェルは仮説を過大評価している、と反論したのだった。そして、具体的には原子論という仮説の扱いに反対したのだった。しかし実は『歴史』ではちょっと原子論の扱いが変わっている。ヒューウェルはいう。「彼ら〔イギリスの科学者たち〕は、実際、ドルトンの原子の仮定に反対していた。そして、この仮説的なステップを避けるために、ドルトンのいう原子量の数値を表すためにウォラストンは『化学等量』、デイヴィーは『比率』という言葉を使っていた。しかしながら、われわれとしては、『原子』がもっとも便利であり、この言葉を使ったからといって分割不可能な粒子の仮説を受け入れたと見なされる必要はない、とあえていってもよいだろう(53)」。

ここだけ読めば、ヒューウェルは、あくまで便利な道具としてであれば、原子という概念を使うことには反対はしない、という態度になったようである。しかし、それでは結局「仮説」は認めるのか認めないのか、「仮説」とヒューウェルのいう「観念」は違うのか、違うとしたら何が違うのかなど、気になる点はいろいろある。これらの点がもう少しはっきりするには、次の『帰納的諸科学の哲学』まで待つ必要がある。

『帰納的諸科学の歴史』への反応

ヒューウェルの『歴史』より前にも個別の科学者や分野についての歴史叙述は存在したが、これだけさまざまな分野の歴史を一つの本にまとめたものは前例がなかったようである。現在の目から見ても、哲学的な芯が一つ通った歴史書として高く評価できるだろう。同書の出版に直接の影響を受けた一人に、このころ帰納の問題についての考察を進めていたJ・S・ミルがいる。この話についてはあとで紹介する。

しかし、『歴史』の出版直後に『エジンバラ・レビュー』に掲載されたデイヴィッド・ブリュースターの書評はそうとう手厳しいものだった[54]。ブリュースターは次章でも紹介するように、英国科学振興協会を発案し、熱心な活動で同協会を実現させた人物である。ブリュースターはヒューウェルの歴史記述に細かくけちをつける。けちの内容は、当然言及されるべき人が言及されていないという指摘が多く、特にスコットランド人の貢献を過小評価しているというのはブリュースターにとってかなり不愉快だったようである。

そういう個人的な感情の問題だけではない対立も見られる。ブリュースターは書評の最後の方でこんな批判もしている。「〔科学の進歩に貢献した〕これらの偉大な人々の経済状態に対し、三巻本の中で著者は、何の関心も示しておらず、おそらく何も感じていない[55]」。ヒューウェルは当時科学振興協会の副会長を務めるなど、むしろ科学の振興に力を尽くす一人だったのだが、振興の方針に不満だったのだろう（ブリュースターは科学振興を大学教育批判に結びつけていたのだが、そのために、大学を運営する側の立場にあり大学を全否定することはできないヒューウェルらとは対立があった）。

帰納をめぐる論争という観点からブリュースターの書評を見ると、ギリシャ科学がなぜうまくいかなかったかについてのヒューウェルの記述をめぐる論点に興味をひかれる。ヒューウェルは、その原因を、ギリシャの科学者たちが持っていた観念が「はっきりしたものでなく、事実に対して適切なものでもなかった」ともっぱら彼らの「観念」に原因を求め、アリストテレスが光を本質的に「円形」だと考えたことなどを例に挙げる[56]。先に説明したようにヒューウェルは科学を事実と観念とを両輪として進められる営みだと考える見方をこの本で提示したが、ある意味で、事実を与えられても、ものの見方が見当はずれだったら「見ても見えない」ような状態になることを指摘したわけである。

これに対するブリュースターの指摘は手厳しい。この事例においては、結局のところ「アリストテレスは自分の推測が正しいかどうかを新しい実験で確かめようとしない、という過ちをおかした」のであり、「ヒューーウェルは単に、ギリシャの哲学者は科学的真理の探究の手法について（現代の多くの哲学者と同じく）無知だった、という陳腐な情報を伝えるのにちょっと秘密めかした新しい表現を使っているにすぎない」[57]。さらにブリュースターは、「もっともはっきりしない、適切でなさそうに見える」観念が「天の炎の火花」だとわかるかもしれない（つまり、全然間違いであるように見えた仮説が実験で検証されるかもしれない）とも指摘する[58]。つまり、科学において観念が事実と並び立つ両輪だなどということはなく、あくまで実験的な事実によって確かめられた観念だけが科学の中に居場所を持つと、ヒューーウェルの立場の一番基本の部分に反対しているわけである。

そうした批判に対し、ヒューーウェルは『エジンバラ・レビュー』に手紙を書いていちいち反論しており、アリストテレスの光学についての意見の相違などいくつかの話題はけっこう長く尾をひいた論争になった。それも含めて、ヒューーウェルの歴史叙述にはいろいろ細部の誤りが多かったのは事実のようである[59]。

このブリュースターの書評が興味深いのは、ヒューーウェル哲学の全貌が姿をあらわしたあとでハーシェルやミルらによって繰り返される批判の先駆けとなるような内容を含んでいるからである。「適切な観念」が独自の役割を持つという考え方は、やはり何か科学の本質としての経験主義に反するものを持ち込もうとしているというように、ブリュースターのような科学者にも感じられたということだろう。ちなみにブリュースターは『エジンバラ・レビュー』の次の号にはもっとラディカルな経験主義をとるオーギュスト・コントの『実証哲学講義』とヒューウェルとを比較する書評を（コントに好意的な方向で）書いていて、この点でものちのミルの立場を先取りしている[60]。

さて、ハーシェルとヒューウェルにブリュースターまでからんできて話がややこしくなってきたのでいったん整理しよう。

ハーシェルとヒューウェルは学生時代からの友人で、かれこれ彼らの二〇〇年前にベーコンが書いた『新オルガノン』に共に感銘を受け、この考え方を広めていこうと誓い合った。しかし、ベーコンに科学者としての経験がほとんどなかったのに対し、ハーシェルは天文学者、ヒューウェルは潮汐などの研究者として、それぞれ実地の研究の経験があり、それらの経験も加味しつつベーコンへの不満を言語化していくことになる。ただ、その不満のポイントがずれたことが、二人の論争をひきおこす。ハーシェルにとっては、ベーコンの帰納が常に個別の事実から出発して段階的に一般化していくと考えられていた点が不満だった。そのプロセス自体はどこかで必要であるにせよ、出発点はまったくの推測によって立てられた仮説でもいいはずだ。これに対しヒューウェルは、科学は段階的に一般化していく作業だというイメージ自体には不満はない。彼はむしろ、その段階的に一般化していくプロセスで「観念」、つまり科学者の側のものの見方が果たす役割をベーコンが過小評価していることが問題だと考えた。この考え方はブリュースターなど他の科学者には経験主義からの逸脱とみえたようだが、ヒューウェルは批判にもたじろがずに、より本格的に自分の立場を展開していく。

『帰納的諸科学の哲学』の出版

さて、『歴史』の三年後に、ヒューウェルはもう一つの主著、『帰納的諸科学の哲学』（Whewell 1840 以下『哲学』）を出版する。『歴史』においては非常に萌芽的にしか描かれていなかった彼の哲学の完成形がここで提示される。『哲学』の冒頭には、地質学者のセジウィックにあてた手紙が献辞として掲げられている。それによれば、『歴史』を読んだセジウィックから、「最後に一、二段落くらいこの物語からの教訓をつけ加えればよかったのに」といわれたらしい。それに対するヒューウェルの答えは、「教訓は物語そのものと同じくらいの長さになる」ということだった。それで書かれたのがこの本というわけである。(61) ただし、実際の執筆は『歴史』と『哲学』を並行して進めていたらしい。(62)

『哲学』においてヒューウェルが展開した立場について、とりわけベーコン流の立場との距離についてはいろいろな読み方がある。以前はミルがヒューウェルを反ベーコン主義者として批判したこともあって、その路線で読まれることが多かったが、スナイダーが近年、ヒューウェルの意図はもっとベーコンに忠実な改革だったという読み方を提案し、これもまた有力な読み方になっている。(63) ここではスナイダーの読み方にそってまとめていきたい。

『哲学』でヒューウェルが力を入れたのは「観念」の説明とその帰納における役割を明らかにすることである。『歴史』では漠然とさまざまな観念が科学で利用されるといわれていたが、『哲学』の方ではその中でも、科学の基礎をなすような一群の観念がえらびだされ、「基礎的観念」(fundamental ideas) と呼ばれる。「時間」や「空間」、「数」や「形」、「原因」や「類似」などが基礎的観念の例として挙げられる。化学で使われる「組成」(composition)、生物学で使われる生命力 (vital powers) なども基礎的観念に含まれる。(64) そこから導かれる「円」や「求心力」などの派生的な観念は「理念的概念」(ideal conception) と呼ばれる。(65)

観念は感覚とは別物であり、感覚が変形したものでもない（この点でヒューウェルはイギリス経験論の伝統に反対する）[66]。これに対し、「事実」（fact）はすでに観念を含んでいる[67]。帰納というのは、この観念をあてはめて個別の事実から「理論」（theory）を形成することである[68]。

事実のまとめあげ

ヒューウェルが彼の考える帰納を行った科学者の例として挙げるのは、古代ギリシャのヒッパルコスと、地動説に基づいて惑星軌道が楕円であることを発見したヨハネス・ケプラーである[69]。ヒューウェルの『歴史』における科学史観が「前奏曲」、「帰納期」、「続編」の三段階構造になっているということはすでに紹介したが、ヒッパルコスとケプラーは天文学における「帰納期」のヒーローたちと位置づけられている。

ヒッパルコスは太陽の運行の観測から、移動速度が一定していないことを発見した。ここから彼は、太陽が地球のまわりを円運動しているとしても、地球はその円の中心にあるわけではないと考え、離心円（地球を中心としない円）を導入したとされる。実はこれは、地球が楕円軌道をとっていて、太陽がその楕円の中心ではなく焦点の一つにあることと対応している。惑星の軌道が円ではなく楕円であることを発見したのはケプラーだが、その基礎となったのはヒッパルコスの時代よりはるかに正確になった観測データだった。

ヒッパルコスの場合もケプラーの場合も、データだけ見ていては、「離心円」も「楕円」も見えてこない。これらはヒューウェルの用語でいえば観念（その中でも理念的概念）であり、経験から直接導けるものではなく、どこからか持ってきて重ねあわせる（superimpose）必要がある。ケプラーの場合は最終的に楕円にたどりつくまでにどういう図形をためし、どういう試行錯誤をしたかを自分で詳しく書いてくれている。

ヒューウェルが着目するのはこの点である。帰納というのは一般的には、純粋に予断なく事実を見ているとそこから自然に一般化が見えてくる、と思われている。しかし、どんなふうに一般化するかは実は自明ではなく、「帰納のしかた」を指定する必要がある。その「しかた」を提供するのが観念だというわけである。もう少し正確にいうと、ヒューウェルは科学というものは「概念の明確化」(explication of conception)と「事実のまとめあげ」(colligation of fact)という二つのステップを経るものだという。[70]要するに、まず、対象となる経験を記述するために使う概念を、基礎的観念に手を加えるなどしてつくりあげるというプロセスがあり、そのプロセスを経て「事実」と認定された命題から「まとめあげ」という形で帰納が行われるのである。ヒューウェル自身のまとめを用いるなら、「帰納とは、正確で適切な概念を用いた、事実の正しいまとめあげのプロセス」なのである。[71]

正しい概念を使ってものを見る

さて、「基礎的観念」がイギリス経験論の枠をはみ出す要素を持つという話にもどろう。経験論をとるかどうかの試金石としてよく使われるのが、「世界についてのアプリオリな真理」なるものの存在を認めるか、認めるならそれをどう説明するか、ということである。経験論者にとっては、この世界でおきる出来事についての情報はすべて感覚を通して得られるのであり、したがってこの世界の出来事についてアプリオリな(経験によらず理性だけで捉えることのできる)真理などは存在しない。他方、このころの経験主義批判の代表ともいうべきカントの立場によれば、出来事が因果関係の構造を持つとか、空間が「ユークリッド空間」としての構造を持つといったことは、世界についての認識が成り立つ前提条件であり、それ以外のしかたで世界が見えることはないという意味でアプリオリな真理である。そして、この前提条件は、「直観」や「悟性概念」といった形でわれわれが生得的に持つものであるとされた。

ヒューウェルはこの問題についてかなりカント寄りの立場をとっている。われわれが「事実」だと思っているものにはすでに基礎的観念やそこから派生した理念的概念が入り込んでいる。実際、以前のヒューウェル解釈ではヒューウェルはカント主義に近い扱いをされることが多かった。しかし、スナイダーの考証によれば、やはり彼らの間には大きな違いがある[72]。その一つのポイントとしてヒューウェルは、これらの観念は生得的に備わっているものではなく試行錯誤して一番しっくりくるものを選ぶのだと考えていたようである。しかし、一度適切な観念を発見してしまえば、それ以外にはありようがないことも理解され、その意味で、それらの観念についてアプリオリな真理というものも成り立つ。こうしたやり方で、アプリオリな知識はあるがそれは生得的な知識ではないという、哲学の常識からいうとなかなかアクロバティックな立場を実現して、カントよりも経験主義に近いところに自分の位置を確保したのである（不幸にして、その微妙な差は当時はほとんど理解されなかったが）。

ヒューウェルがこうした考察を通して訴えているのは、「正しい概念を使ってものを見る」ことの重要性である。ヒューウェルのいう「概念の明確化」と「事実のまとめあげ」という科学の二つの重要なステップのうち、この概念の明確化というのがさきほど触れた試行錯誤の期間にあたる。データからの一般化というプロセスができるようになる前に、この現象をどう見たらいいのかといろいろな概念をあてはめてみるプロセスが帰納的一般化と同じくらい重要なのである。これはおそらく、カントにも経験主義者にもない、ヒューウェル独自のメッセージだと思われる（カントの場合はあてはめるべき概念は最初から持っているし、経験主義者は観念は事前に用意するのではなく経験から得られると考えていた)。

おそらくこの問題意識と結びついているのがヒューウェルの造語癖である。次章で紹介するように「サイエンティスト」をはじめ、彼は多くの言葉を発明した。実は『哲学』の冒頭でヒューウェルは延々と科学における正しい造語のしかたを論じていて、サイエンティストという言葉の提案もここで行われている。[73] 哲学の本の冒頭としてはちょっと不思議な話題だが、正しい言葉を使うことが正しくものを見ることと結びついていると考えるなら、彼が言葉にこだわった理由にはむしろ納得がいく。適切な言葉を使わないで現象を見ていたために重要なパターンを発見しそこなうということは十分ありうるのである。

適切な観念にたどりつけば、あとはそれを使って事実をまとめあげさえすればよい。これが一般に帰納と呼ばれるプロセスである。経験主義者はその前段階を無視しているために、事実を集めれば自然にパターンが見えてくると思ってしまったわけである。

ここでいったん、ヒューウェルの「事実のまとめあげ」としての帰納の捉え方と、ハーシェルの帰納の捉え方の違いを整理しておこう。二人の立場は言葉の上ではだいぶ違う形をとるが、ベーコンの帰納の捉え方が何かおかしい、という問題意識は似ている。ケプラーの例で考えてみよう。ケプラーが有名な三つの法則(ケプラーの法則)を導くのに使ったのはティコ・ブラーエが観測して集めたデータだった。だから、世界の秩序というものがデータを無心に眺めていれば見えてくるものなら、ブラーエがケプラーの法則を発見していたはずである。しかし実際には単なるデータ以上のものが必要だった。ハーシェルならば、それは「仮説」だというだろう。惑星の軌道は単純な図形であるはずだという(あまり根拠のない）仮説を立て、それに基づいてデータを見直すことで、どういう帰納をするべきかが見えてくるというわけである。

これに対しヒューウェルは、必要なのはそんな大掛かりな仮説ではなく、もっとデータと密接に結びついた観念だという。この場合必要なのは「楕円」の観念である。楕円の観念を心に抱いて惑星のデータを見ることで、それまで意味もなく速くなったり遅くなったりしているように見えた惑星の運行が楕円上の規則的な運行に見えてくる。それが見えてはじめて帰納のステップを一段上がる（「火星の軌道は楕円軌道である」といった一般化をする）ことが可能になる。これをさらに他の惑星に拡張し、衛星にも拡張し、地上の物体にも拡張し、といった形でわれわれは帰納のステップをどんどん上っていく。これがヒューウェルのイメージである。

こうしてまとめると二人の立場はそれほど対立するようには見えない。というより、大きく見れば同じプロセスの別のステップに着目しているだけのように見える。しかし当事者たちにとっては、お互いが科学を科学たらしめている重要な要素をないがしろにしていると見えたようである。ヒューウェルからすれば科学に根拠のない空想の入る余地はないし、ハーシェルから見れば科学者のものの見方をあまりに強調することはデータというものに基づく科学の客観性を脅かすように思えただろう。

帰納の合流

ヒューウェルの帰納についての考え方を特徴づけるとされるもう一つのポイントを紹介して、ヒューウェルの話を終わろう。「事実のまとめあげ」で得られるのは、非常に具体的なレベルでの規則性であり、それだけでは抽象度の高い理論まではたどりつかない。そこでヒューウェルは、「事実のまとめあげ」で帰納が行われたあと、その帰納が「合流」して、より一般的な法則や理論がつくられていくと考えた。

ここで合流と訳した consilience は「統合」と訳されることが多いが、わざわざこれだけのためにヒューウェルが造った言葉なので、普通の言葉をあててしまっては彼のこだわりが伝わらない。ヒューウェルによれば「一緒に跳ねる」という意味を込めた造語なので、それにならって言葉を造るなら「共跳」とでもなるところだが、かえってわかりにくくなってしまう。[74] 比喩の方向が違ってくるが、使われる文脈を汲んでここでは合流と呼ぶことにしたい。

帰納の合流とは、あるクラスの事実から得られた帰納が他のクラスの事実からの帰納と一致すること、と定義される。[75] 代表例は、ニュートン力学でケプラーの惑星の法則とガリレオの落体の法則が統一された、という例である。ケプラーとガリレオはそれぞれまったく違うクラスの対象（惑星と地上の落下物）を見ていたわけだが、その両者から「跳ねて」出てきた規則性が万有引力という同じ原因による規則性という形で出会ったわけである。ヒューウェルは、こうした合流がおきるのは、合流のもとになったそれぞれの帰納が正しいものだったことの証拠でもあると考えた。ここも単に事実を客観的に見れば帰納ができると考える経験主義者と問題意識が異なる点である。不適当な観念をあてはめて現象を眺めていると、見当はずれの帰納をしてしまう可能性がある（惑星の運動を円運動の組み合わせだと考えてもけっこううまくいってしまうため、「惑星はすべて楕円運動をしている」という一般化にたどりつかない、というのはそのよい例だろう）。しかしそういう不適切な帰納は他の帰納と合流していかない。そのことから逆に、自分のものの見方がまずいのではないか、と見直すきっかけが得られる。ヒューウェルはそのように考えたようなのである。

ヒューウェルと実証主義

ハーシェルが仮説に対して慎重な態度をとりつつ、原子やエーテルといった仮説的対象の存在は認めていたこと、対照的にヒューウェルがハーシェルへの書評の中で原子についてもっと慎重な態度をとった方がいいと注意していたこと、『歴史』では原子論についての記述がもう少し穏やかになっていることなどはすでに見た。では、『哲学』におけるヒューウェルの立場はどうだろうか。『哲学』における、といっても、この本は版をかさねるごとにかなりの加筆がされているので、一八四〇年の初版時の立場をまず確認することにしよう。

この時期のヒューウェルの実在についての立場が端的にあらわれているのが、コントらの実証主義的な考え方についてのコメントである（ブリュースターがヒューウェルと比較してコントを持ち上げていたのはすでに紹介した通りである）。

このように、科学のどの分野においても、その現象の真の原因を捉えたということを知るのは難しいのだから、ある種の人にとっては、科学的な探究において原因についての研究を行うのは思慮が足りず非哲学的なことだと映るだろう。（中略）そのため、「科学は現象の法則のみを研究すべきであり、現象の生産のされ方（mode of production）を決して研究すべきではない」ということをモットーとする人々には事欠かない。しかし、そのようなモットーが科学的探究の広さと深さに対する不十分で情けない制限となってしまうということを見て取るのは容易である。[76]

途中の「科学は現象の法則のみを研究すべきであり、現象の生産のされ方を決して研究すべきではない」という格率は（ヒューウェルによれば）コントの『実証哲学講義』からの引用である[77]。そしてその実証主義が「科学的探究の広さと深さに対する不十分で情けない制限」になってしまうとヒューウェルは考えているわけである。そう考える理由は、極性をめぐる研究や熱現象の研究など、そもそも現象法則を述べるのにその現象がどのように生産されるかについて考える、つまり目に見えないものに言及する必要がある場合も多いから、と引用した箇所に続けて説明されている[78]。これは、極性を観察するためにはそもそも極性についての理論を前提にする必要がある、ということで、現代の用語では観察の理論負荷性と呼ばれる考え方である。極性や熱に関連して想定される目に見えないものが存在するかどうかは別として、そういうものを想定しないと研究ができないというわけで、単純な実在論ではないが、極端な実証主義とも一線を画しているのはまちがいない。

他方、エーテルについては、それが既知の現象や法則を説明する今のところ知られている唯一の仮説で、この仮説と矛盾するような現象も今のところ知られていないということを説明した上で、以下のように言う。「以前に、そのような過程である媒質を伝達されるような性質というものについて想像した人は誰もいなかったが、しかし現象のあるものを説明する唯一のしかただということがいったん提案されたなら、それを、光についてのすべての既知の法則のための満足いく理論として全面的に受け入れることを妨げるものは何もない[79]」。何らかの媒質で光が伝達されるという説明について、それを「全面的に受け入れることを妨げるものは何もない」というのだから、ヒューウェルはエーテル説を真理として受け入れている、すなわちエーテルの実在性を受け入れていると言ってよいだろう。

以上をまとめると、ハーシェルより慎重であるものの、ヒューウェルも実在論的なものの考え方には理解を示すし、エーテルくらい強い証拠があれば実在を受け入れもするのである。

ハーシェルとの応酬

『哲学』に対する目立った反応としてはまず、翌年に発表されたハーシェルの書評がある。ハーシェルは『歴史』と『哲学』をあわせた長文の書評を『クォータリー・レビュー』という雑誌に発表した[80]。これらの著作の歴史についての記述には、ハーシェルは大きな異論はなかったようであるが、やはり「基礎的観念」をはじめとするさまざまな観念について、アプリオリな知識をわれわれが持つというアイデアには賛同できなかったようである。ハーシェルは、空間、時間、原因など、われわれが生得的に持っているとヒューウェルが考える概念について、経験を通じてどうやってそれらの概念を獲得するかを論じている。例えば原因の概念について述べているあたりではつぎのようなことをいっている。

自分の腕を動かすための努力についてずっと考え続けている（dwelling on）うちに、機械的な力を生産するために消費されるものとしての生命の努力の概念が同様に示唆される。そして、これらのおどろくべき現象が共通に持っている唯一のもの、すなわち変化について——自発的な運動のあとに確実に帰結する（sure to be consequent）ものとして事前に予想できる変化について——ずっと考えているうちに、われわれは、あらゆる変化の起源（origin）としての原因の抽象的な概念にたどりつく[81]。

帰納という働きそのものについても、観念に導かれるというよりは、「際限なく一般化しようとする抵抗しがたい精神的衝動」[82]だと考え、この衝動によって「観念」の助けがなくとも経験から一般的な規則にたどりつけると考える。

因果の概念の起源を自分の体の動きと結びつけるのはさすがにハーシェルらしい鋭い視点だと思うが、これで反論になると思われてはヒューウェルもちょっとかわいそうである。この説明はそれ自体、「帰結」や「起源」といった、因果関係の存在を前提とする概念を使っているし、「ずっと考える」ときに、非常に素朴な形であれ、因果という視点がなければ、自分のやったこととそのあとに起きたことの間のパターンについて考えたりもできないだろう。ともかく、ハーシェルにとっては、ヒューウェルの哲学があまりにカント的に映ったのは確かなようである（「カント的な教義」という直接的な表現も使っている[83]）。

この書評を読んだヒューウェルは、直後のハーシェルへの手紙の中で、一般化する精神的衝動について、「一見したところ、われわれの立場が非常に近くなる可能性について絶望的になる理由は何もないと思います」と述べる。原因の概念についてはそれどころか「あなたの考え方は新鮮で刺激的であり、私がその考えを今後――全面的にかもしれませんし部分的にかもしれませんが――採用しないとも言い切れません」とまでいっている[84]。

一八四七年にヒューウェルは『哲学』に大幅に手を加えた第二版を出版する。この本の末尾にハーシェルの書評へ答えた手紙（日付は一八四四年になっている）も収録されている。書評自体は匿名なので、匿名の書評への答えを「あなたも関心があるでしょう」といってハーシェルに送る、という妙な構成になっている。ヒューウェルはハーシェルのいう「精神的衝動」と自分のいう「観念によるまとめあげ」は同じ精神活動の法則（laws of mental activity）の別の表現ではないかという。その上で、観念として捉えることの利点としては、単なる一般化からは幾何学における真理が必然的だということは導き出せないが、観念についての真理だと考えれば必然的だと考えることができる、という点を指摘している。いずれにせよ、両者のやりとりは、先に紹介したブリュースターの批判のきつい調子に比べると非常におだやかなものになっている。

ヒューウェルのダーウィンへの影響？

ヒューウェルについての論考をしめくくるにあたって、最後に進化論の提唱者チャールズ・ダーウィンとハーシェルやヒューウェルの方法論の関係について一言触れておこう。[85] ダーウィンはケンブリッジ大学の学生のころ、当時すでにケンブリッジ大学教員となっていたヒューウェルと面識があり、おそらくは彼のすすめで（ビーグル号の航海に出る直前に）ハーシェルの『序説』を読んでたいへん感動したことを自伝に書き残している。ダーウィンはまた、一八三〇年代後半の進化論のアイデアをあたためていた時期にヒューウェルの『歴史』を丁寧に読んでいたことがわかっており、『哲学』が出たあと、『歴史』と『哲学』に対するハーシェルによる書評（さきほど少し紹介した）を読んで、「ヒューウェルの科学哲学についての本を読まねば。本能について考察されている」というメモを「読むべき本」と題したノートにつけている。[86] さらにダーウィンは、『種の起原』（Darwin 1859）の冒頭でヒューウェルの言葉を引用し、その初版をハーシェルとヒューウェルに献呈してもいて、ダーウィンとハーシェルやヒューウェルの関係が非常に密接だったことがうかがえる。

さて、この密接な関係において興味深いのは、ヒューウェルは長らく、いわゆる自然神学の支持者だったという点である。自然神学とは、生物の体の精巧なつくりを見ればそれが神の設計によって創造されたものであることがわかる、という考え方であり、進化論とは対立する考え方である。現在アメリカで進化論教育に反対して知的設計説と呼ばれる立場を公立学校で教えようという運動がキリスト教原理主義者らによって行われているが、この知的設計説というのもヒューーウェルの立場と近い。この自然神学の中心となったのが『ブリッジウォーター論集』と呼ばれる論文群で、ヒューーウェルも執筆陣に加わっていた（Whewell 1834a）。

したがって、ヒューーウェルはダーウィンの論敵になるはずなのだが、そう単純でもないのが研究者の人間関係の面白いところである。ヒューーウェルは『種の起原』の献呈を受けて返礼の手紙をダーウィンに送っているが、そこではダーウィンの本を読んでもまだ意見を変えたわけではない、と断った後で「考察や事実がこれほど多く積み重ねられている以上、反対する者はその根拠と反対の仕方を注意深く選ばないといけないでしょう」と、むしろ肯定的に反応している[87]。

主張の大きな対立にもかかわらずダーウィンとヒューーウェルが関係を維持できたのはダーウィンの方法論がヒューーウェルの帰納のイメージと非常に近かったからではないか、ということがマイケル・ルースやポール・サガードといった研究者によって指摘されてきた[88]。本章で紹介したように、ヒューーウェルの哲学には「帰納の合流」という考え方がある。これは、いろいろな別の文脈で発見されたパターンが同じ仮説を示唆するなら、その仮説を受け入れる強い証拠になる、という考え方である。この考え方は、最初に仮説を立てることを認めている点で、ベーコンや（次に扱う）ミルの厳格な帰納の考え方をはみ出している。しかし、ダーウィンが『種の起原』で採用したのは、「あらゆる生物が共通の先祖から変化しながら生じてきた」という仮説からはじめて、その仮説を示唆するさまざまな証拠（生物の地理的分布や化石など）を提示することだった。これはヒューーウェルのいう帰納の合流のイメージにかなり忠実に思える。科学をすすめる上で仮説を用いるのが大事だということはハーシェルもいっていた。ただし、ハーシェルもヒューウェルも、最終的には積み上げ式の帰納を行うための途中段階として仮説の役割を認めるという立場であって、ダーウィンの仮説はまだ最終的な積み上げによる裏付けを得るには至っていない、と考えた。

ダーウィンが、ハーシェルやヒューウェルの科学哲学にどの程度影響を受けたのかはわからない。ヒューウェルが一番こだわっていた、正しい観念を採用することで正しい帰納ができアプリオリな真理にたどりつく、といった主張についてはダーウィンはまったく触れていないので、自分の考えにあわせて都合のいいところを利用した、という方が実情に近そうである。しかし、仮にダーウィンがつぎに紹介するミルのように厳格な帰納の考え方を採用していたなら、『種の起原』を出版することはなかっただろう。この意味で、ハーシェルやヒューウェルが、こうした科学のやり方にお墨付きを与えるような考察を展開していたことは、科学の歴史にも少しは影響を与えたのかもしれない。

3　ジョン・スチュアート・ミル

科学方法論の研究家としてのミル

ハーシェルやヒューウェルに比べると、ジョン・スチュアート・ミルは現在でも功利主義や自由主義の理論家として言及されることも多い。ハーシェルが一七九二年生まれ、ヒューウェルが一七九四年生まれなのに対し、ミルは一八〇六年生まれと、一〇歳以上年下である。ミルの前半生については『ミル自伝』（Mill 1873 以下『自伝』）で詳しく語られている。ミルは学校に通わず、功利主義者の父、ジェイムズ・ミルの下で英才教育を受けた。この父親も功利主義の歴史では重要な理論家であり、倫理学の本では混同を避けるためにこの親子をフルネームで呼んだりファーストネームで呼んだりするが、本書では父親の方はほぼ登場しないので単に「ミル」といえばジョン・スチュアートのことを指す。

ミルといえば現代では『自由論』（一八五九）や『功利主義論』（一八六三）などの倫理学の著作の著者として記憶されるが、これらはミルのキャリアの中では後期に属する。ミルは早い時期から雑誌評論で活躍していた。その後本格的な著作活動に移っている。主著の順番でいえば、本書で紹介する『論理学体系』がもっともはやく、それから経済学原論、政治哲学、倫理学などへと手を広げていく形になる。ミルはほぼ大学の外で研究活動をしており、今でいえば在野の研究者である（主に東インド会社に勤務していた）。また、ミルは自然科学系の研究の素養はなく、経済学についてはいくつかの著書があるがトレーニングを受けているわけではない(89)。すでに紹介したベーコンや、第4章で紹介するオーギュスト・コントもそうだが、本人が自然科学の研究をしているわけでない人物の書いた科学方法論の著作が自然科学者も含めた多くの人々にインパクトを与える（ハーシェルやヒューウェルなど、なかば研究者でもあった人物の著作よりも長く続く影響を残す）というのはたいへん興味深い現象である（もちろん、一九世紀ごろまではそもそも専門の研究者と素人の区別が現在よりはるかに曖昧だったという時代状況もある）。

ミルの科学方法論への関心

ミルが科学方法論に取り組むようになったきっかけの一つは、ヒューウェルと同じくウェイトリーの『論理学の諸要素』である。『自伝』によれば、『論理学の諸要素』が一冊の書籍として出版されてすぐに仲間たちとの勉強会で読み、論理学の本を書きたいと計画したらしい[90]。実際、ミルは若いころに『論理学の諸要素』への好意的な書評を書いている（Mill 1828）。この書評では、後にミルとウェイトリーの最大の対立点になる帰納と演繹の関係について、ウェイトリーのコメントを「これは正当で、われわれが知る限り、オリジナルなコメントである。そしてその帰結は非常に重要である」と持ち上げている[91]。その後ウェイトリーに不満を持つようになり、すぐ紹介するように、帰納と演繹の関係についてはウェイトリーとまったく逆の立場をとるようになる。

その後（ふたたび『自伝』によれば）、父のジェイムズ・ミルとトーマス・マコーリーが政治学の方法論について論争した際に、どちらの方法論的な主張にも同意できなかったことが、自分で方法論についての本を書き始めるきっかけとなった[92]。しかし、書き始めて一八三七年まで五年ほど手が止まっていた。それは科学史の全体像が自分には見えていないと感じていたからだが、かといってその全体像を見せてくれるような参考になる本もなかった。そのときにでたのがヒューウェルの『歴史』だった。この本は「自分が求めていたものにかなり近いものだった」、とミルは振り返る[93]。哲学的な主張には異論の余地があるものの、考える素材は提供されていたので、ミルは研究を進めることができた。そうして六年後に完成したのがミルの主著『論理学体系』（以下『体系』）である[94]。この本で主な論敵として選ばれたのがヒューウェルだったのは皮肉な話だった、という見方もできるが、そうやって熱心に読んだ本のあらが一番よく見えるというのはある意味で必然的だった、という見方もできるだろう。

逆に、ミルに影響を与えていそうでそれほどでもない（と本人が言う）のがコントである。ミルが科学方法論の著述を進めていたのは、フランスではちょうどコントが実証主義の哲学を展開し、イギリスでも話題になっていた時期だった。ミルも当然そうした流行の著作に触れていそうだが、『自伝』によればコントの『実証哲学講義』を読んだのは自分の考えをまとめたあとだったという。「わたしの帰納の理論はコントの本について知る前に実質的には完成していた。そして、わたしが彼と異なる道をたどってこの理論にたどりついたのはたぶんよいことだった。というのも、その結果としてわたしの理論には、帰納のプロセスを厳密な規則や科学的試験に還元するという要素が含まれているからだ（彼の理論には含まれていない）[95]」。コントを読む前に自分の理論を完成させていた、というのは単にオリジナリティを主張しているだけだという可能性もあるので割り引いて考える必要がある。

ミルは『体系』をいったん書き上げたあと、全部を書き直したという。『自伝』ではここでヒューウェルのもう一つの本の出版についても言及している。「『体系』の書き直しをしている間に、ヒューウェル博士の『帰納的諸科学の哲学』が出版された。これはわたしにとって幸運な状況だった。というのもこの本は、反対の論者（ヒューウェル）によるこの主題の全面的な考察という、わたしがとても望んでいたものを与えてくれたからである。そのおかげで、わたしは、自分の考えを、明確な反論に対して弁護したり、反対の理論と明確に対峙させたりする形で非常にはっきりと強調して述べることができ、そして、十分に、また多様な方向に発展させることができた[96]」。

ミルはどういう点を自分と反対だと感じたのだろうか。『自伝』の他の箇所の記述などからすると、ドイツ系の、直観によってアプリオリな知識を得ることが可能だというタイプの議論こそミルの想定する敵だったようである[97]。ヒューウェルの議論にも確かにそういう側面はある。しかし、現在の目から見ると、あくまで事実からの一般化を重視するヒューウェルの立場は、どう見てもそう単純にミルと敵対しているわけではない。

ヒューウェルを論敵として選んだことには、ちょっとした打算も働いていたらしい。ミルは、『体系』があまりにも玄人好みで一般人の興味をひかないのではないか、と思っていた。しかし、まったく無視されもしないだろうと思っていた。「この本がすぐに注目をひくかもしれないという希望をわたしが持っていた主な理由は、ヒューウェル博士の論争好きな性格である。他の事例についての観察から、わたしは、彼が、自分の意見への攻撃に対してすぐに返答するといったやり方で、この本に注目を集めてくれるだろうと思った」(98)。この期待はすぐには満たされないことになるのだが、その話に進む前に、『体系』でミルが何を主張したのか、ひと通り確認していくことにしよう。

「ウルトラ経験主義者」ミル

『体系』初版はヒューウェルの『哲学』の三年後、一八四三年に出版された。タイトルだけ見ると論理学の解説書のようだが、論理学そのものについての話は控えめで、むしろ帰納法を中心とした科学方法論の解説に力点がおかれている。ミル自身が経済学に興味を持っていたこともあり、経済学の方法論にも大きなスペースが割かれている。『体系』はオックスフォードやケンブリッジをはじめ広く教科書として読まれ、一八七二年まで八回改版した(99)。

ヒューウェルに対する批判を見る前に、ミルの基本的な立場を押さえておこう。ミルの立場の特徴は、「ウルトラ経験主義」(これはここまでの記述でも何度も参照しているスナイダーの表現である)とでもいうべき極端な経験主義の立場である(100)。どのくらい極端かというと、ミルはまず、普遍的な命題を個別の事例にあてはめるような推論によって知識が得られるということを否定する。三段論法においては、証明されるべき内容はすでに前提に含まれている。したがって、三段論法はそれだけでは論点先取の誤謬(証明すべきことを前提におく過ち)をおかしていることになる、とミルは考える。しかし、あらゆる推論は個別事例から個別事例への推論だと考えれば、三段論法で使われる大前提は過去の個別の事例の情報を整理したものだということになり、論点先取は免れる。したがって、本当の推論の名に値するのは、個別の事例から個別の事例への推論であり、これは基本的には帰納的推論である。この議論は、先に紹介したウェイトリーの議論を完全に転倒させたような形になっている。

さらにミルは数学的知識も経験的だと主張する。ユークリッドの公理や公準はすべて過去の経験を一般化したり理想化したりしたものだと考えないと、幾何学の証明も単なる論点先取である、とミルは言う。二等辺三角形の底角が等しい、といった定理は公理から論理的に導かれているように見えるが、その公理自体が経験からの一般化なら、結局定理もまた経験的な主張だということになる。そのやり方では数学的真理が「必然的な真理」だとはいえないことをミルは認めるが、ミルはその結果、数学的真理は必然的ではない、と結論する。ここまで強い数学についての経験主義の主張は、数学の哲学の歴史をひもといても、前にも後にもほとんど存在しない。

ウェイトリーとミルの応酬は本書のテーマからそれてしまうので深入りしないが、その後長く続いていく。ミルが『体系』初版でウェイトリーを批判したあと、ウェイトリーは『論理学の諸要素』で批判された部分を改訂する。それを見たミルが『体系』から自分の批判の一部を削除した際ウェイトリーに「こっそり削除した」と批判され、それでまた『体系』の次の版では経緯を説明するための注をつける。ミルの『体系』は全集で版の異同を整理してくれているので何とか論争の様子が追える[101]が、ウェイトリーの方はその整理すらなされておらず、何往復もの論争が行われていたこと自体、はたからはたいへんわかりにくくなっている[102]。

帰納の四つの方法

ミルは帰納を「一般的な命題を発見し証明するための操作」（operation of discovering and proving general propositions）と定義し、帰納の方法自体は科学でも日常生活でもかわることがない、と言う[103]。ミルの考える帰納的推論の代表は原因についての推論である[104]。推論をするための準備として、時間的に前後関係にある現象と現象のペアをたくさんあつめる。個々の現象はいろいろな「事情」（circumstances）を含んでおり、それが原因や結果の候補となる。その分析の方法として、その後も長らく使われ続ける帰納の四つないし五つの方法がまとめられる[105]。

（1）一致法（method of agreement） 原因候補であるような事情と結果候補となる事情の組み合わせで、一組だけが必ず存在している場合、その原因候補とその結果候補は原因と結果の関係にある。

（2）差異法（method of difference） 原因候補であるような事情と結果候補となる事情の組み合わせで、ある原因候補が欠けたときだけある結果候補が欠けている場合、それが原因である。なお、帰納の五つの方法と言う場合は、一致法や差異法と別に、一致差異共用法（joint method of agreement and difference）を数える。これは一致法と差異法を組み合わせて原因を発見する方法を指す。

（3）剰余法（method of residues） 原因候補であるような事情と結果候補となる事情の組み合わせで、すでに因果関係で結ばれていることがわかっているものを消去していったあとに残った原因候補と結果候補があれば、それが原因と結果の関係にある。

（4）共変法（method of concomitant variations） 事情の中に大きさが量的に変化するものがある場合、原因候補の量に応じて結果候補の量が変わる組み合わせがあるなら、それが原因と結果の関係にある。

例えば、ある出来事E（電気製品が動かなくなったなど）の原因の候補がA、B、C（例えばその製品の三種類の部品それぞれの故障）だというとき、類似した状況をいろいろ見て、A、B、CのうちBが欠けているときはEも起きていない（Bに対応する部品を取り替えたときだけ製品が動くなど）というパターンがあることがわかったら、BこそがEの原因だろう、と推論できる。これはミルの言う差異法を使っている。ハーシェルの一〇の規則を前に紹介したが、見比べればミルの規則がハーシェルの方法の一部を整理し直したものであることは一目瞭然であろう。どれも言われてみれば当たり前の思考法ばかりだが、これがきれいに整理されるまでベーコン以来二〇〇年の時を要したのである。ただ、類似に気を取られて、ハーシェルとミルの大きな違いを見逃してはならない。ハーシェルやヒューウェルが「原因」という言葉を使うときに主に想定していたのは目に見えない原因だが、ミルは目に見えないものについてはそもそも規則の適用の対象としていない。あくまで、「現象」の持つ「事情」という目に見えるものの関係について考えているのである。

帰納なのか記述なのか

さて、『体系』で何度も批判のやり玉に上がっているのがヒューウェルである。さきほど紹介した数学的な知識についての議論でも、ヒューウェルの立場（数学的真理はアプリオリで必然的だという、ミルとは正反対の立場）が批判の対象になっている。[106] 帰納をめぐる論争の文脈でもいくつかの批判をしているが、ここでは二つに話を絞ろう。

まず、帰納には観念が必要だ、というヒューウェルの主張にミルはかみつく。[107] おさらいすると、ヒューウェルは、例えばケプラーの第一法則（惑星は楕円軌道をとる）をとりあげて、この法則は「楕円」という観念を火星の観測データにあてはめることによって発見されたと考え、そうやって観念をあてはめて事実をまとめあげることこそが「帰納」だと主張した。これに対してミルは、観念をあてはめることは帰納とはまったく無関係だという。

ミルももちろん、ケプラーがいろいろ試行錯誤をして楕円という図形にたどりついたことは認める。しかし、ミルによれば、帰納というのは個別の事例から一般化する推論であり、個別の事例のあつまりに何かの観念をあてはめるだけの作業は「記述」、つまり単に事実を述べているだけである。ケプラーの場合は、実は二つのステップを区別しないといけない。すでに持っている火星の観測データがすべて「楕円」という図形上に書き込めるという「記述」のステップ、そして、その記述に基づいて、今後の火星の軌道もその楕円上にあるだろうとか、観測した二つの点の間においても、火星はその楕円上を通っていただろうとかと推論するのが帰納である。ただ、ケプラーの場合、惑星が安定的な軌道を通っていることと自体はすでにわかっていたので、帰納の部分はすでに済んでいた、とミルはいう。つまり、ヒューウェルは帰納の典型例としてケプラーを挙げたけれど、ミルに言わせればこれは非常に不適当な例を挙げてしまったことになるわけである。

単なる仮説としてのエーテル

ミルがもう一つ批判したのが仮説の使用についての態度である。ヒューウェルも科学で仮説を使うことについては、特に『哲学』の初版ではかなり慎重な態度をとっているのだが、ミルは、ヒューウェルのいう観念というのが、経験に根拠を持たないという意味で、「仮説」の一種だと考えた。そして、そのような仮説を無制限に使うことにミルは反対する。

確かに、科学を遂行する上で試行錯誤は必要であるし、科学者たちが実際に仮説をいろいろ立てて考えることで科学を進歩させているということもミルは認める。しかし、ミルが想定する「仮説」は、われわれが観察することができる現象の間の因果関係についての仮説である。因果関係の推論について、さきほどは「原因の候補がA、B、Cと三つある」というところから話がはじまったが、この候補を絞り込むところで「Aが原因ではないか」「Bが原因かもしれない」といった仮説が必要になる。ここで注意すべきは、隠れた原因や目に見えない原因を発見するようにはできていないということである。

ミルは、直接観察できないような原因について何か確かなことがいえるとは考えていない。[108]例えば、ハーシェルやヒューウェルが認めていたエーテルについて、一貫して慎重な態度を示している。ミルは一方で、多数の現象がエーテル仮説で想定される法則から導けるという証拠は「最小の価値ということはありえない」と述べ、いろいろなことを説明する仮説というものの価値を認めてはいる。しかしエーテルは今のところ五感で感知できないので、いろいろな事実がそこから演繹できても決定的な証拠とはみなせない。「〔すべての現象を説明するという〕条件はしばしば二つの対立する仮説により完全にみたされる」とミルは言う。[109]それどころか、「原因を創作していいということになったら、豊かな想像力の持ち主なら、どんな事実に対しても一〇〇もの説明を作り上げるだろう」とまで主張する。[110]それまで想像されていなかったような新しい事実を予言したということはそれを受け入れる理由になるように見えるが、単なる印象にすぎない。結局、ミルの考えでは、光が波動であるという証拠のすべては、エーテルが存在することを示すのではなく、「何らかの程度でそれと類比的な法則に支配されている」(governed by laws in some measure analogous to these) ことを示すにすぎないのである。[111]

ミルのこの件についての立場も、その立場を擁護するために行われる議論も、序章で紹介した現代の科学的実在論論争における反実在論側（特にファン＝フラーセンの構成的経験主義）の主張や議論とたいへんよく似ている。五感で感知できるかどうかを重視して、そうやって直接見ることができないものに訴える説明に関しては「どんな事実に対しても一〇〇もの説明を作り上げる」ことができるというのは、まさに決定不全性論法そのものである。

ヒューウェルからの反撃

ミルはヒューウェルがすぐに反論すると期待したようだが、『帰納について』と題する反論の書が出版されたのは六年後の一八四九年であった。ミルは一八五一年の『体系』第三版にヒューウェルへの返答にあたる長い注をいくつかつけたした。その後、今度はヒューウェルが一八五八年から六〇年にかけて『帰納的諸科学の哲学』の第三版を三冊に分けて出版した（『科学的観念の歴史』『新オルガノンの改良』『発見の哲学』）。そのうちの『発見の哲学』は、『帰納的諸科学の哲学』の一部にその後出版した科学哲学関係の論文を増補したもので、『帰納について』も「ミル氏の論理学」という題の下で少し修正を加えてこの本の一つの章として収録された。こうして、お互いにちょっとずつ注を追加したり修正したりというやり方で応酬をしていたので、ウェイトリーとの論争と同じく、この論争も追いかけるのが非常に難しくなっている。

さて、ヒューウェルはミルと意見が対立するそれぞれの論点について個々に反駁している。それをすべてとりあげることはできないので、ここでは二つの論点だけ紹介しよう。一つは、「事実のまとめあげ」は単なる記述なのかという問題、もう一つは「仮説」の扱いについての問題である。

まず、事実のまとめあげについてだが、おさらいすると、ミルは、例えばケプラーが火星の観測データを「楕円」というパターンにあてはめたことを単なる記述だと考え、そのパターンが今後も繰り返す、とか、観測されていない時点においてもそのパターンにそっていた、という観測していない部分への推論の部分が帰納で、この二つは違うものだ、と主張した。

ヒューウェルはまず「一般的な命題を発見し形成する操作」というミルの帰納の定義を引用し、基本的にこれに同意すると述べる[112]。また、四つの方法そのものについてはヒューウェルも特に反対はしない（ただし、帰納においてもっとも難しい「どう記述するか」の問題をこの方法は捉え損なっている、とヒューウェルは考える[113]）。

ヒューウェルがミルの帰納のイメージに賛同できない第一の点は、個別の事実から同じレベルの個別の事実を導き出すことを帰納と呼んでいる点である。途中で一般性の高い命題を経由しないで過去の経験から予測を行うのは実践的行為ではあっても知識の生成ではない。「したがって、わたしが思うに、彼〔ミル〕は思弁的知識と実践的行為の間の広く本質的な違いを見逃してしまっている。そして、（中略）科学の観念ときわめて異質な事例を導入してしまっている[114]」。

さらに言えば、命題がそもそも関係しない「穴掘り」のようなものにまで帰納という言葉をあてはめることにも反発している。動物は「学習」はするかもしれないが、それに「帰納という言葉をあてはめるのは混乱のもと」なのである[115]。「われわれが考察しなくてはならないプロセスについてもっとも参考になる事例であるところの諸科学が、明確で適切ないかなる意味においても帰納的諸科学でありうるためには、帰納という言葉は、われわれが自分の心の中に一般命題（general proposition）を持っているような場合に限定しなくてはならない[116]」。

他方、ミルがヒューウェルの帰納の概念に向けた批判については、何を言っているのかヒューウェルにはピンとこなかったようである。地球の形についての推論は帰納と呼んでいるのにそれと何が違うのか、という反応をしたり、もしかしたらミルは「楕円」のような空間的なパターンを発見するのは記述で、時間や原因についてのパターンを発見するのは帰納だと考えているのではないか、という推測をしたりしている。もちろんヒューウェルは空間的なパターンと時間的なパターンを別扱いする理由などない、と反論することになるが、そもそもミルが言っていないことに反論しているのであまり生産的ではない。

ミルはヒューウェルの反論に答える形で『体系』の関連箇所に加筆している。その加筆部分で、ミルは、単に科学は記録のために一般命題を明示する必要があるというだけで、一般命題を経由する場合もしない場合もやっていることの本質は変わらない、と言う。したがってミルからすればむしろヒューウェルの方が言葉の用法を制限しすぎなのである。また、ミルは、ヒューウェルが発明と証明の区別を軽視している、と主張する。帰納を帰納たらしめているのは証明の力であって、新しい概念を導入するという発明の部分とはきちんと切り離す必要がある。ただ、ミルも発明の部分を軽視しているわけではない。これはベーコンやロックらが抽象（abstraction）と呼んできたもので、ミルも「まとめあげ」というヒューウェルの言葉をこれにあてるのにやぶさかではない。ミルの反論は、それは帰納と区別するべきだ、ということだけである。ミルが言っていないことについてヒューウェルが検討している箇所については、ミルも答えに困ったのか、何も述べていない。

仮説の使用についての応酬

「仮説」についてのミルとヒューウェルの応酬を見る前に、ヒューウェル自身の立場が変わっている（少なくとも書いたものを見る範囲では変化しているように見える）ことを押さえておきたい。『体系』の出版から四年後、ミルに反論した『帰納について』の二年前、ヒューウェルは『哲学』の第三版を出版するが、この第三版で彼は仮説の真理について初版よりかなり踏み込んだ記述を行っている（Whewell〈1847〉）。ミルへの直接の反論の前にこちらを確認しておこう。

ヒューウェルによれば、仮説が新しい予測を成功させることは仮説が正しいことの証拠になるが、この条件を満たしてもまちがいだと判明した理論はある。これに対して、以下の二つの条件を満たした理論はまちがいだと判明したことがなく、「理論の真理を、抵抗できない、と言いうるようなしかたで証明する傾向」を持つ[121]。第一は帰納の合流（consilience of inductions）、すなわち、いろいろな帰納的法則が同じ仮説から導かれることである。もう一つは理論がだんだん単純になっていくこと（progressive simplification of the theory）である。エーテル説はこれらの特徴を持つため、真であると受け入れていい理論に分類されることになる。

ヒューウェルの二つの基準のうち、「帰納の合流」は、現在の実在論論争で、実在論側を擁護するために使われる「宇宙的偶然の一致」（cosmic coincidence）論法を先取りしているものと解釈することも可能である（Smart 1963）。たとえばまったくことなるプロセスを通してさまざまなやり方で計算したアボガドロ数が非常に正確に一致するということは、アボガドロ数に対応するもの、すなわち原子や分子が本当に存在すると考えないと、宇宙的な偶然の一致になってしまう。これは、さまざまなアボガドロ数の推定が「合流」したのだ、と言えそうである。しかしこの事例はヒューウェルが『哲学』を書いていた時期よりはるかにあとのことなので、ヒューウェルが実際にこの事例にどう反応したかは推測の域を出ない。ヒューウェルが想定している「帰納の合流」の対象にアボガドロ数の推定のような数値の見積もりが含まれるかどうかもはっきりとは言えない。

『帰納について』はこの『哲学』第二版の後に書かれており、当然仮説についてもこの立場を前提としていると考えていいだろう。ヒューウェルが仮説の方法を許容するというミルの批判に対してヒューウェルはまず、自分は仮説を受け入れることについては慎重で、例えば熱の振動説を受け入れたりはしていない、と述べる[122]。しかし、帰納の合流と単純化の二つの条件を満たす仮説についてはそのように譲歩するわけにはいかない。例えば、既知のすべての現象を説明するという条件が「二つの対立する理論によっておなじくらいよく達成される」ことがしばしばあるとミルがいうのに対して、ヒューウェルは科学史においてそんな例は聞いたことがない、と答える[123]。ミルはさらに、豊かな想像力のある人ならどんな事実に対しても一〇〇個くらいそういう対立理論を思いつける、と書いていたが、ヒューウェルはこれに対してじゃあできるならやってみろ、と答えている[124]。この批判はミルにはこたえたようで、『体系』のあとの版では「おなじくらいよく」というのが「許容可能な程度には」に書き換えられ、「豊かな想像力」云々という箇所は完全に削除された[125]。このように、表現は変えながらも、ミルの主張の基本線は最後までぶれていない（そして、興味深いのは、エーテルに関しては、こうして苦しい立場になりながらも懐疑的な主張を貫いたミルの方が、今の目から見ると正しいことを言っていたように見えるということである）。

また、ミルが仮説の方法について論じるときに「現象の多くに対するもっともらしい説明」を与えるような仮説を想定するのに対し、ヒューウェルは、考察の対象にすべきは、追跡可能な範囲ですべての現象を正確にあらわすような理論であり、そうでない理論など支持しないという。[126] ヒューウェルがいっているのは、自分は目に見えないものを持ち出す理論を手当たり次第受け入れるわけではなく、すべての現象を正確に捉えるという非常に高いハードルを超えるものだけを受け入れるということである。ただし、そこにたどりつくプロセスはいきなり高次の仮説を立ててその帰結が正しいかどうかを見るというトップダウンの方法（この当時の用語でいうところの「仮説の方法」）ではなく、一歩一歩一般化を進めていってたどりつくというボトムアップの方法でなくてはならないはずである。

ヒューウェルは、仮説がこれまで知られていなかった現象を予測して成功させるというのは別に仮説にとって有利な材料とはならない、とミルが主張していることにも異論を唱える。[127] ヒューウェルは科学史上の事実として、実際にハレー彗星の帰還についての予測の成功が科学者にとっても重大に受け止められたという例などを挙げ、またそうした予測が成功するのは「その説明が観察された事実の単なる定式化ではなく、何かしらもっと深い種類の真理だからだ」と主張する。

これもまた現在も続けられている論争のはしりとも見える。現在の実在論者もヒューウェルと同様に、理論が「新規な予言」（novel prediction）を成功させたならその理論に出てくる観察不可能な対象の実在性を受け入れる理由になると主張し、反実在論の側は、論理的にはその結論はまったく導けないと答える。ただ、ヒューウェル自身も、なぜそういう予測を成功させることが特に重視されるべきかという理由はうまく説明できていない（あまりにも当たり前すぎるから、ともいえるが）。

多岐にわたる二人の応酬を簡単にまとめることはできないが、主要な点だけもう一度まとめてこの話をおわろう。ヒューウェルのいう意味での「まとめあげ」が帰納のプロセスの一部なのか、それとも帰納とは別の作業なのかというのは、実質的な方法論における対立というよりは捉え方の違いの部分が大きいと思われる。ただ、われわれが「ものの見方」が影響しないと普通思っているような手順の中にもものの見方の影響がある、ということをヒューウェルがあらためて指摘しているとはいえるだろう。これに対して、科学において目に見えないものについての仮説が果たす役割については、ミルの方が禁欲的な態度をとっていて、現代の科学哲学でいえばヒューウェルが科学的実在論、ミルが反実在論に近い立場をとっている。現在の科学は目に見えないものについての仮説をどんどん立てて、それを検証しながら進んでいるので、この点についてはヒューウェルの方が現在の科学者を代弁しているといってもいいだろう。

道徳の改革との関わり

同時代的な影響についてもう少し広く見回せば、帰納をめぐる論争は決して孤立した論争ではなかった。特に、本章で何度か触れたスナイダーの最近の研究は、ヒューウェルとミルの論争が道徳哲学や社会のあり方までも含む広範囲な論争の一部（しかも、他の部分と連続的な一部分）だということを指摘して注目された。

ヒューウェルとミルは、道徳や政治をめぐるさまざまな問題で対立していた。倫理学においては、ミルは功利主義という立場の代表的な論客として知られるのに対して、ヒューウェルは直観主義と呼ばれる立場をとる（児玉 2010 参照）。当時の文脈では、功利主義というのはある道徳規範が現に人間を幸福にするかという経験的な事実に基づいて規範の善し悪しを判断する立場であったのに対し、直観主義とは、われわれはある規範を採用した結果とは関係なしに、理性によって何が正しい規範かということを知ることができるという立場（現在の倫理学では「義務論」に近い）だった。功利主義者は現在存在する多くの道徳規範や法律、経済制度が人々を幸福にしていないと考え、女性参政権やライフスタイルの選択の自由などについてラディカルな改革を求めていた。これに対して直観主義者たちは、現状を維持するような方向で彼らの直観を使った。

スナイダーの分析によれば、ミルの中では、ヒューウェルの科学哲学における「観念」の強調と、倫理学や政治学における「直観」の強調は結びついており、逆にミル自身の功利主義的な倫理学は経験主義を採用する点で経験主義的な科学哲学と軌を一にしていた。つまりミルがヒューウェルの科学哲学、とりわけ観念が帰納において何か大事な役割を果たすという考え方に反発したのは、それが功利主義とも対立する考え方だと思ったからだという（科学哲学の直観主義と倫理的な直観主義を結びつけて考えていたことについてはミル自身も『自伝』の中で証言している[128]）。これに対してヒューウェルは、確かにミルのウルトラ経験主義にも功利主義にも反対したが、その両者の結びつきをそれほど強いものだとは思っていなかったようである。現代では科学哲学と倫理学は完全に別分野となってしまっているため、そうした分野横断的な議論の全体像は見えにくくなってしまっているかもしれない。

論争の断絶　実は、二〇世紀の科学哲学の論争で、ハーシェル、ヒューウェル、ミルらの議論が引用されることは非常に少ない。同じ「帰納」について論じていても、引用される昔の哲学者といえばもう一時代前のデイヴィッド・ヒュームだけだったりする。議論の連続性がどこかで途切れてしまっているのである。

この論争は、その後一八七〇年代にはジェヴォンズの『科学の原理』（Jevons 1874）などに引き継がれる。ジェヴォンズは「帰納とは演繹の逆操作である」と主張する[129]。ジェヴォンズの考える演繹とは一般性の高い命題から一般性の低い個別命題を導き出す操作であり、帰納は、ちょうどその逆に、個別の命題から一般命題を導き出す操作である。これだけであればヒューウェルもミルも同意するだろうが、ジェヴォンズの挙げる具体例では、ジェヴォンズが帰納というものを、多様な個別の事例からそれらを支配する隠れた法則性を発見する操作だと捉えていたことがわかる。こうした機械的操作を超える要素を帰納に認める点で、ジェヴォンズはヒューウェル寄りだと言ってもよいだろう。しかしそれ以上に、ジェヴォンズの本は、帰納を「完全な帰納」(perfect induction) と「不完全な帰納」(imperfect induction) に分け、後者を確率的推論と結びつけたことで、帰納についての議論の枠組みを変えてしまった[130]。一九世紀の確率・統計的思考の発展は、それだけで大きな話題であり、研究書も多いので、ここでその議論へは立ち入らない[131]。

二〇世紀になって、ふたたび演繹や帰納といった科学の方法論が科学哲学の大きな話題になる(ただし、演繹や帰納という言葉の意味が若干変化していることは以前に注意を促した通りである)。そこではジェヴォンズが導入した確率的推論や、新たに登場した記号論理学が主な思考のツールとして使われた(ジェヴォンズはこちらの革命の立役者の一人でもある)。ハーシェル、ヒューウェル、ミルらの議論の枠組みや彼らの使う論理学は古すぎて参照のしようがない、と思われてきたのかもしれない。本章で論じてきたように、問題意識や使っている議論について共通性は確かにあるのだが。

もう一つ、現代の議論との断絶を象徴するのが、ハーシェル、ヒューウェル、ミルらがほとんどヒュームに言及しないことである。ヒュームは帰納法という方法論そのものの正当化の理屈を検討し、帰納的推論の背後には「まだ経験していないものはすでに経験したものに似ている」という斉一性の原理があるということを指摘する。そして、つまり斉一性の原理自体が過去の経験から帰納的に導き出された原理にすぎず、したがって斉一性の原理を使って帰納法を正当化するのは循環論法だと診断する。[132] 因果的法則というものが存在することがアプリオリに示せるならこの問題は回避できるが、その道筋はヒュームのもう一つの有名な議論である因果性についての懐疑論で塞がれている。ヒュームのこの一連の議論は、わたしの評価では、哲学の歴史におけるもっとも強力な議論の一つである。

ところが、ハーシェルもヒューウェルもミルも、帰納についてあれほど論じながら、ヒュームの名前も、ヒュームが提示する形での帰納の問題もとりあげない。ミルの『体系』では、「自然の過程の斉一性の公理」がとりあげられるがそれに対するヒュームの批判は紹介されないし、「普遍的因果性の法則の証拠について」という、いかにもヒュームの問題を扱っていそうな章もあるのだが、ミルの考える因果法則の存在する証拠とは単純枚挙からの帰納で、ヒュームがやり玉に挙げた考え方を一〇〇年以上あとに芸もなくそのまま提示する形になっている。[133] ミル研究で知られる哲学者のジョフリー・スカーによれば、ヒュームの帰納についての議論が広く知られ、検討の対象になるのは一八七四年に『人間本性論』がヒューム著作集の中で再刊されて以降だという。[134] それより三〇年前のミルにヒュームの議論を意識せよというのは無茶かもしれない。ちなみにジェヴォンズはその一八七四年の『科学の原理』の中で既知の対象から未知の対象について推論することの難しさを繰り返し指摘していて、ヒュームの問題を意識していた様子がうかがえるのだが、その文脈でヒュームには言及していない。[135]

現代の科学哲学でヒュームの帰納批判が当然の議論の前提として扱われてきたのは、カール・R・ポパー、ハンス・ライヘンバッハ、ネルソン・グッドマンなど、代表的な科学哲学者がヒュームの議論をある程度認めるような議論を展開したからだと思われる。特にポパーの反証主義という立場は、ヒュームを真剣に受け止めることを一つの動機としている。そして、ヒュームを真に受ける立場からすると、ハーシェルをはじめとする一九世紀の帰納についての議論は、根本的な問題と直面していないなまぬるい議論に見えてしまうだろう。他方、ハーシェルらからすれば、ヒュームの疑問は根本的すぎて、現実の科学と距離がありすぎるように思えたかもしれない。

こう考えると、ハーシェルらが現代の議論に登場しないのはむしろ当然だったのかもしれない。とはいえ、彼らの影響が現代の科学哲学にまったくないと考えるのも極端である。少なくとも、科学の方法論そのものを主題とした論争を哲学者が行うというスタイルに先鞭をつけたこと、「帰納」という概念がその際のキーワードであるということを確認したこと、この二つの点についてはハーシェル、ヒューウェル、ミルらの貢献だと言ってよいだろう。

第2章　「サイエンティスト」の起源

1　「サイエンス」と「サイエンティスト」

本章のテーマは、英語の「サイエンティスト」（scientist）、つまり日本語でいう「科学者」という言葉の起源である。この言葉はどのようにして使われるようになったのだろうか。すぐに答えを言ってしまうと、この言葉は、前章の主役の一人、ウィリアム・ヒューウェルが一八三〇年代に導入した言葉である。このこと自体は、一般向けの科学論のテキストでもしばしば言及されているので知っている人は多いだろう（というより、ヒューウェルという名前からこのエピソードしか連想しない人も多いかもしれない）。しかし、この言葉がどういう文脈で導入されたのかという話は日本語ではあまり紹介されていないように思う。さらに、physicist（物理学者）という言葉も同じころにヒューウェルによって導入されたのだが、こちらは紹介されること自体が少ない。これらの語の導入の経緯については、シドニー・ロスが非常に行き届いた調査をしていて、単に言葉の導入の経緯に興味のある方は（そして英語で読むことに苦痛のない方は）そちらを読んでいただくのが早い（Ross 1962）。しかしここでは、この言葉の導入が、科学というものの自体の成り立ちや科学哲学の成り立ちと密接に関わっていたのだという観点から、経緯を整理しなおしてみたい。

初出は書評だった

さて、背景的な話は後回しとして、早速サイエンティストという言葉が導入された現場を見に行こう。サイエンティストという言葉が印刷された最初の用例は、一八三四年の『クォータリー・レビュー』という雑誌に掲載された、メアリー・サマーヴィルの『物理諸科学の連結について』（Somerville 1834）という本の書評である（Whewell 1834）。この書評は無署名であるが、ヒューウェルの手になるものであることが知られており、トドハンターが書いたヒューウェルの伝記にヒューウェルが書評を依頼された経緯などが紹介されている。[1] それによれば『クォータリー・レビュー』の編者ロックハートは、ヒューウェルに「軽めの原稿」を書いてほしいと依頼したようであり、書評執筆後の礼状も残されているとのことである。ということで、これがヒューウェルの筆になることはまずまちがいない。では、そこでサイエンティストという言葉はどのように導入されているのだろうか。

まず、そもそもこの話が持ち出される文脈を確認しておこう。サマーヴィルの本は、タイトルにもあるように、さまざまな物理科学（扱っている範囲としても力学、天文学、熱、電気、磁気、気象学と、現在の物理学に比較的近い）を関連付けることを目的としている。ヒューウェルはこれを「気高い目標」と高く評価するのだが、それは科学が「分離と解体の志向を強めている」からだという。[2] かつては「学識ある」という言葉であらゆる知識がまとめられていたが、もはやホッブズのようなモラリストやゲーテのような詩人が数学や経験科学の世界に足を踏み入れても、あまり得るものがなくなってしまっている、とヒューウェルはいう（ちなみに、ホッブズやゲーテの名前が挙がっているのは、彼らがどちらも自然科学的な話題にも口を出しているからである。ホッブズはボイルと真空の存在について論争をしているし、ゲーテには色彩についての有名な研究がある)。

ヒューウェルは続ける。「しかし、この分解は、瓦解する帝国が粉々になるようにさらに進んでいる。物理科学それ自体も際限なく下位区分が作られ、下位区分が絶縁されていっている」(3)。数学者と化学者と「熱や水蒸気などを研究する人」が分かれ、化学者の中でも電気化学者と一般的な化学者が分かれ、といった具合である。そこで、瓦解を食い止めるための共通の名前が必要だ、という話になるのである。以下、少し長くなるが、もっとも中心となる箇所を訳出する。

そしてこのように科学は、単なる物理科学でさえも、統一の跡を失っている。この結果を奇妙に示しているのが、物質世界の知識の研究者を全体として指し示す言葉がないということである。伝えられるところによると、この困難は、英国科学振興協会の会員が、ヨーク、オックスフォード、ケンブリッジで過去三回の夏に行われた会合で非常に耐え難く感じたものだとのことである。これらの紳士たちは、自分たちの探究に関連付けて自分たちを呼ぶ包括的な言葉を持っていなかった。「哲学者」(philosophers)という言葉はあまりに広すぎ、また尊大だと感じられた。コールリッジ氏は、文献学者であり形而上学者でもあるという両面の立場から、適切にもこの言葉を禁じた。savans〔フランス語で科学者を意味する savant の古い形〕は英語というよりフランス語であるという点を別としても、高慢である。ある才能ある紳士が、アーティストという言葉との類比でサイエンティストという言葉を造ってもいいではないかと提案し、このような接尾辞を自由に使うことに咎めを感じる必要はないはずだ、というのも社会主義者(sociolist)、経済学者(economist)、無神論者

(atheist) などの言葉があるからだ、と付け加えた。しかし一般受けはあまりよくなかった。他の者はドイツの同様の協会の会員が自分たちを呼ぶ言葉を翻訳しようと試みたが、natur-forscher〔直訳すれば「自然探求者」〕の英語の同義語を発見するのは簡単ではないことがわかった。このドイツ語が含意する吟味のプロセスから示唆されるのは、ものめずらしい自然に対する自然つつき屋 (nature-poker) とか自然覗き屋 (nature-peeper) といったみっともない複合語ばかりだった。しかしこれらの言葉は憤慨とともに却下された。[4]

ここで引用した書評の文章から、サイエンティストという語の起源について、いくつか注意すべきことが見えてくる。まず、この記述はサイエンティストという表現をまじめに提案しているとはとうてい読めない。サイエンティストという表現は社会主義者や無神論者といった、当時としてはあまり歓迎されないタイプの人々と比較されており、そのこと自体がジョークという印象をあたえる。トドハンターの伝記にもあるようにこの文章は「軽め」にという注文に応じて書かれたものであり、ここはまさにこの書評を「軽め」にしている部分だといえそうである。[5] それと関連して、「一般受けはあまりよくなかった」(not generally palatable) という表現によって、この提案が会員たちによって却下されたことが記されているのも、留意すべき点であろう。

「才能ある紳士」

また、すぐ気づくように、サイエンティストという言葉を導入したのは、「才能ある紳士」であって、それが誰かはここでは明示されていない。本章冒頭に挙げた論文で、ロスはこの「才能ある紳士」について、「[ヒューウェル自身]」という但し書きをつけているが、原文にはこれがヒューウェル自身であることを示す手がかりはない。トドハンターの伝記には、そもそもこの書評がサイエンティストという語の初出であることへの言及も、英国科学振興協会での提案についての言及もない。もちろん、この時期にヒューウェルがさまざまな造語を発明していたという状況証拠からしても、また、このあとしばらくヒューウェル以外にこの言葉を使っている人がいないことからしても、これがヒューウェル自身のことであるというロスの推定は妥当だと思われる。しかし、あくまで推定であるということは明確にしておく必要があるだろう。

もうちょっと細かいことも注意しておこう。ものの本ではサイエンティストという語が造られたのは一八三三年であるという旨の記述がしばしば見られる(6)が、ここではっきり書かれているのは、英国科学振興協会という団体の三回の年会でこの件が話題になったというだけであり、どの会合で問題の発言があったかはわからない。これらの会合については詳細な報告書が残されているが、ヒューウェルの提案への言及はそちらにはまったくない(7)。ただ、ヒューウェルと右の引用で名前が挙がっているサミュエル・T・コールリッジが顔をそろえたのは一八三三年の会合だけなので、それが三三年と推測する一応の根拠となっていると思われる。

結局、サイエンティストという語は、一八三一年から一八三三年の間（おそらく三三年）に、英国科学振興協会の会員全体を指す言葉として、おそらくヒューウェルではないかと思われる人物によって提案されたが、その時点では却下された、というのが正確なところである。しかし、そもそもこの英国科学振興協会というのはどういう団体なのだろうか。ヒューウェルはなぜこの団体でこういう提案をしたのだろうか。それには、まず、サイエンス（science）という英語の変遷をおさえておく必要がある。

サイエンティストという言葉が提案される以前から、もちろんサイエンスという言葉はあったし、サイエンティフィック（scientific）という形容詞も存在した。ただし、意味合いは今とはだいぶ違っていた。オックスフォード英語辞典（OED）によれば、もともとサイエンスは知識全般や、学習によって得た知識（学識）を指す言葉で、一四世紀くらいから英語での用例がある。[8] サイエンティフィックの方は同じくOEDによればもともとアリストテレスの『分析論後書』の翻訳において「三段論法で証明された」というような意味で使われ、それが「サイエンスに関わる」という意味でいろいろな文脈へと拡張して使われるようになったらしい。

神学や音楽もサイエンス？

より限定された用例が登場するのは一八世紀で、例えば一七二五年に「規則的、ないし方法的な観察や命題の総体を表す」というサイエンスの定義が使われたりしている。一九世紀初めごろには、この限定した用法もかなり広まってきていたようだが、そのころになってもサイエンスをかなり広い意味で使う例は相変わらず多い。例えば一八一七年から刊行された『メトロポリタン百科事典』では、項目を「純粋（pure）サイエンス」「混合（mixed）サイエンス」「応用（applied）サイエンス」などと分類しているが、純粋サイエンスに分類されているのは文法、論理学、数学、形而上学、道徳、法律、神学などである。[9] 現在の意味での科学は混合サイエンス（力学、光学、天文学など）や応用サイエンス（磁気や電気の研究、農学、地質学、解剖学など）に含まれているが、応用サイエンスの中には今ではまず科学と呼ばない彫刻、詩、音楽なども含まれている。実験哲学という言葉も使われているが、これは応用サイエンスの一部として磁気、電気、熱、光などについて実験的に研究する領域を指す言葉になっている。この百科事典はコールリッジの構想に基づいて作られたものなので、彼独特の用語法だといえなくもないが、非常に多くの著名な学者が参加した百科事典でこういう用語法が採用できたということは興味深い。

「イギリス科学の衰退」

サイエンスという言葉の変遷と英国科学振興協会の設立の両方に関わって興味深い著作がチャールズ・バベッジの『イングランドにおける科学の衰退に関する考察』(Babbage 1830 以下『衰退』)と題する本である。バベッジといえば「階差機関」や「解析機関」と呼ばれる計算装置を発明し、コンピュータ開発の先駆者として現在でも名前をよく見かける数学者である。前章でもジョン・ハーシェルやヒューウェルの友人として名前が出てきた。彼らはイギリスにおける科学教育の進展に貢献している。バベッジ、ハーシェル、それから数学者のジョージ・ピーコックらは学生時代に「解析協会」という団体を作り、フランス流の解析学の教科書を翻訳して導入していた[10]。その後ケンブリッジ大学教員になったヒューウェルは自分の授業でフランス流解析学を教え、トライポスと呼ばれる試験の形で教育にも正式に取り入れられる(その結果、フランス流の物理学ができるだけの数学力を身につけた学生がケンブリッジを卒業するようになっていった[11])。

そのバベッジが一八二〇年代にフランスやドイツの学者たちと接触し、特にドイツで開催された学会(おそらく一八二二年に設立されたばかりのドイツ自然科学者医師協会)に参加して痛感したのが、イギリスの研究環境の悪さだった。一七世紀のニュートンのころにはイギリスの科学は世界のトップだったのに今ではすっかり落ちぶれてしまったとバベッジは考える。実際、このころの物理学理論はジャン・ダランベール、レオンハルト・オイラー、ジョゼフ＝ルイ・ラグランジュ、ピエール＝シモン・ラプラスといった大陸の「数学者」たちによってもっぱら発展させられてきたものだったし、ラボアジェによって開拓された化学も研究の中心は大陸だった。トーマス・ヤングやジョン・ドルトンなど、もちろんイギリスにも先端の研究をしている研究者はいたが、バベッジにはその差は歴然と思われた。

バベッジは『衰退』の序文で『メトロポリタン百科事典』の「化学」や「音」の項などでイギリスの科学の現状について嘆かれているのを引用し、自分と同様の印象を持つ人がほかにもいることを指摘する。[12]『メトロポリタン百科事典』の各項目はそれぞれの分野の近年の発展をレビューしており、レビューした執筆者たちは、そこに登場するイギリス人の名前が少ないことにいやでも気づかされたわけである。ただ、「音」の項を執筆したハーシェルは学術誌を中心とした研究者のコミュニティがしっかりできあがっていることがフランスやドイツで研究が進むことの一つの要因だと分析しているのに対し、バベッジはむしろイギリスでは科学への国家の援助がないことが大きな問題だと考えた。[13] フランスやドイツの科学アカデミーは選ばれた研究者が国家の援助により給料をもらいながら研究ができる態勢ができているのに、ロンドン王立協会は会員が多すぎるし研究者をサポートしないし、賞も出さないし、およそ学術の発展に寄与していない、とバベッジは批判する。

さて、ここまでのバベッジのまとめで「科学」と訳してきたもとの言葉は science だが、科学と訳してまったく違和感がないことからもわかるように、バベッジの考えるサイエンスは今の自然科学と一致するように思える。また、サイエンスの衰退というからにはサイエンスは知識そのものではなく知識を生み出す活動の方を指しているはずであり、その点でも古典的なサイエンスの用法から離れている。しかし、大学の教育科目としてのサイエンスという話になったときにバベッジが選択科目として提示するリストを見ると、歴史学、法学、政治経済学なども含まれていて、むしろ人文社会系も含めた「学問」にあたる言葉のように見える箇所もある。[14]

バベッジ自身はこの本に書いた考え方に基づいてロンドン王立協会を改革しようとして、ハーシェルを会長選挙に立たせた。残念ながらこれがうまくいかなかったのは序章のハーシェルの紹介のところで触れた通りだが、この選挙にはこういう背景があったわけである。

バベッジの告発は当然のように大きな論争をまきおこした。ヨーロッパ諸国の学者もそんなに恵まれているわけではない、という匿名の反論パンフレットが出たりした[15]。その一方で、バベッジに共鳴し、イギリスでも科学をもっと振興するべきだ、と主張する人々も出てきた。その代表がデイヴィッド・ブリュースターである。第1章でもヒューウェルの『帰納的諸科学の歴史』にきつい書評を書いた人物としてちょっと登場した人物である。ブリュースターは光学などの研究をした物理学者だが、万華鏡やステレオスコープ（3D映像のはしり）の発明でも知られる。ブリュースターはバベッジの本に対する好意的な書評を書いて、その中で王立協会だけでなくイギリスの大学も悪いと大学にまで批判の矛先を向けた（Brewster 1831）。彼はイギリスの科学の振興をはからなくてはならないと諸方面に働きかけ、その運動が結実したのが英国科学振興協会なのである。

英国科学振興協会の誕生

ブリュースターの呼びかけは最初必ずしもうまくいっていなかった。例えば当時ケンブリッジ大学で教育に携わっていたヒューウェルは彼の大学批判にかえって反感を持ったようである[16]。そんな中でブリュースターが新しい団体を作ろうというアイデアを持ちかけたのはヨークシャー哲学会だった[17]。哲学会という名前だが、これはヨークシャー地方の科学の振興をめざし、科学書（特に地質学書）の図書館を作るなどの活動を行っていた地方団体である。ブリュースターは一八三一年二月二三日付の手紙でこう書いている。「『英国の科学人（men of science）の協会』を設立しようという提案がなされています。これは、ドイツですでに八年前から存在し、現在ヨーロッパのその地域のもっとも強力な国家〔プロイセン〕の援助を受けている団体〔ドイツ自然科学者医師協会〕と類似した団体です」。そして、ヨークはイギリスを構成する三つの王国の中央にあるため、ヨークで最初の会合を開催したい、とブリュースターは説明する（王立協会のあるロンドンから距離をおきたいという意図もあったらしい）（Orange 1971）。

この手紙に前向きな返事をもらったブリュースターは、「今度の七月にヨークで英国諸島全域から科学耕作者（cultivators of science）が集まる会合が開かれる段取りがついた」と自分が編集していた雑誌の四月号に広告する。[18] これはフライングだったようで、それを読んだヨークシャー哲学会の関係者が「今年の七月なんて無理」とこぼしている手紙も残っている。[19] しかし、当時ヨークシャー哲学会の会長をしていたW・V・ハーコート（科学実験もやっていたが本職は聖職者だった）は前向きだった。彼は王立協会や大学の批判はやめて科学の振興というポジティブな面を強調することでブリュースターの提案する会をもっと大規模なものにしようと考え、イギリス中の学術団体に招待状を送った。ヒューウェルもこのハーコートのアイデアには賛同し、人集めに協力すると共に、科学の各分野の進捗状況をまとめて報告する場にすべきだという持論も持ち込んだ（これは現代の総説論文のはしりともいえる）。

こうして、いろいろな関係者の微妙にずれる思惑が交錯しながらも、一八三一年九月二六日、英国科学振興協会の最初の会合がヨークで開かれた。この「英国科学振興協会」という名前はハーコートが考えたものらしく、会合の初日のハーコートの演説にはじめて登場し、その後団体名についての決議が行われている。[20] この第一回の会合では一週間にわたってイギリスを代表する科学者たちによるかなりの数の発表が行われ、大盛況といっていい状況だったようである。こうして、科学者が研究発表し意見を交換し、研究の進捗状況を確認する場としての学会が、ドイツに遅れること数年、イギリスにも登場したのである。

科学紳士、科学人、科学耕作者

英国科学振興協会における「科学」、すなわち「サイエンス」は現在とほぼ同じ意味で使われており、その用法自体は以前から存在していたのは前に触れた通りである。ただ、単にすでにある用法を踏襲したというわけでもない。振興協会の初期の歴史についてはモレルとサックレーの『科学紳士たち』に詳しいのだが、それによると、団体の中心メンバー（「科学紳士」と呼ばれる）は、産業社会における主要な認知の様態として、自然的知識を宗教的知識や政治的知識から切り離そうとしており、サイエンスという言葉もその意図に基づいて使われていた[21]。

ちなみに、第1章で紹介したような帰納と仮説をめぐる論争はこの団体のイデオロギーにも影響した[22]。モレルとサックレーによれば、振興協会の初代事務局長ハーコートは素朴なベーコン主義者で、演説の中でも科学の方法論について素朴な見解を示している。しかしその後一八三三年にヒューウェルが事務局長になり、また一八四一年には会長にもなって、そうした素朴な見方は駆逐されていく。それに代わって、観念による事実のまとめあげや、帰納の合流による仮説検証などを軸としたヒューウェル流の科学観が振興協会の公式見解ともなっていったという。

この科学観の違いは振興協会の性格にも影響した。ハーコートは自分自身アマチュア科学者として、ちゃんと観察さえすれば誰でも科学はできるし何でも科学の対象になると考えていたが、ヒューウェルは正しい観念によって事実をまとめあげないと科学にはならず、したがってトレーニング抜きには科学はできないし、事実をまとめあげるような法則が見つかっていない分野は科学とは呼べないと考えた。振興協会内には分野ごとにさまざまな部会がおかれたが、ヒューウェル的な科学観の影響で、数学的理論の発展の度合いによる序列化がなされていた。

こうした振興協会の思想的な側面は、批判の的ともなる。トラクタリアンと呼ばれる当時の宗教運動が振興協会を批判しているのだが、その論点の一つは、もともと知識全体を指す言葉だったサイエンスという言葉を勝手に physical science だけを指す言葉として横取りし、あたかもそれが「知識の中の知識」(the knowledge) であるかのように扱っている、という点だった (Bowden 1839)。この批判から逆に、サイエンスという言葉にどういう知的営みを含めるかは、単なる定義の問題ではなく、どういう知のあり方を望ましいと思うかに関わる価値観の対立でもあったことがわかる。科学の振興という大目的はともかく、サイエンスという言葉の用法については、振興協会の活動はかなりうまくいったようである。というのも、一八五〇年ごろにはサイエンスをめぐる多義性はだいたい解消され、ほぼ現代と同じ意味に収束したようなのだが、その立役者として名指されるのが振興協会の存在とその活動なのである[23]。

さて、だいぶ寄り道になったが、「サイエンティスト」という呼び名はもともとこの会に集う人々を指す言葉として(おそらく)一八三三年に提案されたわけである。これに関連して興味深いのは、ブリュースターの手紙や記事の中に、科学に従事する人を指す二つの表現、すなわち「科学人」(man of science) と、すでに引用した中にあった「科学耕作者」が使われていることである。「科学を耕作する」というのは現代のわれわれにはよくわからない語感であるが、科学の発展につながるような基礎的な仕事をしているというニュアンスかもしれない。しかし科学人も科学耕作者も、この時代に科学の従事者全体を指す言葉として一般に使われていた。サイエンティストという言葉が提案されるまで科学の従事者全般を指す言葉がなかったといわれることがあるが、それは正確には誤りである。

ではなぜヒューウェルは、振興協会の会員が「自分たちを呼ぶ包括的な言葉を持っていなかった」と考えたのか。科学人も科学耕作者も一単語で表現できていない、というのはもちろんあるだろう。man of science は、サイエンスが当時まだ「知識」という意味もあったことを思えば、単に「知識のある人」とも受け取られかねないことも問題だったのかもしれない。しかし、振興協会設立の経緯までふまえて考えるなら、この会合に集まる人々は、ただ単に研究をしているというよりは、イギリスの科学を振興するという高い志を持った人々であり、そうした意識の高さまで込みで研究者を呼ぶ言葉として「サイエンティスト」を提案したのかもしれない（というのはもちろん推測にすぎないが）。

他方、サイエンスという言葉の持つ「知識の中の知識」という伝統的なニュアンスは科学の振興の上でも利用したいところだったろう。サイエンティストという安易にも見える造語が振興協会のメンバーたちにまじめに受け止めてもらえなかったのはそうした理由もあったかもしれない。

差別化の言葉としてのサイエンスとサイエンティスト

ある集団のメンバー全員を指す言葉が導入されるとき、その目的は普通に考えて二種類ありうる。そのメンバーをまとめあげる、という内向きな目的と、そのメンバーに入らない人との区別を明確にする、という外向きな目的である。サイエンティストという言葉の導入は、通常は後者のように捉えられがちである（「哲学者」という広いカテゴリーから今でいう自然科学を研究する人々を区別する、という意味において）。ここまでで確認してきたのは、むしろこの提案の背景にあるのは、さまざまな自然科学分野の研究者の連帯感を高めるという内向きな目的だったということである。しかし、その当時科学や科学者を他の人々から区別することが問題でなかったかといえば、それも言い過ぎである。

現在、科学が差別化をはかる対象を指す言葉として、「疑似科学」(pseudoscience)という言葉がある。科学のように見えるけれども本当は科学ではないもの、という意味の言葉である。D・P・サースとR・L・ナンバーズが「疑似科学」という言葉の歴史をまとめた論文によれば、この言葉が定着する前は、「誤って science と呼ばれるもの」(science falsely so-called)という表現が一般的だった。[24] OEDによれば pseudoscience は一八四四年に用例があり、そこでは疑似科学とは「事実と称するだけのものによって構成され、それらが原理のふりをした思い違いによってつなぎ合わされている」ものを指すとされる。[25] サースとナンバーズはそれより少し早い同時期の用例も紹介しているが、いずれにせよこの時期には pseudoscience の用例はわずかである。

その後、目立つ用例としては、一八八七年にトーマス・ハックスレーが「科学と疑似科学」というエッセイを『一九世紀』という雑誌に掲載している(Huxley 1887)。これは海を渡ってアメリカの『ポピュラー・サイエンス・マンスリー』に転載されるなど、かなり影響力のあった論文のようである。ここでハックスレーが「疑似科学」とか「疑似科学的哲学」(pseudo-scientific philosophy)と呼んでいるのは、自然法則を何か現象の原因となるような実体的なものと捉え、その意味での自然法則を神様と結びつけるような、科学と形而上学と宗教がまざったような思考である。つまり、科学に宗教を持ち込もうとする人々を批判するために「疑似科学」という言葉を使っていたわけである。ただし、サースとナンバーズによれば、この時期にはむしろ反進化論の宗教者たちが、進化論を「誤って科学と呼ばれるもの」とか

「疑似科学」とかと非難する用例の方が目立つとのことである（Thurs and Numbers 2013）。

この一八八〇年代の用法を一つの起点と考えるなら、サイエンスの方の用法がかたまってから五〇年以上たって疑似科学という言葉の用法もかたまった、ということになる。それはある意味自然なことで、「サイエンス」がある特定のタイプの知的権威を表す言葉として確立するのでなければ、それと「似て非なるもの」を指す言葉も使いようがないわけである。

しかし、もちろん、疑似科学という言葉ができる時期が遅いからといって、科学と科学でないものを見分けるという問題意識そのものが存在しないことにはならない。振興協会ができた一八三〇年代ころに科学かどうかが大きな論争になっていたものとして「骨相学」（phrenology）がある（Gieryn 1983）。骨相学は脳の発達によって頭蓋骨の形が変わるという想定のもと、頭蓋骨の計測からその人の心的能力をはかろうとする分野で、今から見ると疑似科学としか言いようのないものだったが、心を自然科学の手法で研究しようと志した、という意味では今の脳神経科学の遠い祖先にあたる。

さて、当時は骨相学はエジンバラを中心にイギリスでも人気があって、一八二〇年にはエジンバラに骨相学協会が設立されている。ふたたびモレルとサックレーによれば、骨相学者たちは振興協会の会合がエジンバラで開催される（一八三四年）のにあわせて、振興協会の中に骨相学の部会を設けようと画策したが、振興協会の中心メンバーたちの反対にあって実現しなかった[26]。受け入れてもらえなかった骨相学者たちは振興協会をまねた団体を作り、その後何年か、振興協会と同じ日に同じ都市で年次会合をひらいていたらしい。「疑似科学」という言葉は存在しないにせよ、科学とは何かということについての振興協会の中心メンバーたちの考え方が、彼らにとって科学と見なせないものを排除する力としても働いていたことを示す事例である。その他、「音楽」「農業」「民族学」などが部会として認められず苦労したという。[27]

以上の話をまとめるなら、「サイエンティストという言葉が他の分野と科学の研究者の差別化のために導入された」というのはおそらく言い過ぎだが、「サイエンティストという言葉が提案された英国科学振興協会は他の分野と科学の差別化を一つの目的としていた」というのはあながち嘘ではない。

2　「サイエンティスト」のその後

「サイエンティスト」へのためらい？

さて、サイエンティストという言葉のその後をたどるために、ヒューウェルの主な著書を確認してみよう。まず、第一の主著である『帰納的諸科学の歴史』(Whewell 1837 以下『歴史』)だが、同書の最初の方で、サイエンスという言葉の使い方について「ここで扱うサイエンスは physical science として知られているものを指す[28]」という断りがされている。これは、サイエンスの古い用法においては現在的な意味での自然科学が physical science (ニュアンスを汲んで訳すなら「物理的存在についての知識」といったところか)と呼ばれていたことを示している。そして、その古い用法でいうところの physical science を、新しい用法におけるサイエンスという言葉に置き換えましょう、というのがヒューウェルの提案なわけである。非常に影響力のあったこの本がサイエンスを今でいう「科学」の意味で使ったことは、現代的用法の定着に一役買ったのではないかと思われるが、さすがにこれについて具体的な証拠を出すのは困難である。

他方、「サイエンティスト」という言葉に目を転ずるなら、興味深いことがわかる。『歴史』はサマーヴィルの本の書評（一八三四年）のあとに書かれていて、ヒューウェルとしては「サイエンティスト」という言葉をいわば「世に問うた」あとだったわけだが、そのサイエンティストという言葉は『歴史』には登場しない。同書全編を通じてまさに科学者たちの活動がテーマであるにもかかわらず、である。

このあたりのヒューウェルの心の動きを推測してみるのは無責任ながら面白い。英国科学振興協会での提案はまじめに受け取られなかった。匿名の書評でも、書評の本来の趣旨からかなり脱線しながら無理やりサイエンティストという語に触れたが、反響はなかった。それならば次は実名で主著にて宣伝を、となりそうだが、彼はそれを避けた。あまりの反響のなさにいったん諦めたのかもしれないし、冗談と受け取られがちなこの言葉を入れることで、主著がまじめに読まれなくなることを恐れたのかもしれない。正確なところはもちろんわからない。

「サイエンティスト」の再挑戦

ロスによれば、「サイエンティスト」という言葉の次の用例は三年後の一八四〇年に出版されたヒューウェルのもう一つの主著『帰納的諸科学の哲学』（Whewell 1840 以下『哲学』）である。この点についてはOEDの記述も一致している（当然ロスもOEDを参照しており、別の箇所ではOEDのミスを指摘している）[29]。

ヒューウェルは『哲学』の序章の大半を科学の用語法の考察にあてており、科学における新語の造り方についても多く論じている[30]。第1章でも少し触れたように、哲学の本の冒頭で論じる話題としては今から見ると奇妙な感じであるが、ヒューウェルは実際多くの新語を造った。今残るものとしては地質学における「天変地異説」（catastrophism）と「斉一説」（uniformitarianism）という理論の名称や、「陰極」

(cathode)、「陽極」(anode)、「イオン」(ion) 等がヒューウェルの考えた言葉である。つまり、科学における造語を論じる人物として、ヒューウェルよりふさわしい人はほかにいなかったといってもいいくらいである。そうした「造語論」の一部として、抽象名詞は -city、-ism、-ization などを使えば作れるとか、学問名は ics という複数形がよく使われるが単数の ic の方がいいとかといったことが箇条書きで述べられている箇所がある。そして、「サイエンティスト」をめぐる話もその一部として登場する。

ize (ise ではなく)、ism、ist といった接尾辞はあらゆる起源の語に適用できる。このようにして、pulverize (粉々にする)、colonize (植民地化する)、Witticism (当意即妙)、Heathenism (異教崇拝)、Journalist (ジャーナリスト)、Tabacconist (タバコ屋) などの言葉ができている。したがって、必要な言葉がないときにはこのやり方で言葉を造ることができる。物理学の耕作者 (a cultivator of physics) を指す言葉として physician (内科医) は使えないので、そういう人をわたしは physicist (物理学者) と呼んだ。科学の耕作者全般を指す名称も非常に必要とされている。わたしとしてはそういう人をサイエンティストと呼びたい。そうすると、ちょうどアーティストとは音楽家か画家か詩人だ、と言うのと同様にしてサイエンティストは数学者か物理学者か自然学者だ、と言ってもよいだろう。(31)

物理学者という言葉がちらりと出てきているが、これも実は同じ本の中に出てくるヒューウェルによる造語である。これについてはあとで触れる。ここでヒューウェルは、冗談めかしてでもなく、あるいは話のついでにでもなく、ストレートにサイエンティストという言葉を提案している。「科学の耕作者」

という呼び方をヒューウェル自身ここで使っているにもかかわらず、それを指す言葉がなお必要だというのは何だか変な気もするが、彼はただ「非常に必要とされている」というだけである。

ここでもう一つ興味深いのは、サイエンティストには数学者も含まれるという見解をヒューウェルが示していることである。これは彼の二つの主著のタイトルが「帰納的」諸科学となっていることと無関係ではない。ヒューウェルの考える科学の中には、経験からの一般化によって（つまり帰納によって）真理にたどりつく物理学のような分野と、そういうプロセスを経ずに真理にたどりつく数学などの分野があり、サイエンスやサイエンティストという言葉を使う際にはこの両方が総称されるのである。この点も含めて、ヒューウェルのこの提案における関心はサイエンティストを哲学者から区別することではなく、さまざまな分野で科学を行う人々を総称することにある。これは初出である書評でのとりあげ方にも共通する問題意識であり、また、「哲学者らと区別するためにサイエンティストという言葉が導入された」という一般的な解説では見落とされがちな視点である（もちろん、振興協会の運営といった面で、そうした区別もまたヒューウェルにとって重要だったことはすでに見た通りであるが）。

「サイエンティスト」定着への長い道

『哲学』が出版されてまもなく、ヒューウェル以外にもサイエンティストという言葉を使ってくれる人が出てきた。同年のうちに、雑誌『ブラックウッズ・マガジン』に「レオナルド・ダ・ヴィンチとコレッジョ」という匿名の論文が掲載され、この終わり近くに「レオナルドは気持ちの上では真理の探求者、つまりサイエンティストであった。これに対し、コレッジョは真理の断定者、つまりアーティストであった」という記述が見られる。[32] これがおそらくヒューウェル以外の人物によるサイエンティストという言葉のはじめての用例である。ちなみに『ウェレズレー・インデックス』によればこの文章はデイヴィッド・スコットという画家によるものだという[33]。

サイエンティストという語にまつわる同年のもう一つのエピソードを、マイケル・ファラデーがヒューウェルに送ったある手紙から紹介しよう[34]。ファラデーはヒューウェルをはじめとしたさまざまな研究者に造語についてのアドバイスを求めていた。イオンや陰極線という言葉がヒューウェルによる造語だと述べたが、細かくいえば、彼の提案をファラデーが採用して他の人にも広まった、というのがより正確である。さて、そうした提案の一つとして、一八四〇年五月二〇日付の書簡でヒューウェルはfranklinic electricity（フランクリンの電気、つまり静電気のこと）という言葉をファラデーに提案している。同日付の返信の中でファラデーは次のように答える。「この言葉〔franklinic〕は非常によさそうですし、うまくいきそうなので、これを使うことにしようと思います。それから、もう一つ、scientistという新しいよい言葉も目に入りました（I perceive also another new & good word the scientist）」（この手紙はこれに続けてphysicistという造語にも言及している[35]）。ロスは、この手紙を肯定的な反応として紹介しながらも、ファラデー自身は決してサイエンティストという語を使わず自分を「実験哲学者」と呼びつづけたことを指摘している。つまり、この手紙の反応は単なるお世辞にすぎなかったのではないかというわけである。

サイエンティストという言葉が実際に定着するまでにはこの後もかなりの紆余曲折がある。scienceがラテン語系の言葉なのにistという接尾語がギリシャ語系の言い方なので、日本語でいうところの「重箱読み」的に思われたとか、ヒューウェルの後に（おそらくヒューウェルの提案のことを知らずに）「サイエンティスト」という表現を提案する人たちがアメリカに何人かいたため、アメリカ人の造った野蛮な言葉だとしてイギリスで抵抗された、というような経緯もあるようである。ロスが特に注目するのは、一八九〇年代におきた論争である。[36] 一八九四年に『サイエンス・ゴシップ』という雑誌に編集者のキャリントンが「なんでも ist をつければいいってものではない」という例としてサイエンティストという言葉を挙げ、何人かの知識人がそれに同意する投書をした。特にハックスレーは「サイエンティストは電気処刑（electrocution）と同じくらいひどい言葉だ」とかなり強い調子でこの言葉を否定した。これに対しフィッツドワード・ホールという英語学者が反論し、サイエンティストはイギリス人のヒューウェルが造った言葉であり、しかも同じようにして造られて英語として通用している言葉は無数にあることを指摘した。どうやらこのときがサイエンティストという言葉に対する最後の抵抗で、その後は自然に広まっていったようである。

「フィジシスト」の起源

さて、ここまでの叙述にもちらちらと現れていたが、実は、ヒューウェルのサイエンティストという言葉の導入はフィジシスト（物理学者）という言葉の導入と結びついていた。一八三四年の書評ではまだフィジシストという言葉は導入されていないが、そこに何か新しい言葉が必要だという問題意識ははっきり表明されている。物理科学の下位区分が次々と孤立していっているという記述の後、ヒューウェルはいう。

数学者は化学者に背を向ける。化学者は自然学者に背を向ける。数学者たちは、放っておくと、自分たちを純粋数学者と応用数学者に分け、仲間割れをしてしまう。数学者に背を向けた化学者は、電気化学を専門とする化学者かもしれない。そうすると、彼は普通の化学的解析を他の人たちに任せてしまう。数学者と化学者の間には、physicien（われわれは彼についての英語の名称を持たない）、つまり熱や水蒸気などを研究する人々も挟み込まれるべきだろう[37]。

この直後に、本章冒頭で紹介した、サイエンティストの提案にまつわる箇所が続く。physicien は物理学者を指す言葉だがフランス語であり、それに直接対応する英語表現がないことが問題だったわけである。

ヒューウェルはこの自分で持ちだした問題について、『帰納的諸科学の哲学』で自ら解答を与える。用語法の基本ルールを列挙している箇所で、その六番目（格言六）として、「一般の語が専門用語として利用される際には、その適用において多義性が生じないようにしなくてはならない」という[38]。フィジシストという語は、この格言の適用例と、つぎの格言の導入の両方の役割を果たす。関連する箇所をそのまま訳出する。

また、この格言によれば、physician という言葉はすでに医業の実践者を指すものとなっているので、物理の科学の耕作者（cultivator of the science of physics）を指す言葉としてこの言葉を使う可能性はほぼ除外される。おそらく、格言五〔一般の語が専門用語として利用される際には、意味を変更してもよく、また、意味を厳格に固定しなくてはならない〕に基づいて、フランス語の physicien の同義語として physician を使うことはなおできるだろう。しかし、たぶん新しい言葉を造った方がよいだろう。そんなわけで、naturalist が類似性や生命の観念を主に使うのに対して、フィジシストは力や物質や物質の性質といった概念に依拠する、という言い方をしてもよいかもしれない[39]。

ここが現代使われている意味でのフィジシストという言葉の初出である（厳密にいえば、OEDによると医師を指す言葉としてフィジシストが使われた用例が一八世紀にあるようだが、広く使われたわけではないようである）。

一八四〇年の用例を単独で見るならば、「物理の科学の耕作者」を指すために医者（physician）と紛らわしくない言葉がないのでフィジシストという言葉を新たに造った、というだけであり、目的ははっきり読み取れない。しかし、一八三四年の問題提起とあわせるならば、密接に関わりあう研究をしている人々が同じ分野の研究者として連帯感を持てるような言葉を造りたい、というのがヒューウェルの動機であり、フィジシストという言葉も同じ目的を持っていると推測できる。

「フィジシスト」も苦難の道をたどった

さて、このフィジシストという言葉だが、サイエンティスト以上に苦難の道を歩むことになる。まず、すでに引用したファラデーの手紙で、ファラデーはサイエンティストというのはよい言葉だと書いた後、続けてつぎのように述べる。

さて、それで、フランス語の physicien にあたるものも造ってはくれないでしょうか。フィジシストというのはわたしの口にも耳にもあまりにも不恰好で、わたしがこの言葉を使えるようになることは決してないと思います。一つの言葉にｓの音が三回も別々に出てくるというのはあんまりです。(40)

ヒューウェルの造語にかなり忍耐強くつきあっているファラデーにしてこの反応なので、他の人の反応はもっと酷いものだった。早い時期の反応としては、『ブラックウッズ・マガジン』に一八四三年に掲載された論文「イングランドにおける物理科学」に、フィジシストという言葉への言及がある（『ウェレズレー・インデックス』によれば著者はウィリアム・グローヴという科学者）[41]。物理科学において新しい言葉があまりにも考えなしに造られている、という指摘の文脈で、ヒューウェルの名が挙がる。

ヒューウェルは、（中略）特に耳が悪いように見える。例えばidiopts（視覚異常者）という不快な言葉はあてはまる人の数も少ないのでほとんど必要ないように思われるし、フィジシストという、四つの歯擦子音が爆竹のように鳴る言葉の下にあつめられたもっとたくさんのもっと不幸な人々は、このトリニティ・カレッジの学長におよそ感謝しようなどと思わないだろう[42]。

大変ないわれようであるが、フィジシストという言葉への反論は、ファラデーの場合と同じく、発音しにくい耳障りな言葉であるという点に尽きるようである。もう少し後になっても、ケルヴィン卿が一八六三年の論文で、フィジシストなどという「非英語的」な言葉はやめてナチュラリストという言葉を定義しなおして使おうではないか、と提案している[43]。

このように、音の面で問題はあったものの、「熱や水蒸気」を扱ったり「力や物質や物質の性質」を扱ったりする人々を総称する言葉が欲しいというヒューウェルの動機にはもちろんファラデーもケルヴィン卿も反対はしていない。逆に見るならば、これだけ音の面で抵抗のあった言葉が今日のように定着したということは、それだけその言葉の需要が大きかったことの傍証とも見える。

「科学者」というアイデンティティに比べれば、「物理学者」がひとまとまりの分野としてのアイデンティティを持つことの意味というのは外からはわかりにくい。しかし、科学が統一性を保ち、各々の科学者や物理学者がお互いの仕事に興味を持ち続けることは非常に重要なことだというヒューウェルの問題意識は、現在から見ても十分頷けるところがある。

現在、科学はヒューウェルのころとは比べ物にならないほどますます細分化しており、科学者間の意思疎通ははるかに困難になっている。しかしそれでも「サイエンティスト」たちが完全には連帯感を失わず、「フィジシスト」たちもある程度の統一性を保っていられるのは、実はヒューウェルの造語癖のおかげも若干はあるのかもしれない。もしそうだとすれば、われわれはヒューウェルにもっと感謝を捧げる必要があるだろう。

第3章　一九世紀のクリティカルシンキング

1　一九世紀までのクリティカルシンキング

「よく吟味すること」と「誤謬を避けること」

哲学の一つの応用分野として「クリティカルシンキング」と呼ばれる領域がある。正確にいえばクリティカルシンキングとは、哲学だけではなく論理学、心理学、科学リテラシーなどさまざまな領域の知見を利用しながら、「主張を単純に鵜呑みにせずよく吟味する」ための知識、スキル、態度などを身につけようという教育科目（およびその内容についての研究分野）である。[1] 例えば新聞の論説のたぐいを読んだときに、「結論は何か」「その結論につながる議論の構造はどうなっているか」「根拠として挙げられている判断は正しいか」「根拠がそれ自体正しいとしてもそこからこの結論は導けるか」などを順にチェックしていく手法がクリティカルシンキングの典型である。日本ではまだそれほど広まっていないが、アメリカでは記号論理学を勉強する前の論理学入門の授業において多くの大学で教えられている。

　クリティカルシンキング教育の流派には、大きく分けて哲学系のアプローチと心理学系のアプローチがあるとよく言われる。哲学系のアプローチでは議論の構造の分析の仕方や妥当性の評価の方法、つまりは論理学初歩のテーマが中心で、心理学系では科学的思考の初歩（因果と相関を区別するとか仮説をどうやって検定するかとか）、われわれが陥りやすい認知バイアスとそのバイアスをどうやって避ければよいかといったことなどが盛り込まれる（実際の教科書はたいてい両方の要素が入っているが、やはり著者のバックグラウンドによって明らかに重点の置き方は違ってくる）。英米では哲学系の研究・教育と教育学・心理学系の研究・教育がどちらも盛んだが、日本にはもっぱら教育学や心理学の系統の研究者によって導入されてきたため、心理学的アプローチの方が盛んである。

こうした科目で学ぶことの一つは、われわれはどんな間違いを犯しやすいか、という「誤謬」についての知識である。とりわけ、一九七〇年代以降は、認知心理学の発達により、人間は日常生活においてはいわゆる論理的思考とは異なる直感的な思考スタイルを用いていること、そのため特定のパターンの間違いを犯しやすいことが明らかになってきている。例えばAという条件を満たす確率と、AとBの両方の条件を満たす確率では、必ず後者の方が小さくなるはずなのに、質問の仕方を工夫すると大半の人がその逆の答えをする。有名なのは「学生時代に哲学を専攻していたリンダさんが現在銀行員である確率と、フェミニストの銀行員である確率はどちらが高いか」という質問である。この質問に誤答する傾向は、われわれが「代表性ヒューリスティックス」と呼ばれる心理メカニズムを使っていることで説明される。こうした心理的傾向についての知識を得ることで、どういうときに何に気をつけて吟味を行えば誤謬を避けられるかがわかるわけである。

クリティカルシンキングという言葉がこうした教育科目を指す言葉として用いられるようになったのはせいぜい二〇世紀中ごろのことであるが、クリティカルシンキングにあたる実践的な教育は古くから行われている。さきほど触れたような心理学的な誤謬の理論は比較的新しいが、「誤謬論」という分野自体の歴史は古い。

本章では、この誤謬論に特に着目しながら、一九世紀にクリティカルシンキングがどのように捉えられ、どのように教えられていたか、ということを見ていこうと思う。誤謬論の歴史は地味なテーマであるが、近年ジョン・ウッズという研究者がかなり詳細な歴史をまとめてくれているので、本章でもそれを大いに利用させていただく（Woods 2012）。

科学哲学について振り返るという目的の書籍でクリティカルシンキングや誤謬論を扱うというと、ちょっと不思議に感じる読者もいるかもしれない。しかし、科学の正しい方法というのは、正しく考え、犯しがちな過ちを避ける方法だと見ることもできる。そして実際、クリティカルシンキングの歴史には、科学や自然哲学についての反省から得られた教訓も大きく影響しているのである。

クリティカルシンキングもアリストテレスからはじまった

一九世紀のクリティカルシンキングを理解するには、その背景として一八世紀までこの領域で何が行われてきたかをちょっとだけ確認しておく必要がある。[2]この分野を作ったのは（他の多くの分野と同じく）アリストテレスだとされている。哲学的なクリティカルシンキング教育において一つの核になるのが、妥当な推論とは何かという話題である。そういう話題を扱っている教科書をひもとくと、アリストテレス流の三段論法はここではいまだ現役であることがわかる。ただし、すべての式の組み合わせについて妥当性が判断できるようになるといった本格的なものではなく、妥当な推論の例として代表的な三段論法が紹介される、といった程度の紹介の仕方が多いようである。[3]わたし自身、クリティカルシンキングの授業でヴェン図を使った三段論法の妥当性評価の方法をとりあげたことがあるが、クリティカルシンキングの他の話題も紹介しながら軽く扱うのは無理だということはすぐにわかった。いつも熱心に授業を聞いてくれていた学生が、試験で三段論法の評価を出すと言うと「僕には無理です」と悲しげに言っていたのが忘れられない。

アリストテレスがクリティカルシンキングの系譜の元祖だというのは、もちろん三段論法を使っているからというだけのことではない。アリストテレスには「オルガノン」と総称される一連の諸書があり、三段論法の理論もこの一部である『分析論前書』で詳述されている（フランシス・ベーコンの『新オルガノン』がこれらの著作の革新を意図したものであることは第1章で紹介した）。オルガノンの諸書を全体として見ると、三段論法のほかにも、科学方法論あり、さまざまな弁論のパターンあり、ソフィスト的論駁の見分け方という形での誤謬論ありと、現在クリティカルシンキングの研究や教育に含まれる要素の多くはすでにここにある。もちろんアリストテレス自身がこれらの著作をオルガノンとしてまとめたわけではないようだから、厳密にいえばこれらの著作をまとめると全体として思考法の基礎として役に立つと気づいた編纂者がクリティカルシンキングの始祖ということになるのかもしれない。

さて、誤謬論に特に着目しながら話をすすめると言ったが、アリストテレスは「ソフィスト的論駁について」という論考で、議論における論駁のしかたがソフィスト的（一種の詭弁）になる条件を考察している。[4] ここでは言語による「ソフィスト的論駁」（つまり誤謬）として六種類、言語によらない「ソフィスト的論駁」が七種類挙げられているのだが、このリストが改訂されたり増補されたりしながら、一九世紀まで受け継がれていくことになる。

アリストテレスの考える言語による誤謬は、細かく分類されているが、要するに言葉の多義性を利用して、本来出てこないはずの結論を導き出すような議論である。多義語や多義的な表現、アクセントが変わると意味が変わる表現、文法的な性が変わると意味が変わる表現、ひとまとめにした場合とばらばらにした場合で意味が変わる表現などがこのカテゴリーの誤謬として挙げられている。ただし、この中で、「結合の誤謬」と「分離の誤謬」は中世以降の整理ではあまり言語的でない誤謬として定義されることが多い。例えば、フランス人がみな恋愛が好きだということから、フランス人の集合体であるフランスという国自体が恋愛が好きだと結論するのは結合の誤謬、広島カープというチームが二五年ぶりに優勝したということからこのチームの選手一人一人も二五年ぶりに優勝した、と結論するのは分離の誤謬である。

言語によらない誤謬の方は多様である上に、アリストテレス自身の事例の説明が短いためにポイントがわかりにくいものが多い。一応リストを挙げると、偶然的な性質に由来する誤謬、部分にしか当てはまらない性質に由来する誤謬（sequndum quid）、帰結による誤謬、原因でないものを原因とする誤謬、論点先取の誤謬（petitio principii）、無関係な結論を導きだす誤謬（ignoratio elenchi）、多数の問いを同時に問う誤謬、がここに含まれる。かっこで示したラテン語は、アリストテレスの著作が中世ヨーロッパで翻訳され注釈がつけられていく中で定着していったもので、現在でも哲学系のクリティカルシンキングの本で目にすることができる。(5)

これらの誤謬についてのアリストテレス自身のイメージと、中世にこの言葉を使っていた解釈者たちのイメージと、現在の用法のイメージとではどうやらそれぞれだいぶ違うようである。そもそも、アリストテレスは「ソフィスト的論駁」という、非常に対話的な状況を想定して話していたのに対し、中世以降はそういう文脈と独立に誤謬というものを捉えているというのは大きな違いである。そうはいっても、明らかに現代にもつながる視点がいくつも見て取れる。例えば、帰結による誤謬というのは、「雨が降れば地面がぬれる」という前提と「地面がぬれている」という前提から「雨が降ったに違いない」と結論する誤謬（現在では「後件肯定の誤謬」などと呼ばれる）などを指す。これは、仮説から導いた予測が正しかったからといって安易に仮説そのものが正しいと結論してはいけないという、現在の科学方法論上の注意事項ともつながる。

アリストテレスの哲学はその後ヘレニズム世界からイスラム圏での研究を経由して一二世紀に中世ヨーロッパに再導入される。中世ヨーロッパの哲学において、論理学は大きなトピックだった。特に、代示（suppositio）の理論と呼ばれる、言葉とその指示対象の関係についての理論が導入されることで、中世の論理学は言語哲学としての側面がかなり増強される。[6] ただ、こうして受け継がれていく間、誤謬についての理論はあまり発展しなかった。誤謬のリストへの追加としては、例えば対人論法（ad hominem）、つまり議論の直接の相手にしかあてはまらない理屈を使うことなどが新たに追加される。しかしこれもアリストテレスの別の著作に起源があるとのことである。[7]

代示の理論から発見された新しい誤謬もある。例えば、「すべての人（man）はある動物（an animal）である」ということからは「すべての人はこの動物（this animal）である」ということは導けない。この過ちは、代示の理論を知っていれば回避できるのだが、しかしそもそもそんな推論を（詭弁にせよ）する人がいるかどうかは疑問である。

そうした中で、アリストテレスのリストとまったく異なる誤謬のリストを提示したのがベーコンである。ベーコン自身、四つのイドラの学説について、「四つのイドラの学説と自然の解釈との関係は、論理学と詭弁の論駁の学説〔つまりアリストテレスの誤謬論〕の関係と同じである」と説明しており、対応関係を意識していたことがわかる。(8)

われわれを惑わす四つの偶像

四つのイドラについても一応解説しておこう。ベーコンによれば、人々はさまざまな偶像（イドラ）に惑わされる。まず、種族のイドラ、つまり人間が普遍的に持つ心理的傾向による過ち（ベーコンは主に錯覚を想定している）がある。次に洞窟のイドラ、つまり個々の人の持つ偏見（生まれつきのものもあれば教育によるものもある）がある。三つ目は市場のイドラ、つまり他の人との交流によって生じる誤った信念である。これには不正確な言葉を使うことによる誤りも含まれるので、同義語の混同など、伝統的な誤謬のリストの項目の多くはここに含めることができるだろう。最後に劇場のイドラ、つまり哲学的なドグマや誤った証明方法を使うことによる過ちがある。これらのイドラの影響から逃れるためには、ベーコンは実験をはじめとする経験に基づいた帰納を大事にする必要があると考えた。こうして『新オルガノン』の後半で帰納の方法論が詳細に展開されていく。

クリティカルシンキングのその後の展開と考え合わせたとき、ベーコンのリストはアリストテレスのリストに比べて「心理学的」な誤謬の側面が強いことが注目される。本章冒頭で少し触れたように、現在のクリティカルシンキングでは、誤謬に関する議論のかなりの部分が認知心理学的な知見に基づいている。ベーコンのときには認知心理学はまだ影も形もなかったわけだが、種族のイドラや洞窟のイドラの一部を生まれつきのものと捉えていたことは現在の認知心理学の前提とも通じる考え方として注目に値するし、他人や権威からわれわれがどのような影響を受けるかというのはこれもまた現在しばしば研究の対象になっているトピックである。別の言い方をするならば、アリストテレスやその後継者たちが「議論のどこがまちがっているか」という議論に内在的なまちがい探しをしていたのに対し、ベーコンはむしろ「なぜそんなまちがいをするのか」という、まちがいの原因の方に着目したのである。過ちを避けるためには、どちらの知識も有用である。

このようにベーコンの誤謬論は、アリストテレスとは視点も内容も違っているので、誤謬論の歴史を語るときに見逃されることも多い。しかし、以下で紹介するミルの誤謬論の一方のネタ元はベーコンであり、ミルの議論はアリストテレス起源の誤謬論とベーコン起源の誤謬論を統合したという見方もできる。

ポール・ロワイヤルの誤謬論

一九世紀より前の誤謬論を代表するものとして、もう一つ、一六六二年に発表された『ポール・ロワイヤル論理学』と呼ばれる著作における誤謬論にも触れておく必要がある（Arnauld and Nicole 1662）。これはポール・ロワイヤル修道院を拠点に活動していたアントワーヌ・アルノーとピエール・ニコルの著作で、正式には『論理学ないし思考の技法』というタイトルである。

この本の第三部の終わりで二章を割いて誤謬論が論じられている。最初の章は「詭弁と呼ばれるさまざまな悪い推論の方法について」というタイトルで、アリストテレスのリストの改訂版が九項目に整理されている。細かい内容はともかく、項目としてはアリストテレスと重なっているものが多いが、「数え上げの不完全さ」と「欠陥のある帰納から一般的な結論を導くこと」が追加されている。

もう一つの章は「市民生活や日常の会話で生じがちな悪しき推論について」である。この章はさらに二つに分かれていて「自愛、利害、感情に由来する詭弁」と「対象それ自体から生じる誤謬推論」が区別されている。これは、判断する人に内在的な原因と外在的な原因という趣旨での区別である。内在的な要因という方では、自分が思いついたことを本当だと思ってしまうとか、論争好きが仇になるとか、すでに持ってしまった意見をなかなか変えられないとかといった例が列挙されている。このあたりは今の心理学の言葉でいえば確証バイアスと呼ばれるものである。外在的な方の例としては、雄弁だとか、急いで判断したときに原因を見誤るとか、いくつかの事例から一般化してしまうとか、権威や見かけに騙されるといった例が挙げられる。この章で挙げられている誤謬には権威を信用してしまうといったベーコンのイドラと重なる項目もあるが、オリジナルな部分もある。

全体としてみると、ポール・ロワイヤルの誤謬論は誤謬というもののバラエティをかなり拡張しており、また心理的な誤謬にも踏み込むことで、のちのミルの誤謬の分類の先駆けになっていると言ってもよいだろう。ただ、分類があまり洗練されていない印象は強い。アリストテレスのリストはもうちょっと抜本的に見なおした方がいいし、誤った帰納と少数の事例からの一般化がぜんぜん異なるカテゴリーに分類されているのは妙だし、誤謬推論の原因が自分にあるのか対象にあるのかというのもあまりいい区別とは思えない。例えば権威を信じてしまうのは対象の問題であるとともに、権威に弱いわれわれの側の問題でもあるだろう。

2　ウェイトリーとミル

ナポレオンの実在性も疑える？

さて、ようやく一九世紀の誤謬論を中心としたクリティカルシンキングという本論にたどりついた。このテーマへの関心を復活させたのは、第1章でもヒューウェルやミルが帰納について論じる一つの動機を与えた人物として紹介したリチャード・ウェイトリーである。ウェイトリーは一八三一年にアイルランド国教会のダブリン大主教になって一八六三年の死までその地位を保った。若いころの著作としては、『ナポレオン・ボナパルトに関する歴史的疑い』と題するユーモラスな小冊子がある。これは、当時、福音書の矛盾を指摘してイエスの実在性を疑うデイヴィッド・ヒュームらの議論があったのに対して、同じ基準をあてはめればナポレオンについての証言にも矛盾があるのだからナポレオンの実在性だって疑えるではないか、という趣旨で書かれたものである（ちなみに最初の出版時はまだナポレオンは存命だった(9)）。このほかには、一八三一年に出版された経済学についての講義も影響力があったようである(10)。

以上のような著作はあるものの、やはりウェイトリーでもっとも有名なのは『論理学の諸要素』と『修辞学の諸要素』という姉妹編の著作である。これらは『メトロポリタン百科事典』の「純粋サイエンス」（pure science）の部における「論理学」と「修辞学」の項目として書かれたものであるが、非常に好評であったため独立の書籍としてそれぞれ一八二六年と一八二八年に出版された。どちらも何度も増補・改訂しながら版を重ね、『論理学の諸要素』の方は『論理原論』というタイトルで早い時期に邦訳もされている（一八八八年）[11]。『論理学の諸要素』は、当時すでに単に正しい推論の形式を暗記するだけの暗記科目のようになっていたアリストテレス流の論理学を「推論の科学」として位置づけなおし、論考の対象とした。その中で、例えば「帰納的推論は演繹的推論の一種である」といった挑戦的な主張も行っていたのは第1章でも見た通りである。ウェイトリーの論理学についての論考は一九世紀イギリスにおける論理学研究の流行の出発点となった。

『論理学の諸要素』の体系的な誤謬論

ウェイトリーは『論理学の諸要素』の第三部を「誤謬について」と題し、まるまる誤謬論にあてている[12]。まず目立つのは、ウェイトリーが非常に体系的に誤謬を整理したということである。ウェイトリーは古典的な「言語上の誤謬」と「言語外の誤謬」という区別がまったく原理原則に基づいて行われてこなかったことを指摘し、新たに「論理についての誤謬」と「論理についてでない誤謬」に区別する[13]。論理についての誤謬というのは、前提から結論が導けない、つまり推論のプロセス自体に問題があるタイプの誤謬で、論理についてでない誤謬とは、推論のプロセスには問題がないが前提に問題があるため妙な結論が出てくるというタイプの誤謬である。

論理についての誤謬の中では、さらにいくつかのカテゴリーが分類される。まず、単に三段論法のルール違反をしている「純粋に論理についての誤謬」と、一見三段論法のルールは満たしているように見えても、実は多義的な表現などが使われていてそこを明確化するとルール違反になるもの（「半ば論理についての誤謬」）に分けられる。さらに前者は「中名辞不周延」（undistributed middle term）とそれ以外に分かれる。中名辞不周延は、正しい三段論法に何か規則性がないかと古人が知恵をしぼった結果発見した規則の一つである。二つの前提に共通して出てくる概念（これが中名辞）が少なくともどちらかの前提で

「周延」（説明が難しいが、おおまかにはその名辞を主語にした全称命題が含意されている、ということ）していないと、妥当な推論にはならない。例えば（これはウェイトリーが使う例ではなくわたしが勝手に作ったものだが）「マーモットはすべて齧歯類である」「リスはすべて齧歯類である」という二つの前提から「リスはすべてマーモットだ」と結論するのが中名辞不周延の誤謬の一例である。これはウェイトリー以前の教科書なら誤謬論ではなく三段論法そのものの解説の中で紹介されるのだが、誤謬というものを体系的に整理していくとここに位置づけられたというわけである。

「半ば論理についての誤謬」は、多義的な表現が、言葉自体として多義的なのか、それとも文脈によって多義性が生じているのか、の二通りに分類される。この両方の分類がさらに何通りかに区分される。アリストテレス以来の「結合の誤謬」と「分離の誤謬」は文脈によって多義性が生じる誤謬の代表例とされる。その他、文法による多義性など、アリストテレスの「言語による誤謬」の多くはここに含まれるし、[14]複数の質問を同時に行う誤謬など、アリストテレスのリストでは「言語によらない誤謬」に含まれていたものもここにまとめられている。[15]

多義表現の具体例を論じる

多義的な表現を使った推論による誤謬は、よほどウェイトリーの関心を引いたようで、『論理学の諸要素』にあとから付けた補遺では、多義的に使われやすい表現が三〇項目以上リストアップされ、具体例がことこまかに説明されている。[16]その中には、「なぜ」（why）、「可能」（possible）、「同じ」（same）、「かもしれない」（can, may）といった汎用的な言葉から、「真理」（truth）、「理性」（reason）、「経験」（experience）のような哲学的な言葉、「教会」（church）、「司祭」（priest）、「人格」（person）などのキリスト教に関する用語、「価値」（value）、「富」（wealth）、「労働」（labour）、「資本」

（capital）といった経済学用語も挙げられる。彼自身の得意分野である神学や経済学の話については同時代的な誤謬の批判も展開されて、がぜん本文より面白くなる。

いくつか例をみてみよう。「経験」（experience）という言葉は、ウェイトリーによれば、自分自身が見聞きしたものとしての「経験」を指す言葉としても、人々が一般に「経験」するものを指す言葉としても使われる。[17] ヒュームの「奇跡論」は、この両者の混同を犯しているとウェイトリーは言う。ヒュームは証言が嘘だということをわれわれはよく経験するし、奇跡が起きたところなど一度も経験していないのだから、奇跡が起きたという証言は嘘だと見なすべきだ、と論じる。しかし、前者の「経験」は一般の経験の話をしており、後者の「経験」は個人的体験の話をしている。一般の経験ということであれば奇跡を経験した人がいないなどとヒュームが自信を持って言えるわけがない。他方、個人の経験の話をするのであれば、個人として経験したことがないから存在を否定するというなら、人は自分の死を経験することはないのだから、自分の死の存在だって否定できてしまうだろう。

もっとキリスト教に特化した例として、「人格」（person）の多義性についてウェイトリーはかなりのページを費やして論じている。神が三つの「位格」（父、子、聖霊）であるというときの person は日常的な「ひと」の意味の person とは違うから、注意しないと異端の信仰に陥ってしまう。[18]

経済学の用語はどうだろうか。例えば、「価値」という言葉について、アダム・スミスは「使用価値」と「交換価値」を定義した上で、「同じ量の労働は労働者にとって常に同じ価値を持つ」といった発言をするが、これはどちらの意味で解釈しても意味不明である。[19] おそらく第三の別の意味をまぎれこませているのだろう、というのがウェイトリーの診断である。「富」はわれわれがほしいと思う物質的なものを指すこともあれば、貨幣を指すこともある。この二つを混同して、金銀を蓄積するのが豊かになることだと勘違いしたヨーロッパの国々は、金銀の流出を止めようとして、結局第一の意味での国民の富を減らしてきた、とウェイトリーは批判する。このほかの概念についても、いかに経済学者の間で定義が一致しないか、そしてそれによっていかに混乱が生じているかが詳しく分析される。

もちろん、多義表現による誤謬という概念を知っているだけでこれだけの具体的な批判が展開できるわけではなく、ウェイトリー自身がとにかくたいへん頭の切れる議論巧者だったことがうかがえる。それにしても、ウェイトリーが提示した論理学という学問の姿は、およそ暗記科目とはかけ離れた、非常に実践的なツールであったといえるだろう。

議論の作法としての修辞学

さて、クリティカルシンキングの先駆者という観点からいうと、ウェイトリーのもう一つの著作『修辞学の諸要素』も実は重要である。[20] それどころか、ウッズはウェイトリーの誤謬論への貢献はこちらの本の方が大きいとまで評価している。[21] そこでこちらの本の内容も少し見てみよう。ただ、そのまえに「修辞学」という言葉について少し補足しておこう。

修辞学というと、現在の日本語では内容もないのに言葉を飾る方法というネガティブなニュアンスがあるように思うし、もしかしたらクリティカルシンキングを阻害するものだとすら思われているかもしれない。しかし、ヨーロッパの伝統では、修辞学というのはアリストテレス以来伝統のある学問で、説得力をもって相手に自分の主張を伝える方法全般を指す。ただ言葉を飾ることももちろん含まれるが、ちゃんと証拠を挙げて説得するといった、もっとまっとうな方法も修辞学に含まれる（というよりもアリストテレスにとってはこれが「修辞学」の中心だった）。日本では想像しにくいが、アメリカなどでは修辞学科が独立の学科として存在する大学もあるくらい、学問としての修辞学の地位は確固としている。

では、ウェイトリーの『修辞学の諸要素』はどうだろうか。この本は、日本でイメージされる意味での修辞学、例えば感情に訴える方法とか話術とかについてもかなりの紙幅を割いている。しかし、他方、この本の第一部は、議論とは何か、どういう場合にどういう議論を組み立てなくてはならないか、という「議論の作法」を扱っていて、むしろこちらの方が主なテーマだと言ってもいいだろう。

ウェイトリーはまず議論のさまざまな分類法を紹介する。[22] そのなかで一番議論の内容に即した分類が、前提と結論が内容的にどういう関係になっているか、という観点からの分類である。たとえば、前提が「原因」、結論が「結果」、というタイプの議論がある。ここでいう「原因」はかなり広い意味だとウェイトリーは断っている。[23] それから前提が「兆候」(sign)になっている議論もある。兆候からの議論というのは、水銀柱の動きから雨が降るだろうと結論したり、服に血がついていることからある人を殺人犯だと結論したりする議論を想定している。[24] 兆候にもタイプがあり、たとえば「証言」というのも兆候の一種である。兆候から導き出されるものはその兆候を生んだ「原因」の場合もあれば、「この条件が満たされていないときにはこの兆候は生じない」という「条件」の場合もある。第三に、「事例」を前提とする議論がある。「帰納」とか「類推」と呼ばれるものもここに含まれる。[25]

これらの議論のタイプごとに特徴があり、気をつけなくてはいけない誤謬推論のパターンも違ってくる。例えば兆候や例を使った議論については、「蓋然性」が大事だとウェイトリーは繰り返し念を押す。たった一つの証言では結論が導けない場合でも、証言が多数あつまれば蓋然性が高まり、結論が導けるかもしれない。ウェイトリーはキリスト教の奇跡についての証言を念頭においていて、一つ一つは信用できなくても、証言の数が増えれば事実上の確実さをそなえるようになる、と論じる。[26] また、例からの推論では、例外的な事例いくつかから一般的な結論を導き出すような場合、その例は結論の蓋然性を高めてくれないと指摘する。[27] さらに、中立な立場の人に対する場合と反対の立場をとっている人に対する場合で有効な議論のパターンは違い、「原因」から「結果」を導くのは中立な立場の人に有効で、兆候や事例を使うのは反対の立場をとっている人を説得するのに有効だ、というような観察もしている。

このように、ウェイトリーは議論の類型論を展開し、その中で注意すべき誤謬について扱ってもいるのだが、この箇所はそれほど体系的に誤謬論を展開しているという感じではない。ウッズが注目するのは、むしろその次の「立証責任」(burden of proof) に関する箇所である。[28]

証拠を出す責任は誰にあるのか

この箇所は最初の『メトロポリタン百科事典』版や『修辞学の諸要素』の初期の版にはなく、一八三〇年の第三版で書き足された部分である。[29] 立証責任という概念は法律の世界では古くから存在していた。裁判で争う両者がどちらも自分の主張に十分な証拠が出せなくても、裁判官は何らかの決定を下さなくてはならない。そのとき、誰に立証責任があるかというのを最初に決めておけば、どちらも証拠不十分なときには立証責任のない方の主張が通ると判定することができる。これを、立証責任のない方が正しいという「推定」(presumption) がされるという言い方をする。よく知られているのは、刑事裁判では有罪であるという十分な証拠がない限り無罪だと推定される、という推定無罪の考え方である(ウェイトリーもこの例を使っている)。ウェイトリーはこの立証責任と推定という考え方は裁判だけでなく日常の議論一般にも応用できるはずだと考えた。

ある議論が成立しているかいないかの判定において、立証責任の判定は非常に重要である。推定が自分の側にある場合には十分な議論が、立証責任が自分の側にある場合にはまったく不十分な議論になったりする。つまり、立証責任の判定ぬきには、ある議論がうまくいっているかどうかは判断できないわけである。

ウェイトリーが立証責任の考え方を使って分析するのは、またしてもキリスト教の例である。(30)キリスト教が成立する前、ユダヤ人の農夫（つまりイエス）が一人で自分は神の福音を伝えていると主張しはじめたとき、立証責任は彼の側にあった。だから彼は奇跡を見せたり復活してみせたりする必要があった。しかし、そうしたプロセスを経て今ではキリスト教というものが成立している。そうすると、ウェイトリーによれば、今では立証責任はキリスト教に反対する側、つまりキリストは神の福音を伝えていないと主張する側にある。このことを理解せずにあたかもキリスト教の側に立証責任があるかのように議論を交わすのは（キリスト教を擁護する側であれ批判する側であれ）論争の本質を誤っていることになる。

この事例についてはいろいろ異論が出そうであるが、ほかにもウェイトリーは立証責任の所在について いくつか参考になる具体例を挙げる。(31)第一に、すでにある制度が存在する場合、それを批判する側や改革を主張する側に立証責任がある。次に、本や人が有害であるという主張は、有害だと言う側に立証責任がある。第三に、一般に受け入れられている説とは反する説を主張する場合、反する説を主張する側に立証責任がある。

さらに、同じ問題について複数の対立する「推定」が可能な場合もあることをウェイトリーは指摘する。(32)何かの規制についての制度を論じる場合、現存する制度は正しいという推定が成り立つ議論も可能であるし、何の規制もない状態こそが正しいという推定に基づいて、規制する側に（現存するものであっても）立証責任があると議論するのも可能である。

キリスト教をめぐる具体的な主張は別としても、立証責任が誰にあるかを判定するのが大事だというウェイトリーの認識は現在のクリティカルシンキングの理論でも継承されている。現代社会において、新しい技術を規制するかしないかなど、不確実な中ですぐに判定を下さなくてはならない状況は増えている。そのときに議論のルールを事前に定めておくのは非常に大事である。ウェイトリーの時代以上に、立証責任論の必要性は高まっているといえるかもしれない。

ウェイトリー以前にもおそらく暗黙のうちに立証責任についての判定は行われていたであろうが、こうして立証責任論を理論化したことは大きな貢献と言っていいだろう。ウッズも、この点の独創性を評価したものと思われる。

『論理学体系』は論理学の本なのか

さて、次に、ミルがクリティカルシンキングや誤謬論にどんな貢献をしたのか、という話に移ろう。『論理学体系』（以下『体系』）は、ミル研究者なら誰もが認めるミルのもっとも主要な著作でありながら、それよりはるかに短い『功利主義論』や『自由論』とくらべて知名度は非常に低い。これは、『体系』で展開される論理学や科学方法論のイメージがちょっと古いというのもあるだろうが、手に入りやすい翻訳がないというのも一因となっているだろう。[33] ミルはその『体系』の中で全六篇のうちの第五篇をまるまる誤謬論に割いている。ところで、この『体系』だが、タイトルだけ聞くと論理学が主なテーマだという印象を受けるだろう。また、この本は伝統的な三段論法と帰納論理の両方を扱っている本として紹介されることも多いので、それだけ聞くと、半分三段論法、半分帰納論理という構成の本のように思われるかもしれない。しかし、実際の構成を見ると、例えば三段論法のやり方について、普通の論理学の教科書に書いてあるようなことを紹介しているのは、現在の全集版で約一〇〇〇ページにおよぶ中で、ほんの十数ページにすぎない(34)。

ではそれ以外のところでは何をしているのだろうか。簡単にまとめると、第一篇は言葉の意味についての考察やさまざまな名詞の分類など、今でいえば言語哲学に当たる話題を扱っている。第二篇は伝統的な論理学を扱うが、論理学そのものの紹介よりも、それがわれわれの経験とどういう関係にあるか、ということを扱う。論理的な真理や数学的な真理というのはアプリオリな、つまり実験や観察とはまったく独立な真理だと考えるのが普通だが、ミルはその常識に反し、論理的な真理や数学的な真理も経験的な知識だと主張する（この部分のミルの主張は、まちがえようがないと思われていたユークリッド幾何学に非ユークリッド幾何学という対案が提示されることで、劇的な形で支持されることになる）。第三篇と第四篇は帰納という方法論についての議論で、『体系』の大部分を占める。この部分については以前に少し紹介した。第五篇がここで紹介する誤謬論である。第六篇は経済学の方法論という応用的な話題を扱っているのだが、実はこの箇所は経済学の方法論の古典として現在でもしばしば参照されるので、むしろ現在では一番よく読まれる箇所と言ってもいいかもしれない。

このように、『体系』はおよそ（今のわれわれが想像する意味での）論理学の本ではない。そして、そこで展開される「誤謬論」も、伝統的な論理学で想定されてきたものとはそうとう違う形でイメージされることになる。

強い感情が誤謬を生む

さて、ミルは誤謬を論じるにあたって、まずいろいろなタイプのまちがいを体系化することからはじめる。ミルが問題とするのはまちがったことを信じてしまうという意味でのまちがいだが、その中でも、狭い意味での「誤謬」にあたらない「うっかりミス」と、何かしらはっきりした理由があって生じる「誤謬」とが区別できる[35]。ミルが扱うのは後者である。

誤謬の原因にも心構えや感情といった背景的な原因と、認知のプロセスにおける誤謬の直接の原因を区別することができる。ミルはこれらをそれぞれ誤謬の「精神的源泉」(moral sources)と「知的源泉」(intellectual sources)と呼ぶ[36]。真理に関心がないとか感情的なバイアスのために誤謬を信じるというのは「精神的源泉」である。

ミルは「精神的源泉」についてはあまり論じていない。ただ、そこにもミルらしい人間観察は現れている。例えば、人間は自分に都合のいいことを信じてしまう傾向があるが、その逆に、自分に都合の悪いことでも、強い感情を呼び起こすような主張は信じてしまいやすい、とミルは言う[37]。ミルは具体例を挙げていないが、恐怖を煽るようなデマは広がりやすい、といった現象は当時も観察されていたのだろうか。

ともあれ、ベーコンの洞窟のイドラや、『ポール・ロワイヤル論理学』の「自愛、利害、感情に由来する詭弁」の一部は「精神的源泉」、つまり背景的な原因として位置づけなおされることになる。これが背景的な原因だというのは、こうした心構えや感情だけでは誤った信念は生み出せないとミルが考えるからである。例えば、恐怖のためにデマを信じるような場合でも、恐怖自体がデマを信じることの直接の原因ではなく、(恐怖のために)証拠をきちんと吟味せずにデマを信じてしまう、といった認知的なプロセスでの問題がある。そして、恐怖自体は「感じないようにしよう」と思ってそう簡単にコントロールできるものではないが、ついデマを信じそうなときに証拠があるかどうかを調べるといった認知的なプロセスはもっとコントロールしやすい。そういう意味で、誤謬論の中でコントロールできるものに集中するのは一理あるかもしれない。

誤謬のさまざまな形

ミルが誤謬論の対象にするのは、認知的なプロセスの中での誤謬の原因である。それをミルは五つに分類する(38)。そのうち少なくとも三つはミルの科学方法論と密接に結びついている。ミルにとっては、科学の中心となるのは観察から一般化する「帰納」というプロセスである。しかし、帰納をするためにはまずそのための素材を得る「観察」という作業が必要であるし、帰納で得られた一般原理を個別の事例にあてはめるためには「演繹」という操作も必要である。そして、「観察」「帰納」「演繹」のすべてについてさまざまな「まちがったやり方」が存在する。これらがミルの分類する誤謬の五つのカテゴリーのうち三つを構成する（「観察の誤謬」「一般化の誤謬」「厳密論証の誤謬」とそれぞれ呼ばれる）。

あとの二つのうち一つは、そもそもそういう科学方法論によらず、単なる偏見を信じてしまうことである。ミルはなぜかこれに「単純視察の誤謬」という名前を与えているが、「直観に頼る誤謬」とでも呼んだ方が正確だろう。これはあとで紹介するように、第1章で紹介したミルとヒューウェルの論争とも関わる「誤謬」である。

最後は、議論に使われる概念や議論の内容が混乱していることに由来する誤謬（「混同の誤謬」）である。「混同の誤謬」はミルの科学方法論の中に位置づけるのがなかなか難しい。中身をみると、アリストテレス以来の誤謬論のいくつかの要素がここに放り込まれており、要するに「誤謬論というからには入れないといけないけど、体系化も難しいなあ」というものをくくったもののように見える。

ミルの分類を、これまでに紹介してきた誤謬論と比較してみると、ミルが『体系』でやっていることの意味がもう少し見えてくるだろう。アリストテレスが挙げた誤謬のほとんどは、ミルの分類では「混同の誤謬」に含まれている（解釈にもよるが、いくつかは「厳密論証の誤謬」に入っているかもしれない）。ベーコンの四つのイドラのうち、市場のイドラ（のうち「混同の誤謬」に分類されない部分）と劇場のイドラ、つまり人から言われたことを信じてしまうたぐいは「単純視察の誤謬」に分類できるだろう。種族のイドラは錯覚などの心理プロセスと関わるものなので、「観察の誤謬」に含めることができるはずである。『ポール・ロワイヤル論理学』の「市民生活や日常の会話で生じがちな悪しき推論について」でとりあげられた誤謬はそうとう雑多で、すでに触れたように、ミルの分類では誤謬の背景にある感情についてのものもあるし、観察についてのもの、一般化についてのもの、思い込みについてのものなど、ミルの分類だといろいろなところに組み込まれている。ウェイトリーの分類と見比べると、ウェイトリーが「純粋に論理についての誤謬」と呼んだものはおおむね「厳密論証の誤謬」に組み込まれ、「半ば論理についての誤謬」と「論理についてでない誤謬」（論点先取や無関係な結論の導出）は「混同の誤謬」に組み込まれる。

以上の比較をまとめると、ミルの誤謬論では、アリストテレス流の議論の作法としての誤謬と、ベーコン流の情報収集にまつわる誤謬の両方が統合されていることがわかる。また、『ポール・ロワイヤル論理学』のリストはミルに比べればまったく体系化されていないし、ウェイトリーの誤謬論は体系的という点ではミルに引けをとらないが、カバーしている範囲がだいぶ狭い。つまり、ミルの誤謬論は、先行するさまざまな誤謬論の集大成と言っても過言ではない。

ただ、これだけ網羅的なミルの誤謬のリストでも、今の目から見て誤謬論に含めてほしいものがすべて入っているわけではない。例えば、ウェイトリーが『修辞学の諸要素』の方でとりあげた立証責任が誰にあるかの判定の誤りはここではとりあげられていない。

さて、ミルが誤謬として具体的にどんなものを想定しているのか、もう少し詳しくいくつかみてみよう。

形而上学の基本原理も誤謬に満ちている

すでに少し触れたように、ミルの考える誤謬の五つのタイプのうち、一つは「単純視察の誤謬」、つまり、証拠からの推論というプロセスを経ず、直観的に何らかの誤った主張を信じてしまうものである。ミルは、このカテゴリーに、さまざまな迷信とともに、形而上学の基本原理も含めた(39)。

迷信のたぐいとしては、まず、AからBが連想されるなら、AはBを呼び寄せる、という考え方が紹介される。「悪魔について語ると悪魔が現れる」（日本語でいう「噂をすれば影」）という格言はこれを表しているし、縁起の悪い言葉を人々ができるだけ避けようと努力してきたのも、そういう言葉が実際に悪いことを引き起こすという迷信的な考え方の現れである。現在の心理学の視点から言えば、この種の迷信は単なる直観的な思い込みよりもう少し複雑なプロセスが想定されていて、「利用可能性バイアス」（この場合であれば、予兆のあった出来事が実際に起きたら強く印象に残るので、頻繁に起きているように感じてしまう、というバイアス）が働いているとされる。この手の迷信にそういうまちがった観察やまちがった一般化の要素もあるのはミルも認めていて、具体例について考えるときに、誤謬の原因がきれいに五つのうちどれかに分類されるとまでは考えていない(40)。

それはともかく、こうした迷信の話で終わるなら、今のクリティカルシンキングの教科書でもよく見かける話なのだが、ミルの誤謬論が面白いのは、同じタイプの誤謬を代表的な哲学者たちも犯している、と次々に指弾していくところである。とりわけデカルトは「アプリオリな誤謬〔つまり単純視察の誤謬〕のほとんどあらゆるタイプの豊かな鉱山」とひどい言われようである[41]。つまり、うがった見方をすれば、ミルは形而上学者たちに、あなたたちの基本原理なるものは迷信と大差ないですよというメッセージを発しているわけである。

例えば「原因はその結果と同じくらいには完全性を持つ」というデカルトの議論で重要な役割を果たす主張がとりあげられる[42]。われわれは完全性という観念を持つが、それはその原因たる神自身も完全性という性質を持つということであり、さらにそこから完全な存在たる神はわれわれを騙しているはずがない、という結論をデカルトは導いていくのである。ミルの分析によれば、これは「結果の持つ性質はすべて原因の中にもある」という形而上学的原理の応用例になっている。こういう抽象的な言い方をするともっともらしく聞こえるが、この考え方は「スープの中に胡椒が入っていたら料理人にも胡椒が入っているにちがいない」と考えるのと同じだ、とミルは手厳しい[43]。

イギリスの哲学者も批判を逃れない。ベーコンは帰納法を定式化し、実験の重要性を論じたにもかかわらず自分ではほとんど科学的業績をあげられなかった。その理由として、ミルは、ベーコンが「一つの現象は複数の原因を持つことはできない」と考えるアプリオリな誤謬を犯したことがその元凶だと分析する[44]。例えばベーコンは「熱」と呼ばれる現象をかたっぱしからあつめ、そのすべてにあてはまる原因を探した結果、非常に抽象的な共通点しか見つけられなかった（第1章でも見た通りジョン・ハーシェルやウィリアム・ヒューウェルらも同じことを指摘していて、一九世紀の科学哲学では共通了解だった）。

科学者たちの誤謬

ミルの議論の矛先はさらに自然科学にも向かう。いわく、自然科学の歴史もさまざまな誤った判断に満ちている。例えばコペルニクスの学説が発表された当時、そこで想定されている宇宙があまりに広大であることがコペルニクスに対する一つの反論となったが、これはミルの分類では、「われわれに想像できないものは存在しない」という誤った思い込みが生んだ誤謬である。[45]少し背景説明をすれば、地球が動いているなら、季節によって恒星の見える位置が若干ずれないとおかしい（年周視差と呼ばれる）のだが、当時はそんなずれは観測されていなかった。コペルニクスは「恒星はこれまで考えられていたよりはるかに遠くにあるからずれが観測できないのだ」と、ちょっとずるい主張をしてこの問題を「解決」した。あとから見ると、結局はコペルニクスの想像が正しく、より観測精度が上がった一九世紀に年周視差は実際に観測されるようになった。

そのコペルニクスでさえ犯した誤謬として、天体の運動は円運動（とその組み合わせ）だと考えるという誤謬がある。天界における基本的な運動は長らく円運動だと考えられ、単純な円運動で惑星の運行を説明することに失敗しても、何とか円運動の組み合わせで処理しようという努力が続けられた。コペルニクスも、太陽を中心とした円運動と実際の観測を整合させるために、補助的な円運動を導入していた。これは、ミルによれば、先ほどの誤謬と対をなす「われわれが容易に考えることができるものは正しい」という思い込みのあらわれで、「単純視察の誤謬」の一種である。[46]つまり、円というのは想像するのが容易な図形で、天体が円運動しているというのも想像しやすいのだから、当然天体は円運動しているはずだ、と判断してしまったというわけである。

思い込みか、アプリオリな真理か

もう一つ、慣性の法則とはアプリオリに確かめられる真理、つまり実験や観察をしなくても、目をつぶって理性を働かせるだけでわかる真理だ、という主張も「単純視察の誤謬」の例だとされる。[47] 慣性の法則とは外力がかからなければ物体は静止するか等速直線運動するというものである。ニュートン力学の三つの法則の一つだが、実はデカルトがニュートンより先に提案している。一八世紀から一九世紀ごろの科学者たちの中には、慣性の法則は「この宇宙では何らかの理由がない限り何もおきない」という基本原理から導けるのではないかと考える者もいた。しかしミルは、他の運動をする理由が何もない場合には静止や等速直線運動がおきるというのは、これらの状態を特別視しているわけだが、特別視する理由などあるのだろうかと問う。[48] それは、馬が特別な理由がない限りは側対歩する（前足と後ろ足をそろえて動かす）、というのと同レベルの話で、アプリオリに決まるようなことではない、というのがミルの指摘である。

「単純視察の誤謬」のところでミルが扱っているのは、誤謬であることがわかりやすいものや、『体系』の読者ならおおむね誤謬と認めそうなものが多いのだが、この最後の慣性の法則は、ミルの論敵であるヒューウェルならば「誤謬ではない」というところである。ヒューウェルは、この世界のことについても一種のアプリオリな知識が成り立つと考えていて、ニュートンの三法則などはその例だと考えていたようである。その意味でミルはこれを誤謬として扱うことでヒューウェルに喧嘩を売っていることになる。

ミルの哲学の中心的議論に近い部分も、単純視察の誤謬と深い関わりがある。ミルは、空間というものが幾何学（といえばこの当時はユークリッド幾何学を指す）の公理を満たすというのがアプリオリな真理かどうかについて、実際にヒューウェルと論争している。[49] これについては、空間の性質も調べなくてはわからないと考えるミルの方が少数派で、当時は空間といえばユークリッド空間しかありえない、と多くの人が考えていた。それもあって、このテーマは誤謬論ではなく、独立に『体系』全六篇中の一篇をあてて論じられている。しかし、ミルからしてみれば、幾何学の正しさの問題も他の誤謬と同列に見えていただろう。さらにいえば、二〇世紀になって相対性理論が世界を記述するのに非ユークリッド幾何学を使ったということから振り返って考えるなら、空間の性質がアプリオリにわかるかどうかについてはミルの方が正しかったといってよいだろう。自ら物理学の教科書を書いているヒューウェルに比べればミルは物理学についても数学についても非常に限られた知識しか持っていなかったのだが、そのミルの方があとから見ると正しいことをいっていたというのは皮肉な話である。距離をおいていたからこそ「傍目八目」のようなものがミルに働いたというのはありうることかもしれない。

神の加護をめぐる誤謬

単純視察の誤謬についてはこれくらいにして、他の誤謬についてミルがどういうことをいっているか、それぞれ簡単に見ていこう。単純視察の誤謬は直観に頼るという誤謬だが、それと似ているけれども区別される誤謬として、ミルは「観察の誤謬」を挙げている。[50] この誤謬を犯す人は、観察しなくてもわかると考えているわけではないが、当然観察すべきことを観察しなかったり（無観察）、不注意な観察を行ったり（不当観察）するために誤謬に陥る。

ミルは無観察の誤謬の古典的な例として、メロスのディアゴラスという古代ギリシャの無神論者が行った指摘を挙げる。これはベーコンが『新オルガノン』で使っていたものをミルが孫引きするかっこうになっていて、無観察の誤謬というカテゴリー自体がベーコンの誤謬論を踏襲していることをうかがわせる[51]。

さて、その事例はさらにさかのぼるとキケロが『神々の本性について』という論考で紹介しているものである（岡編 2000）。キケロによれば、ディアゴラスが神を信じないというので、友人が彼を神殿につれて行くと、そこには、航海に出る前に無事を祈った人たちが戻ってきたあとで航海の様子を描いた絵が多数奉納されていた。そして友人は、これを見ても神の加護を信じないのか、とただした。それに対しディアゴラスは、難破して死んだ人の絵がどこにもないから神の加護があるように見えるだけだ、と答えたという。

少し解説を加えると、われわれは、神に祈りをささげ、実際に無事に航海を終えた人がたくさんいるのを見て、祈りが効いた、と判断しがちである。しかし、祈りを捧げながら生きて帰れなかった人たちもいるはずだし、もしかしたら帰ってきた人たちよりも多いかもしれない。そういう人たちは絵を奉納することができないので見えにくくなってしまっているだけである。

現在のクリティカルシンキングの授業であれば、これにさらに「祈りを捧げず、生きて帰ってきた」「祈りを捧げず、生きて帰れなかった」の二つのカテゴリーを加えて四つのカテゴリーを検討し、その間の比率を見ないと本当に祈りが効いたかどうかはわからない、と教える[52]。こうした検討をするための表を四分割表という。四分割表は、統計学における相関の概念を日常的にも使えるように嚙み砕いたものであり、まだ統計学というものが発達していなかったミルの時代に四分割表を期待するのはさすがに酷である。

無観察の誤謬も、迷信的な例に限られるわけではなく、科学の領域に属する事例をミルはいくつも挙げている。例えば重いものほど早く落ちるという思い込み、燃焼の際に気体が発生することを見逃したフロギストン説支持者などがやり玉に挙がる。(53) ここでも、クリティカルシンキングと科学の方法論は不可分である。

観察の誤謬のもう一つのパターンである不当観察の誤謬としては、例えば、太陽が毎朝東から「昇る」という観察が挙げられている。(54) ミルの分析によれば、これは、観察と観察から推論したことを混同している。つまり、実際に見ているのは地面と太陽の相対的な位置の変化で、「太陽が動いている」というのはそこから推論して導いた結論なのに、あたかも「太陽が動いている」こと自体を観察したかのように思ってしまい、それを天動説の根拠にしてしまうわけである。

ミルは推論の要素のない純粋な観察というものがありうると考えていたようである(ただし、観察のトレーニングをしないとなかなかできないものだとも考えていたようである)。(55) これは、現在の科学哲学では疑問視される考え方である。現在ではむしろどんな観察にも理論の要素がある(したがって純粋な観察などない)という「観察の理論負荷性」という考え方が主流となっている。まだ心理学の発達しないミルの時代には無理もない、ともいえるが、実は論敵のヒューウェルがすでに観察の理論負荷性にあたる考え方を認めていたのは第1章で触れた通りである。(56)

いずれにせよ、こうした例から、ミルは観察の誤謬というカテゴリーで、現在でいうところの認知バイアスというものの危険性を考えていたことがうかがえる。時代的制約のために今から見るといろいろ不十分な点があるとはいえ、ミルは確かに今に続くクリティカルシンキングの研究の祖先の一人だといってよいだろう。

一般化の誤謬

一般化の誤謬についてのミルの整理も、ベーコンやポール・ロワイヤルの誤謬論に基礎をおきつつ新たに展開させたものとなっている。一般化の誤謬というのは過去のわずかな経験から一般化したり、わずかな類似性からあまり似ていないものに類推を働かせたりという推論を指す[57]。

帰納法というと、「過去に観察したカラスはみな黒かった」という過去の観察から「すべてのカラスは黒い」という一般化を行うもの、と一般に思われているが、実際にはベーコンにせよミルにせよ、そういう単純な一般化（枚挙的帰納）は科学の方法として不十分だと考えている。むしろ、いろいろな条件の下での実験を見比べて可能性を消去していくのが正しい方法であると考えている。

しかし、人間と社会に関わる話題では実際に少数の経験から一般化する誤謬推論が行われがちだとミルは指摘する[58]。例えばイギリスは貿易を制限したから経済が発展したのだ、という主張などがその例として挙げられる。ある時点における経済の発展の原因となりうるものは無数にあるにもかかわらず、そのうち一つを選んで「原因」と名指すのは単なる誤謬だというわけである。

意識を物質に還元しようとする「誤謬」

「一般化の誤謬」の例の一つは科学哲学の歴史という観点からも興味深い。それは、あらゆる現象を粒子の運動に還元しようとする、いわゆる還元主義の立場がやり玉に上がっている点である[59]。特に、意識を物理現象に還元しようとする、今でいうところの物理主義は、「根本的に異なる現象を一緒にしてしまおうとする誤謬」だとミルは考える[60]。

ミルももちろん、神経系のしくみや法則が力学や化学を使って解明されていく可能性があることを否定はしないし、知識として価値がないとも思わない。しかし、例えば色の知覚のプロセスが運動の連鎖として解明されていったとしても、「そうした運動の最後には、運動ではない何か、すなわち、色の感じまたは感覚（feeling or sensation of colour）が残る[61]」。そして、この「感じ」や「感覚」まで物理に還元できるだろうという想定が「一般化の誤謬」だというのである。

ミルが指摘しているのは、今の哲学の用語でいえば「意識のハード・プロブレム（難問）」であり、彼のいう「感じ」は今の哲学者なら「クオリア」と呼ぶだろう。ミル以前にもこの問題を指摘している人がいないわけではなく、「心身二元論」をめぐる問題は以前から存在するし、特にジョン・ロックの第一性質と第二性質についての議論は別の形でこの問題を扱っているといえる。しかし、ミルの議論は、脳についての研究の進展なども考慮に入れつつ論じているため、現代の議論により近いように思われる。

ところで、ミルは意識を物質的に説明しようとするのは明らかな誤謬だと考えたわけだが、今日では逆に、物質に還元できない意識というものがあるというのは単なる思い込みではないかとする立場も強力である。この立場からいえば、ミルの方が何らかの誤謬（思い込みによるという誤謬か論点先取の誤謬か）を犯しているということになるだろう。

論理と言葉にまつわる誤謬

ミルの誤謬の類型のうちあとの二つについては簡単にすませよう。一つは「厳密論証の誤謬」（fallacy of ratiocination）、つまり狭い意味での論理的な推論における過ちである。もう一つは「混同の誤謬」（fallacy of confusion）、つまり多義的な表現を使うことで陥る誤謬である。これらの類型は、近いところではウェイトリーがもっと手際よく整理していたものだし、「混同の誤謬」の大半はアリストテレスまでさかのぼる類型なので、ミルの独創性や貢献はそれほど高いとはいえない。

ただ、もちろん誤謬の例としてとりあげられる内容は、ミルの関心や時代を反映していて興味ぶかい。

例えば、重商主義に関する議論として、お金は豊かさの指標だからできるだけイギリスからお金が出ていかないようにするべきであるという主張があったというのだが、ミルはこれを「厳密論証の誤謬」の一種に数える。(62)お金が豊かさと結びつくのはあくまでお金が自由に使えるからであって、この暗黙の前提を無視して結論を出してしまっていることが誤謬だというのである。

「混同の誤謬」については、哲学上の論証がしばしばこの種の誤謬に陥っていることが紹介される。たとえばジョージ・バークリーは、昨日も今日も自分が「同じ観念」を持つことができるということから、自分では考えていないときにもその「同じ観念」を保存していた精神がどこかにあるはずであり、それが「普遍的精神」すなわち神である、と論じる。しかし、ミルの分析によれば、これは「同じ」という言葉の二つの意味（同じタイプという意味での「同じ」と同一物という意味での「同じ」）を混同することで成立している詭弁にすぎない。(63)

自然科学からの例としては、「活力論争」がとりあげられる。これは、物体が運動する際の「力」は速度に比例するのか、速度の二乗に比例するのかという問題で、一八世紀初頭の多くの物理学者たちを巻き込んで論争となった。あとから見れば、一方は運動量、他方は運動エネルギーのことを「力」と呼んでいたわけで、なぜ論争になったのか不思議なところであるが、物体が運動するときに何かしらが「込められた」という想定からこの問題が起きる。あとで紹介するように、この論争の不毛さから、ジャン・ダランベールたちは「込められた何か」としての力など存在しないという実証主義的な考え方へと傾き、これがその後の力学における「力」の標準的な捉え方へとつながる。ともあれ、ミルの時代にはすでにこの論争は過去のものとなっており、ミルはこの論争を「力」の概念の多義性によって生じた混乱として切って捨てている。[64]

誤謬論の集大成

さて、ミルの誤謬論を長々と紹介してきたが、さまざまな誤謬論の伝統を統合し、体系化し、哲学や自然科学からの豊富な事例によって誤謬論の実用性を示したミルは、やはり一九世紀における誤謬論の集大成者といっても過言ではない。『体系』はイギリスにおける科学方法論の教科書として一九世紀後半に成功をおさめる。その一部であるミルの誤謬論もまた一つのスタンダードとなったことは想像にかたくない。この傾向は、他の著作でミルの議論が踏襲されることでさらに強められたかもしれない。ミルの忠実な後継書としては友人のアレクサンダー・ベインが書いた『論理学』（Bain 1870）という本があり、これもまたかなり成功した本だったようである。例えばこの本の誤謬論の項を見ると、本章で紹介したミルの五つの分類をそのまま踏襲しつつ、解説や補足を加える形になっている。

ミルが誤謬論の集大成を行ったという言い方には、別の側面もある。第1章の終わりでも少し触れたように、『体系』のあと、論理学は伝統論理学から記号論理学へと大きく変貌していく。記号化することで論理学の表現の幅も広がり、研究の余地も大きくなっていく。ただ、この新しい論理学は、われわれの思考のプロセスにひそむ誤謬や、それをどうやって発見し除去するかという実践的問題にはまったくと言っていいほど無関心だった。つまり、ミルが誤謬論の集大成者であるというのは、ミルの仕事を批判的に継承しつつ発展させるものがいなかった、という少し残念な意味でもある。ウッズのサーベイでも、ミル以降、一〇〇年以上あとの一九七〇年にC・L・ハンブリンが『誤謬論』（Hamblin 1970）を書くまでは誤謬論の「大不況時代」（great depression）と位置づけられている。[65]

そのウッズが「大不況時代」における例外として名前を挙げるのが一九世紀末から二〇世紀初頭にかけて論理学の著作を多く書いたアルフレッド・シジウィックの誤謬論である。[66]

一九世紀末の誤謬論

シジウィックは現代ではほとんど忘れられた哲学者である。いとこにヘンリー・シジウィックという倫理学者がいて、こちらは功利主義の理論家として知られているので、取り違える人も多いだろう。[67] しかし、F・S・ニールセンによれば、シジウィックは「近代の著述家の中で、現代における非形式論理ともっとも近い親戚にあたる」(Nielsen 1999)。非形式論理というのは論理式や推論規則といった形で表現できない論理的な思考を扱う分野で、哲学者が言うところのクリティカルシンキングとはまさにこの非形式論理のことである。ということは、ニールセンの評価が正しいなら、シジウィックはクリティカルシンキングの生みの親の一人であり、もっと記憶にとどめられてもいい存在である。

シジウィックの誤謬についての主な著作は『誤謬論――実践的側面から論理学を見る』(Sidgwick 1883)である。「国際科学シリーズ」という、有名な研究者による科学啓蒙書のシリーズの一冊として出版された。同書の冒頭では先行研究としてミルやベインの名前が挙がっており、彼らの後継者を自認していたことがうかがえる。しかし、ベインのように、ミルの分類がそのまま顔を見せるといったことはない。彼らの著作は随所で言及されはするが、議論の枠組みはシジウィック独自のものである。シジウィックは「論理学は誤謬と闘うための装置として見ることができる」といい、その観点から日常的な議論における「証明」や「議論」や「反論」を理論化しようと試みる。[68] まさに現代の非形式論理学につながる問題意識である。

シジウィックは誤謬を「ある議論に対してどういう反論がありうるか」という観点から分類する。[69]彼の分類は「与えられた理由が的外れだ」「理由が論点先取している」「重要な要因を見逃している」「同じ議論からばかばかしい結論も導けてしまう」というものである。比べてみると、ミルがとりあげた誤謬の大半はシジウィックの分類では「重要な要因を見逃している」になる。実際、分量でいっても、この種の誤謬については、演繹、帰納、事例からの推論、類推などそれぞれの議論のタイプに応じてどんな見逃しが起こりやすいかを詳しく述べる形になっていて、シジウィックは誤謬論の大半をこの話題にあてている。その意味では大変バランスが悪いのだが、誤謬を避けるという観点から論理学全体を再構成するというシジウィックの意図は確かに実現されている。特に、因果関係についての推論では「他の可能性」（alternative possibility）を排除するという作業の重要性を説き、隠れた共通原因が存在する可能性をはじめ、排除するべき可能性をリストアップしている。[70]

もう一つ注目すべきは、シジウィックが「立証責任」を論理学の一部と考えてとりあげている点である。ウェイトリーがキリスト教を擁護するために立証責任という概念をとりあげたことについて、シジウィックは手厳しく批判し、同じ理屈でキリスト教だけでなくどんな宗教だって立証責任を逃れてしまうではないか、と指摘している。[71]

シジウィックのみならず、ミルもウェイトリーも数理論理学の発展の陰で近年まで半ば忘れられた存在だった。しかし、問題意識によっては、二〇世紀の論理学者よりもむしろ一九世紀の彼らの方がよりよい話し相手になるかもしれない。

さて、一九世紀のクリティカルシンキングをずっと追いかけてきたが、この時期にはまだ「クリティカルシンキング」という呼び方は成立していない。その成立までの様子を追いかけて本章のしめくくりとしよう。

「クリティカルシンキング」の成立

教育学・心理学系のクリティカルシンキングでは、実は本章の中心的テーマとしてきた誤謬推論の類型論に出会うことはめったにない。むしろ、推論の出発点となるさまざまな証拠をどう吟味するかとか、伝統的な論理学の枠におさまりにくい統計的な推論の手法などがテーマとしてとりあげられる。本章で認知バイアスという言葉を出したが、認知バイアスというのは、例えば、思い出しやすいものは実際よりも頻度が高いように見積もってしまうとか、「典型的」だと思うものは頻度を多く見積もってしまうとか、同じ内容でも肯定的に言うか否定的に言うか（「三〇％死ぬ」か「七〇％生きる」かなど）で評価が違ってしまうとか、そうしたわれわれの心の傾向である。つい迷信を信じてしまったり、医学的根拠のない健康製品に手を出したりするとき、こうした認知バイアスが関わっていることが多いとされている。これは、伝統論理学でいうところの誤謬とはちょっと性格の違う誤謬だといえそうである。

こうした広い意味での批判的吟味の方法論も哲学の歴史にさまざまな例がある。ベーコンの四つのイドラの議論や、第1章で紹介したミルの帰納の四つの方法などもそうした面がある。しかし、批判的思考のテキストなどで、この分野の成立に直接の影響力のあった著作としてよく名前が挙がるのは、デューイの『思考の方法』（Dewey 1910）である。この本では「反省的思考」（reflective thinking）という言葉で、ほぼ現在クリティカルシンキングと呼ばれるものと近い考え方が提示されている。

デューイは同書でベーコンやロックらの過去の哲学者を先達として挙げ、また「思考とは何か」とか

「意味とは何か」といった哲学的な考察に大きな紙幅を割いていて、哲学の伝統とのつながりは明白である。[72] 演繹や帰納といった伝統的な論理的思考がとりあげられるし、計画的な実験に基づく科学的思考法は反省的思考の範例として扱われる。また、デューイのころはまだ認知バイアスの研究という領域自体が存在しなかった（この分野ができるのはせいぜい一九七〇年代のことである）ので、当然そうした研究への言及はない。こうした点だけ見ると、デューイはむしろ哲学的アプローチの側に属するようにも見える。

しかし他方、デューイの本は哲学者や科学者の厳密な思考ではなく一般人の日常的な思考が対象である点、そしてその思考の方法をどう身につけるかという「思考のトレーニング」の方法、とりわけ学校で教師が子どもたちにどう教えるかに主な関心がある点で、先行する思考法の本と比べてかなり趣がことなる。科学的思考にしても、デューイの本では、科学者が身につけるべきものとしてではなく、学校で子どもたちに教えるべき内容としてとりあげられている（そして子どもたちはもともと知的好奇心や実験的精神を持っているので、大事なのはそれをのばすことだ、という教育理念が展開されている）。

クリティカルシンキングという言葉を今の意味で使った初期の例はおそらくE・M・グレイザーの『クリティカルシンキングの発達に関する実験』と題する書物である（Glazer 1941）。この本では、単にクリティカルシンキングという言葉を導入するだけでなく、クリティカルシンキングの三要素として知識、スキル、態度を挙げるという、クリティカルシンキングの特徴付けや、クリティカルシンキングを測定する尺度の提案を行っていて、これらは現在でも多くの教科書で踏襲されている。グレイザーは哲学系の先達としてはデューイのほかロックの名前を挙げていて、哲学的な伝統との接点はまちがいなくあるのだが、ミルやシジウィックの名あるいは誤謬論に関する文献は挙げられていない。古典的な論理学や誤謬論と現代のクリティカルシンキングがお互いにどのように関係しているのか、あるいは関係していないのか、まだまだよくわからないことは多い。

第4章　実証主義の成立

科学哲学の歴史をたどると、繰り返し登場し、議論の流れに影響する立場がいくつか存在する。その一つが実証主義（positivism）である。第1章で紹介したJ・S・ミルは、科学の対象は観察可能なものの間の関係に限られるべきだ、という立場をとっていたが、これは観察不可能なものについての仮説も許容するウィリアム・ヒューウェルらの立場と対立していた。実はこのミルの考え方も広い意味で実証主義と呼ばれる考え方の流れに属する。そのミルと同時代のフランスの哲学者オーギュスト・コントがこの実証主義という言葉の生みの親である。時を下れば、一九二〇年代のウィーン学団の立場は論理実証主義と呼ばれる。論理実証主義者たちの影響を受けた実証主義的な科学哲学は、その後英米の科学哲学における支配的な立場となり、現在でもその影響力は強く残っている。

では、実証主義の考え方はどこから来たのだろうか。本章ではその由来をたどる。第1節で観察可能な対象へと科学のスコープを限る思想の歴史をたどり、第2節では「実証的」（positive）や「実証主義」（positivism）という言葉の系譜をたどる。

まず「実証主義」という言葉の本章での使い方について注意しておこう。本章では、特にかぎかっこも何もなく実証主義と書く場合には、コント以降実証主義と呼ばれてきた立場の最大公約数的主張、すなわち「科学の対象は観察可能なものの法則的な関係に限定する」という主張を指す。科学の対象全般ではなく「力」や「原子」など特定の概念のみについてこの考え方があてはめられる場合は「力の実証主義」などの呼び方をする。それ以外の意味で「実証主義」や「実証的」という言葉が使われている場合(行論中で紹介している哲学者や科学者たちが自分なりの意味で使っている場合)はかぎかっこを付す。

もう一つ、定着した用語ではないが、「科学内的実証主義」と「哲学的実証主義」という区別をしておこう。科学内的実証主義とは、科学の対象を観察可能なものの関係に限定するという考え方が、科学者たち自身によって、科学の実践のための指針として使われることを指す。これに対し、哲学的実証主義とは、科学の実践から一歩はなれて、科学とは何かといったことについて省察するような場面での実証主義を指す。科学者が実証主義的な考え方をする場合は両方の要素があるかもしれないが、自分自身で科学の研究をするわけではない哲学者の場合には、もっぱら後者の意味で実証主義を用いることになる。

1 観察可能な対象に科学のスコープを限る思想

実証主義と観念論

さて、その本章で使う意味での実証主義とまぎらわしい立場として「観念論」(idealism)があるので少し説明しておこう。ただし、「観念論」という概念自体哲学の歴史の中で非常に多様な意味で使われてきていて、その紹介まではとても手が回らない。ここでは、歴史的な用例の説明というより、現代の科学哲学において、「世界は実在するのか」という問いに対する一つの答えとしての観念論の話をする。簡単にいえば、実証主義は科学のやり方についての立場、観念論は世界はどういう存在かについての形而上学的な立場である。

目の前に机が見えているとき、その「机」の視覚的なイメージ（四角張った、しかし書類などで覆われて机そのものは部分的にしか見えないような視覚イメージ）が頭の中に形成されているように思われる。視覚的なイメージばかりでなく聴覚や触覚のイメージもあるだろう。このように、五感で得る情報をすべて「イメージ」と呼ぶことにすると、この外の世界にある机についてわれわれが持っている情報はすべてイメージである。しかし、われわれが直接アクセスできるものがすべてイメージであるなら、なぜそのイメージの背後に本物の机があるとわかるんだ、という話になる（これが懐疑論と呼ばれる考え方の一つのパターンである）。そして、この問いに対する一つの答え方が観念論、すなわち「イメージの背後のものについては何もわからないのだから、われわれが『世界』と呼んでいるものも実はイメージの集まりにすぎないと考えるべきだ」という立場である（「観念」はこのイメージを指す言葉である）。だから、「机」というのは、四角張った、しかし書類などで覆われているため机そのものは部分的にしか見えないような視覚イメージそのものであって、その背後に見えないところも補完され、中身もつまった「机そのもの」など存在しない、というわけである。見るからに極端な主張であり、多くの哲学はどうやって観念論を避けるかということに力を注いできたといっていいだろう。

これに対して、ここでいう実証主義は科学のやり方についての考えをいう。現代の科学哲学の用語でいえば、目に見えるものの関係は「現象的法則」と呼ばれる。気圧計の目盛りと天候はどちらも目に見えるので、「気圧が下がると天気が悪くなる」は（一種の）現象的法則である。現代の普通の科学の研究であれば、「じゃあその関係の背後にどういうメカニズムがあるか探ろう」という話になるわけだが、実証主義というのは、その現象的法則の記述こそが科学の目的であって、目に見えないメカニズムの探求が科学の目的ではない、というわけである。

実証主義の基本的な考え方は以上の通りだが、目に見えないものについての仮説の扱い方については「実証主義」とひとくくりにされる人たちの間でもかなりの温度差がある。目に見えないものについて語るのを一切排除するという立場から、科学の進歩のためにはむしろ目に見えないメカニズムについて積極的に推測をするべきだという立場まである。

観念論にはいくつかの種類がある。代表的なのはジョージ・バークリーの立場だが、バークリーはあとで紹介するように実証主義のはしりとなるような主張もしているのでややこしい。エルンスト・マッハも観念論者だと言われることがあるが、より正確にはここで紹介した意味での観念論ともちょっと違う「中立一元論」と呼ばれる立場を支持している。この立場については第5章で紹介するが、マッハにもその中立一元論とはまた別に実証主義的な議論をしている部分がある。観念論を採用するなら、科学の方法として実証主義をとるのはある意味自然である。目に見えているイメージの背後に何もなく、イメージそれ自体が世界であるのなら、イメージの背後のメカニズムを調べる科学など意味をなさない。たとえるなら、マンガに出てくる架空のキャラクターについて、「このキャラクターの体の中はどんなしくみになっているのだろう」と考えるようなもので、知的なエクササイズとしてはおもしろいが、「正解」があるような問いではない。

ただ、観念論をとっても、実証主義を採用しないということは論理的には一応可能である（なぜありもしないものについて考えるのが科学の仕事なのかを説明するという困難な課題をかかえることになるが）。また、観念論をとらずに実証主義だけ採用することは十分可能である。一つには、「目に見えるもの」はイメージではなく、確かにそこにある（つまり、観察可能な対象はわれわれと独立に存在している）と考えるが、それ以外にどんな見えないものが存在するかについてはわからないという立場がある（現代の論争で反実在論と呼ばれる立場はこれに近い）。これは明らかに観念論とは違う立場だが、現象的法則のみにこだわる理由は観念論と似たようなものが使える。つまり、なんだかわからないものについていろいろ想像するのが科学だというのはおかしい、という考え方である。さらには、目に見えないものが存在することについてもある程度は受け入れつつ、何らかの理由で、やっぱり科学はそういうものを相手にするのではなく、あくまで目に見えるものを相手にするべきだ、という立場もありえなくはないだろう。

ダランベールの実証主義

さて、科学のやり方に関する主張としての実証主義について一通りまとめたところで、いよいよ本題の、この意味での実証主義的な考え方がどこから来たか、という話に移ろう。実証主義的な思想の歴史を一九世紀ごろからさかのぼって見ていったとき、まず目立つのがジャン・ダランベールである。以下、T・L・ハンキンスの著作などを手がかりに、ダランベールがどういうことをいっているか確認しよう(1)。

ダランベールは一八世紀に数学や物理学の領域にさまざまな貢献をした重要な科学者である。ニュートン力学が数学的に洗練されていき最終的にラグランジュによって解析力学という形をとるようになる、その途中段階を担った一人である(2)。特にまだ二〇代なかばの一七四三年に出版した『動力学論』は、ダランベールの物理学者としての名声を確立した（現代の物理学の教科書でも「ダランベールの原理」には言及がある）。しかし、現代においてダランベールの名前を聞く機会が一番多いのは、ディドロとならんで

『百科全書』を編集した人物としてであろう。わたし自身、高校生のころ、世界史の暗記の項目として「ディドロ」「ダランベール」「百科全書」と言葉だけ覚えて、「百科事典を作ったことの何がえらいのだろう」と漠然と疑問に感じていたのを思い出す。自然科学も人文学も芸術も含むような意味で人間の持つ知識の全体像を提示しようという考え方自体が当時非常に革命的で野心的だったというのが納得できたのは、大学に入って哲学の歴史を学ぶようになってからである。

ともあれ、『百科全書』の発案者はディドロであるが、ダランベールもそれに巻き込まれ、編者となる。ダランベールは全体の方向を示す「序論」のほか、多数の項目も執筆した（署名入りの項目のほかに無署名で書いた項目もかなりあるらしい）。『百科全書』は一七五一年に刊行がはじまり、いったん出版許可が取り消されるなどの紆余曲折を経て一七七二年に全巻の刊行が終了する。

さて、『百科全書』そのものはさまざまな著者による共同作業なので、全体として一つの思想が提示されるということはない。しかし、「序論」は、知識がどのように体系化されるべきかということについての当時のダランベールやディドロの思想がかなり色濃く反映されている。そして、実証主義ということでいえば、この「序論」で地上の物理現象の研究について語っている箇所で、ダランベールはかなり実証主義の定式化に近いことを述べている。

これらの〔地上の〕物体においてわれわれが観察する性質はすべて、多かれ少なかれわれわれが感覚できる（sensible）関係をお互いの間に持っている。これらの関係を知ること、ないし発見することが、ほとんどの場合にわれわれが達成できる唯一の目標であって、われわれが自らに目標として提示すべき唯一のものである。したがって、自然について知ることができるだろうと期待できるのは、決してあいまいで恣意的な仮説によってではない。それが可能となるのは、現象の反省的な研究によって、現象の間の比較によって、また、多数の現象を、その原理とみなすことができるような唯一の現象にできるかぎり還元する技によってなのである。(3)

「ほとんどの場合に」という限定つきではあるが、ここではわれわれが感覚でアクセスできる性質間の関係（つまり現象的法則）とその整理こそが科学の唯一の目的である、と謳われている。ただし、これに続く箇所では、唯一の現象に還元していくという理想はほとんどの分野では達成しがたいということも認めている。そこでは、例えば磁石の研究を例にとって、とりあえずできる限り多くの事実をあつめ、できるだけ少ない原理から事実を導き出すように努力せよ、といったことが書かれている。

ダランベールが執筆した「原因（力学的、物理学的）」の項でも、実証主義的な思想が顔をのぞかせる。

> 力学者たちが最終的に、われわれが運動について知っているのは運動そのもの、つまり移動した空間や移動に要した時間だけについてであり、形而上学的原因についてでは無知である、と認めてくれたならそれは望ましいことだろう。（中略）形而上学的原因、真の原因について、われわれは無知なのである。（傍点は原文イタリック）(4)

なお、こうした見解を表明するという点で、決してダランベールが孤立していたわけではない。同時代に、ピエール・L・モーペルテュイもまた力についての実証主義的な立場を共有していた。モーペルテュイはダランベールより以前からフランス科学アカデミーの会員であり、キャリア的には先輩にあたる。物理学においては、いわゆる最小作用の原理という考え方の発明者として、また、地球の形が縦長か横長かという問題について論争を行い、実際に計測をしたことでも知られている（有賀 2011）。そのモーペルテュイは一七五〇年に書いた『宇宙論についての論考』の中で、「現代の哲学において力という語ほどしばしば繰り返される語も、これほど不正確にしか定義されていない語もない」と発言している(5)。

「活力」をめぐる論争

さて、ダランベールの話に戻って、どのような意図でダランベールが力についての実証主義的な見解を表明するようになっていったのか、もう少しほりさげてみよう。『百科全書』からの二つの引用のうち、「序論」の方には全体としては雑多な要素が含まれているのに対して、「原因（力学的、物理学的）」の項は形而上学的な「原因」について語らないという主張を明確に打ち出している。ダランベールがこういう意見を表明したのが原因についての項であることは非常に注目すべき点である。ここから実証主義的な考え方が当時の科学（とりわけ力学）の状況と密接に結びついていたことが見えてくる。

この時代の物理学における大きな論争でありながら、後の時代から見ると非常に不可解な論争として、「活力論争」というものがある。ひどく簡単にまとめると、「活力」（vis viva）というのは質量×速度なのか、それとも質量×速度×速度なのか、という論争で、一六八六年にライプニッツがデカルトを批判した論文に端を発するとされる。現代的にいえば前者は運動量、後者は運動エネルギーに対応し、どちらも大事な量ではあるが、どちらかを活力と呼びたければ呼んでもいいだろうけれど、呼ぶ必然性もないし、つまり今から見るとまったくどうでもいい言葉の使い方についての論争に見える。しかし、近年の有賀暢迪の研究によれば、活力論争をまったくの言葉の問題と捉えるのはまちがいだという（有賀 2012）。以下、有賀の議論を参考に、活力論争と実証主義の関係について考えてみる。

活力論争は、デカルトやニュートンらによって近代的な力学が成立した時期に盛んに論じられた問題であるが、その内容を理解するには、力学の歴史をもう少しさかのぼる必要がある。ヨーロッパ中世の力学では、「インペトゥス」といって、力というのは物体の中に込もる「何か」だと考えられていた。投げた石が垂直落下せずにまっすぐ飛んで行くのもこのインペトゥスのおかげであり、そのインペトゥスをだんだん消費することで速度が落ち、ついに地面に落ちるのだと考えられていた。現在でも「力が込もる」という表現に違和感がないことから考えても、日常的にはインペトゥス的な考え方はまだ強力だといっていいだろう。実際、「素朴物理学」といって、人々が物理現象について持つ素朴なイメージを調査する心理学的な研究分野があるが、そこでもインペトゥス理論に近いものが現在も人々の力のイメージを支配していることが明らかになっている(6)。

これに対し、ニュートン力学では、物体は邪魔されなければ等速直線運動をするのが当たり前であって、特に何かが「込もって」いるから動くわけではない。「力」という概念は使われるが、これは「質量×加速度」と定義され、質量と加速度を掛けた値という以上の意味を持たない。しかし、近代の力学の成立した初期の段階では、特にヨーロッパ大陸の物理学者たちの間で、力というものが物体の中に込もる「何か」だというイメージがいまだ色濃く受け継がれていた。そして、その「何か」の大きさと対応するのが果たして質量×速度なのか質量×速度×速度なのか、というのが「活力」論争だったわけである。

「運動中の物体に内在する力」の追放

この活力論争が無意味だと論じて論争を終わらせた一人がダランベールだった。ただ、その理由は「活力」の定義なんてどちらでもいいじゃないか、というのとはちょっと違う、というのが前述の有賀が指摘した点である。一七四三年の『動力学論』の序文の中で、ダランベールは、物体の運動のうちにわれわれが見るものは、その物体がある空間を移動したこと、その移動に一定の時間がかかったことだけだ、と分析する。そして、ダランベールは、そうした目に見えるものに集中することで、力学の原理を考える際に「運動中の物体に内在する力（les forces inhérentes au Corps en Mouvement）」という、曖昧で形而上学的な存在を完全に追放した」という。さらに続けて、ダランベールは、これが過去二〇年にわたって論じられてきた活力問題をとりあげる必要がないと考える理由だと説明し、活力問題は力学にとって「完全な無用さ」しかないとまでいう。つまり、ダランベールにとって活力論争が問題でなかったのは、どうにでも定義できる問題だからではなく、その前提となる「運動中の物体に内在する力」というものがそもそも目に見えず、曖昧で、形而上学的だからだったと考えられる。そして彼は、この立場をとることで力学の発展に大きく貢献することができた。

後の実証主義者たちとの問題意識の違い

さて、この話を実証主義の起源という観点から考え直してみよう。目に見えるものに集中し、曖昧なもの、形而上学的なものを排除するということは、つまり実証主義の態度をとるということにほかならない。ダランベールはこれを科学全般の方針とまではいっていないけれども、この、活力論争が乗り越えられて力の概念が変化したあたりに、実証主義の一つの出発点があるとはいえそうである。

実証主義的な態度が当初「運動中の物体に内在する力」を批判の標的としていたのだとすると、そこでいう「見える」ということの意味もその文脈にそって考えないといけない。後世の実証主義では、「肉眼で見える」ということが重要になってくる。そして、あとで紹介するように、一九世紀後半においては、「原子」のような肉眼で見えない微小なものの存在を受け入れるかどうかが実証主義者とその反対者を分かつ争点となった。しかし、力についての実証主義においては、肉眼で見えるかどうかというレベルの話ではなく、いったい何を見たら「力」を見たことになるのかすらわからない曖昧な存在としての「力」と、明確に見ることができる存在としての「運動」を対比する形で「見える」かどうかが問題となったのである。ダランベールと後の実証主義者たちは、言葉遣いに共通点が多いけれども、そこでイメージされている科学の姿はもしかしたら大きく異なるものかもしれないという可能性を頭においておく必要がある。

また、ここに実証主義という運動の出発点を求めるなら、実証主義という運動は当初、科学内的実証主義として始まった、ということでもある。これは、特に二〇世紀後半以降、実証主義が科学の営みから遊離した哲学的実証主義と見なされがちであることと見比べると、たいへん印象的である。

イギリスにおける力の実証主義

さて、力学の方法論として曖昧で形而上学的な力の概念を追放すると宣言し、それを実行してみせた点で、一七四三年の『動力学論』は実証主義の思想と実践の一つの重要な起源になっている。しかし、目に見えない何かとしての力に疑問を呈すること自体は、決してダランベールだけの問題意識ではない。

哲学史を勉強したことがあれば、まず思いつくのはスコットランドの哲学者デイヴィッド・ヒュームの因果性についての懐疑であろう。一七三八年に（つまりダランベールの『動力学論』のほんの数年前に）出版された『人間本性論』の第一巻において、ヒュームは因果についての一般的なイメージに異をとなえる（Hume 1739）。

この議論の細部は哲学入門書や科学哲学の教科書の定番の話題であるので、ここでは簡単な紹介にとどめる。物体Aから物体Bに力が伝わって物体Bが動き出した、とわれわれが見なすような状況について、ヒュームは、われわれが実際に見ているのはそのようなことではなく、ただ、物体Aが動いたあとBが動くという関係がいつも繰り返すということだけだ、と分析する。通常の因果の概念についてまわる「必然性」のようなものもわれわれがそこにあると思い込んでいるだけだ、と考える。

ヒュームの議論は極端な懐疑主義だと思われることがよくあるし、また帰納法の否定などはかなりラディカルな立場である。しかし、こと因果に関しては、実はダランベールら同時代の物理学者たちと問題意識を共有していることがわかる。ダランベールが力学を目に見える運動の性質のみから導き出される運動の法則の学問にしようとしたのと同じく、ヒュームも因果という概念から目に見えないものを追い払おうとしたのである。

もう一人、バークリーも、すこし前の時期にダランベールと似たような問題意識を持っていた。バークリーは、「存在するということは知覚されるということである」というスローガンを掲げ、われわれの知覚経験の背後に「知覚されている何か」があるという想定を否定した、ラディカルな「観念論」の立場の一人である。(7) 知覚されることと存在することを同一視するということは、誰も見ていないときには見られていないものは存在しない、ということになりそうだが、そこは神様はいつでもあらゆるものを見ている、と考えることで何とかごまかしている。

ただ、ダランベールとの関係で注目したいのは、バークリーのこの有名な観念論の立場ではない。一七二一年、ヒュームやダランベールより二〇年ほど前にバークリーが書いた「運動論」の方である。(8)「運動論」はフランスの科学アカデミーの懸賞に応募して書かれた論文だが、当選はならなかった。この論文でバークリーは、「力」「重力」（gravity）「引力」（attraction）などの言葉を物理学者がどう使っているかを検討し、こういう言葉を使うとき、物理学者が見ているのは結局物体の動きにすぎないと分析する。「運動論」の冒頭近くでバークリーは重力を例にとってこう述べる。

しかし、重たい物体が落ちることの原因は目にも見えず、知られてもいないのだから、この用法における重力を知覚可能な質（sensible quality）と呼ぶことはできない。したがって、重力は隠れた質（occult quality）である。（中略）人間は、隠れた質を追い払って、知覚可能な質のみに注意を向けるべきだろう。(9)

またバークリーは活力論争にも言及して、これも力というものを運動と別の存在として考えることから生じると分析する。(10)そして、「力」のような概念について以下のようにまとめる。

力、重力、引力やそれに類する言葉は、運動や運動中の物体について推論したり計算したりするのには便利であるが、運動そのものの単純な本性を理解するための役には立たないし、これらの概念のそれぞれに対応する別個の性質を指し示す役にも立たない(11)。

バークリーのこれらの発言も、かなり明確に力学における実証主義を提案しているものと読むことができるだろう。そして、ヒュームやバークリーの実証主義も、ただ単に目に見えないものを科学の対象としないというのではなく、そもそもそれが見えるというのがどういう状況なのかもよくわからない対象としての因果や力の概念を使うことについて否定的な態度をとっているわけである。その意味でもヒュームとバークリーの実証主義は、後世の実証主義者たちよりも、同時代のダランベールやモーペルテュイに近い。

誰が誰に影響を与えたのか

では、ダランベールはバークリーの論文を読んで実証主義的な立場にたどりついたのだろうか。ダランベール研究者であるハンキンスはそれはありそうにないと考える(12)。確かに運動論はフランスの科学アカデミーの懸賞に送られたけれども、入選しなかったのでパリでは公刊されず、ロンドンでだけ出版されたからである。ハンキンスはまた、ヒュームの書いたものはダランベールが『動力学論』を書いてからだいぶあとになるまで翻訳されなかったことを指摘する。先に触れたモーペルテュイの実証主義的な発言（一七五〇）が公刊されるのも『動力学論』初版（一七四三）より後のことになる。

では結局誰が誰に影響を与えたのか。ハンキンスの答えは簡単で、今名前を挙げた四人のすべてに影響を与えたのはニコラ・ド・マールブランシュだ、というのである。これは、哲学史を少しかじったことがあるならむしろ首をかしげる推測である。非常に雑なまとめかたをすれば、マールブランシュはあらゆることについて神様が原因だという主張をした、ごりごりの神様中心主義者ということになっており、およそ科学の精神とはかけはなれているように見えるからである。ただし、ハンキンスももちろん何の根拠もなくこのような推測をしているわけではない。

ダランベールらへの影響について話す前に、マールブランシュその人について少し紹介しておこう。(13)

マールブランシュの機会原因論

マールブランシュはデカルトの哲学に触発されて哲学研究の道に入った。最初の主著『真理探究論』を一六七四年から一六七五年にかけて出版したあと、一七一五年の死に至るまで精力的に執筆活動を続けた。その哲学の特徴としてデカルト哲学をキリスト教と融和させたと評されることが多い。日本ではあまり知られていないが、フランスではスピノザやライプニッツと並んで、デカルト哲学を発展させて体系を築いた三人の大哲学者の一人として位置づけられているそうだ。

マールブランシュは心身二元論の問題についての機会原因論という立場によって現代でも有名である。心身二元論とは、この世界には精神と物質という二つのまったく異なる性質を持つものが存在しているという考え方である。現代の科学では心というのは脳の働きだという前提に基づいて心の研究がなされているが、これは心身一元論ということになる。二元論をとったときに一つ問題になるのは、なぜ精神で考えたことに従って物質である体が動くのか、ということだった。デカルトは脳の中に精神と脳が結びつく器官があってそこで精神が物質に直接影響を及ぼしているのだと考えた。しかしそんな器官があるというのはデカルトの想像にすぎない。マールブランシュはもっといい解決法として、われわれの精神が「体を動かそう」と考えたとき、それを「機会」として、われわれが思った通りに神様が動かしてくれる、と考えた。これなら精神がどうやって直接物質を動かすのかという問題に悩まされずにすむ。これが機会原因論の一つのパターンである。

しかし機会原因論はそれにはとどまらない。精神から物質という矢印で神様が介入するのなら、物質から精神という矢印にも神様が介入しているのではないか、と考えることができる。つまり、目の前のリンゴを見てわれわれの頭の中にリンゴの観念があらわれるのは、リンゴが直接その知覚を引き起こしているのではなく、リンゴがそこにあるという「機会」を神様が見て取ってわたしに適切な観念を見せてくれるからである。マールブランシュはさらに、観念というのはわれわれの頭の中にあるのではなく、神様が普段は自分のところで一元管理していて、必要なときにわれわれに見せてくれるのだ、と考えた。彼はこの考え方を「すべてのものを神のうちに見る」と表現する（これは機会原因論とは別にマールブランシュに特徴的な考え方としてよく挙げられるものである）。

本章の話題と密接に関わる領域として、ある物体がぶつかってほかの物体が動くというような場合にも機会原因論は適用される。被造物である物体が自分から動いたり何かを動かしたりなどという大それた力を持つわけがないではないか、とマールブランシュは考える。したがって、最初の物体が動き始めるのも神様が動かしたから、その物体がぶつかったときに第二の物体が動くのも、その「機会」を捉えて神様がもう一つの物体に働きかけたから、ということになる。

このようにマールブランシュの考える神様はそうとう忙しいわけだが、無限の能力を持った完全な存在なのでもちろん問題はない。

物体に「込められた」力の否定

マールブランシュのように何事にも神様を持ち出すような立場が、なぜ実証主義のアイデアの源になりえたのだろうか[14]。彼は物体と物体の間の因果関係も機会原因だと主張するために、通常の「力」や「原因」のイメージを否定する論陣をはる。その議論が出てくるのはすでに触れた最初の主著『真理探究論』においてである。まず運動の知覚について述べる箇所で彼は次のようにいう。

しかし、明晰判明でないものを避けるために、運動（mouvement）という言葉の曖昧さを取り除かなくてはならない。この言葉は普通二つのことを意味する。一つは、運動する物体の中にあってその運動の原因となっていると想像される力の意味である。もう一つは、静止しているとみなされる物体に近づいたり離れたりする他の物体の連続的な移動である[15]。

そしてマールブランシュはこの前者の意味の運動については重大で危険な過ちが生じうる、と考える。

〔前者の運動を指す言葉として使われる〕本性（nature）や込められた質（qualités impresses）といったすてきな言葉は、偽学者の無知や、自由思想家の不信心を隠すのにしか適切でないように見えるし、それを示すのは簡単である。（中略）第二の意味での運動、すなわちある物体が他の物体から離れていく動きは、目に見えるものであり、本章の課題となる。（傍点は原文イタリック[16]）

この箇所では「この問題はあとにまわす」といって切り上げるのだが、その「あと」にあたる箇所では次のようなことをいっている。

哲学者は、自分たちが何の具体的な観念も持たないようなある存在を使って自然な効果を説明するとき、自分が考えることができないものについて語っているが、それだけではなく、彼らは、非常に誤った、非常に危険な結論を導けるような原理を作り上げてしまうのである。[17]

そしてその例として、「物体はその物質と別個な何かを中に持っていると仮定すると、その何かについて判明な観念を持つことなく、その何かが、われわれの見る効果の真の、ないし主要な原因だと容易に想像することができてしまう」ということを挙げる。[18] 以上の箇所でマールブランシュがいっているのは、要するに、見えているのは物体の動きだけで、物体の中に込められた力なんて見えていないのに、その力についてわかったかのように語るのは大きなまちがいだ、ということである。これだけを取り出すならば、確かにダランベールと近いことをいっている。しかし、近いことをいっているというだけで、ダランベールがマールブランシュの影響を受けたというのは、早急な判断である。

マールブランシュの不本意な（?）影響

実はヒュームやバークリーは、マールブランシュの影響を自ら認めている（久米 2007）。バークリーは一七〇〇年ごろにマールブランシュの立場を詳細に検討したことがわかっており、マールブランシュの死の直前の一七一三年には本人に会いに行ったといわれている。バークリーの観念論自体、マールブランシュの立場の洗練版といえなくはない。マールブランシュの機会原因論では、神様がわれわれに観念を見せてくれる際には、その機会原因として外的な物体がわれわれの目の前にあることが必要だった。しかし、神様がそのような物体の有無に縛られるというのもおかしな話で、物体などなくても観念だけ見せてくれればいいはずだし、われわれの立場からは、まったく違いはわからないはずである。つまり、マールブランシュの知覚についての機会原因論から無駄な要素である「物体」をはぶいたのがバークリーの観念論だということになる。

ヒュームも一七三七年に書いた手紙の中で、自分の本の形而上学の部分を理解するには『真理探究論』やバークリーの本を読むとよい、とアドバイスしている。[19] マールブランシュが簡潔に述べたことを丁寧に論じ直したのが彼の因果についての議論だといえなくはないだろう。ただ、「力など見えていない」という同じところから出発して、マールブランシュとヒュームはずいぶん違う地点にたどりついている。

さて、ハンキンスによれば、ダランベールもマールブランシュをよく読み込んでいたことはさまざまな記述から明らかである。例えば『百科全書』の「物体」の項（一七五一）では、ダランベールは当時仏訳されたばかりだったバークリーの『ハイラスとフィロナスの三つの対話』の思想についてコメントしているのだが、「マールブランシュの体系と自分の感覚の違いを際立たせようという本人のあらゆる努力に反して、両者の違いは非常に微妙である」というような観察をしている。[20] これはマールブランシュに詳しかったからこそ書けた書評だといえそうである。ただ、この『百科全書』の記述は『動力学論』の初版よりもあとのことなので、ダランベールが自分の立場をまとめていたときにマールブランシュを念頭においていた証拠としては少し弱い。

そんなわけで、ダランベールがマールブランシュの影響を受けていた、というのは「かもしれない」というレベルにとどまる。しかし、バークリーやヒュームへの影響が明らかである以上、実証主義と対極的な神様中心主義のマールブランシュが（本人にとってはおそらく不本意にも）実証主義的な考え方のインスピレーションとなったこと自体は認めてもよいだろう。

一九世紀の実証主義へ

実証主義の発案者がマールブランシュだという説が正しいかどうかは別として、科学において観察可能なものについてのみ語るという実証主義的な思考法がまずニュートン力学における「力」の概念をめぐって整理され、ダランベールもまずはそこから考え始めた、というのはどうやら正しそうである。それが『百科全書』の「序論」において大幅に拡張された。すなわち、地上の物体についてわれわれが知りうること一般について、「感覚できる関係」を発見するのがわれわれにできる唯一のことだ、という主張へと一般化された。ここまでくれば、どんな研究分野においても知りうることは感覚できるもののみだ、という全面的な実証主義にたどりつくのはすぐのようにも思えるのだが、実際にはそういう一般的な主張はなかなか登場してこない。そこで、今度は、『百科全書』の「序論」以降、「実証主義」という名前が発案されるまでをたどっていこう。

ラプラスは実証主義者だったか

ダランベールやモーペルテュイの提案した実証主義的な思考法がどの程度影響力があったかを測る一つの目安として、その次の世代において力学がどのように語られていたかを見るという方法があるだろう。ダランベールらの次の世代を代表する科学者としてはピエール＝シモン・ラプラスがいる。ラプラスの仕事は多岐にわたり、「ラプラスの魔」の思考実験や、「お前の本には神が出てこない」と難癖つけたナポレオンに対して「わたしはその仮説を必要としない」と答えたという逸話などでよく知られている。

そのラプラスの主著が、ニュートン力学の太陽系への適用を惑星同士の引力なども考慮に入れて完成させた全五巻の大著『天体力学論』である。これはニュートン力学そのものの到達点の一つでもある。ではこの本で「力」の概念はどう扱われているだろうか。一七九九年に出版された『天体力学論』の第一巻を見ると、ニュートン力学の基礎的な考え方を説明している箇所で、力について以下のような表現が見られる。

この独特な変化――その結果として物体はある場所から別の場所へ移される――の本性は、今もまたこれからも永遠に未知であり続けるだろう。われわれはそれを力という名で呼ぶ。われわれはただ、その作用の効果と法則とを決定できるのみにすぎない。（傍点は原文イタリック）[21]

われわれが駆動力の本性について無知であるということに鑑みれば、このこと（力が速度に比例するということ）をわれわれはアプリオリに知ることはできない。[22]

これらの引用からまずわかるのは、目に見えない、「込められる」ものとしての力という概念にダランベールやモーペルテュイが疑念を呈してから五〇年たっても、同じ意味で「力」という言葉が使い続けられているということである。さもなければ、その力の「本性について無知」などという言い方にはならないだろう。

ただし、言葉としてはそういう言葉を使った上で、ラプラスは力の本性について考察をしたりはせず、目に見える法則に話を集中する。したがって、実際に行う力学の内容は、ダランベールのような立場をとった場合とほとんどかわらない。つまり、言葉遣いの上では不徹底だが、精神としてはダランベールの考え方が受け継がれているといってよいだろう。

さらにいえば、運動の法則はアプリオリにはわからない、つまり実際に調べてみないとわからないという立場をラプラスはとっていた。実はこの点について、ダランベールは、運動の基本法則は幾何学の延長として、つまり実際に調べてみなくても導き出すことができると考えていたふしがある。『百科全書』の「序論」で、「地上の物体」に限定して「感覚できる関係しか発見できない」という表現をしていたのにはわけがある。力学は、目に見える運動についての学問だけれども、その法則はわざわざ「感覚」にたよって発見しなくても、もっと抽象的に幾何学の延長線上で導き出すことができる、とダランベールは考えていた。したがって、純粋に力学だけで扱える天体の運行については、われわれは感覚によって発見を行う必要はない。だからそういう発見が必要なのは「地上の物体」だけなのである。ここでラプラスは、運動の法則が正しいかどうかは調べずにわかるわけがない、と（今から見たら）当たり前のことをいっているのだが、この当時は必ずしも誰もが共有していた考え方ではなかったのである。

実証主義という考え方にはいくつかの側面がある。観察できる法則のみについて考え、観察できないものについては語らない、という意味では、ラプラスは不徹底である。しかしあくまで経験に基づいて議論する、という、今でもよく使われる意味ではむしろラプラスの方が実証主義的だったといえるかもしれない。

カルノーによる力の実証主義の継承

他方、ダランベール的な力の捉え方（つまり、力のような正体不明のものについては語らない、という立場）を受け継いだ人たちもいた。ハンキンスはラザール・カルノーの名前を挙げる。科学者でカルノーというと熱力学の基礎を作ったサディ・カルノーが有名だが、ラザールはその父親にあたる。ラザールは基本的には軍人で、彼の大きな功績として知られるのは革命後のフランス軍の組織化である。しかしその一方で力学や数学に関する研究も行っていたことが知られている。このころのフランスでは、科学研究と政治や軍事といった二足のわらじを履く者は決して少なくない。

そのラザール・カルノーの『均衡と運動の基本原理』（Carnot 1803）は、彼が一七八三年に出した『機械一般についての論考』を改題して版も改めたものだが、その改題版に新たに付した序文で力学の方法についての言及がある。彼は次のようにいう。

> 力学をその原理の内において考察する方法は二つある。第一は力の理論として、すなわち運動を刻印する原因の理論として考察するというやり方である。第二はそれ自体としての運動の理論として考察するやり方である。（中略）私はここで、初版でしたのと同じように、第二のやり方を採用した。なぜなら、私は力の形而上学的概念を避けたかったし、原因と結果を区別したくなかった、一言でいえば、運動の伝達だけの理論に完全に回帰したかったからである。（傍点は原文イタリック）[23]

ここでは力学における実証主義の話しかしていない。ラプラスやカルノーと同じ時期に、『百科全書』

の「序論」のように科学的探究全般へ一般化された形で実証主義的な考え方を表明していた者はいたかもしれないが、残念ながらまだ見つけることはできていない。

フーリエと実証主義の一般化

わたしが知る限り、そうした一般的な立場を簡潔に表明した最初の例は、以前にも名前を出したことがあるジョゼフ・フーリエの『熱の解析的理論』(Fourier 1822) である。同書冒頭の一節で、フーリエは、次のようにいう。「原初的な原因 (les causes primordiales) については われわれはわからない。しかし、原初的な原因は単純で不変の法則に従う。この法則は観察で発見することが可能であり、その研究こそが自然哲学の目的である」[24]。

このように切り出したあとで、フーリエは、熱とは何かという問題に立ち入ることなく、熱伝導という現象がどのような法則に従うかを調べていく。その解析手法として開発されたフーリエ解析は現在でも広く利用されている。ちなみに当時は、熱は微小な粒々(熱素と呼ばれる)なのかそれとも物体の振動なのかという、熱現象の本質についての論争がまさに進行中であった。フーリエはそれとは距離を置くことを宣言したのである。

引用した一節を見ると、フーリエはラプラスが「力」についていっていたのとほぼ同じことを、「力」を「原初的な原因」に置き換えて述べ直していることがわかる。しかも、「力」のようによくわからないものに名前を与えてしまったりせず、漠然と「原因」とだけ述べることによって、フーリエの発言は、ダランベールらの意図にもかなったものとなっている。フーリエがこの考え方を完成させたのか、それともその前に同じように一般化した形で実証主義的な考え方を整理している人がいるのか、それはもう少し探索をしてみないと何ともいえない。しかし、ここに一つの完成形があるのは確かである。

そしてまた、ダランベールからカルノーを経てフーリエへと連なる系譜においては、自然科学的な著作の序文にあたる箇所でこうした哲学が表明されていることも注目すべきである。ダランベールからフーリエへは、実証主義という考え方だけでなく、それを科学の指針とするという態度、科学内的実証主義が受け継がれているのである。このあと、コントやミルそしてハーバート・スペンサーと、どちらかというと哲学的実証主義の議論が脚光をあびていく。しかし、考えようによっては、その前に科学内的実証主義の伝統があったからこそ、コント以降の哲学的実証主義が説得力を持ち得たのかもしれない。

さて、そのコントによって、観察可能なものに科学の対象を限る思想に「実証主義」という名前が与えられることになるのだが、その名前も少し複雑な経緯をたどって定着するに至っている。次節ではその様子を追う。

2　「実証主義」という言葉の起源

positive と実証

事典類で「実証主義」という項目を引くと、たいていはコントがその創始者として名前を挙げられている。しかし、『哲学百科事典』という大部の哲学事典の「実証主義」の項目では、コントにも強い影響を与えた社会主義者のサン＝シモン伯爵こそがこの言葉の発明者だとしている[25]。しかし、残念ながらこの事典は具体的にどこで最初に使われたかを書いてくれていない。

また、最近邦訳されたフェリックス・ラヴェッソンの『一九世紀フランス哲学』は一八六七年と、コントらと比較的近い時代に当時のフランス哲学を概観した本で、何かと参考になる（Ravesson 1867[26]）。この本でもサン＝シモンと骨相学者のフランソワ・ブルセを実証主義の起源として挙げている（ブルセの方は、科学の体系についてのイメージがコントに非常に近いのだという）[27]。ラヴェッソンも、サン＝シモンが形而上学を嫌い「実証的な認識」を重視した、またサン＝シモンは「実証的なもの」とは「経験によって認識する事実」と理解していた、と整理しているが、具体的にどこで「実証的」という言葉を使ったかまでは教えてくれていない[28]。

実証主義は英語で positivism だが、positive といえば普通は「積極的」という意味である。なぜ「実証」という意味になったのだろうか。実は、positive という語そのものに、「事実に基づく」という意味が古くからあった。オックスフォード英語辞典でも、古い用例として一五九四年の用例を挙げていて、そこでは positive な命題というのは verified、つまり確かめられた命題を指す、とされている。つまり、positive を実証という意味で使うのは、マイナーな用法とはいえ、特に新奇なことではないのである。ただ、コントの positivism に典型的にあらわれるように、「積極的」などの他の意味合いも positivism には込められることがあるので、positive という言葉には注意が必要である。

「実証」を使いはじめたのはスタール夫人だった？

positive という語のこの比較的マイナーな用法と科学を結びつけるアイデアをサン＝シモンに吹き込んだのはスタール夫人という人物らしい[29]。スタール夫人は多くの評論を発表し、ナポレオンとも対立したことで知られている女性だが、彼女が一七九九年に書いた『社会的制度との関係における文学の考察』という評論の中で、「実証諸科学」（les sciences positives）という表現が何度か使われている[30]。彼女は「実証」の中身については「実証科学の研究に没頭している人は数学的証明が可能なものしか考えないので、仕事の中で人間の感情と出会わない」とか

「日々新しい発見をし、後退しない」とか、本質的なのかどうかよくわからないことばかり述べており、今ひとつ何を指しているのか摑みづらい。ただ、この本の最後の方で彼女はこんなことも言っている。

実証科学の哲学を知的観念の哲学にできる限り応用することによってこそ、こうした道徳や政治のキャリア――その道筋は常に感情に邪魔されているのだが――において有用な進歩をとげることができるのである。[31]

この記述からは、人間社会に実証科学の考え方を適用するというサン＝シモンやコントの考え方をスタール夫人が先取りしていると言うことができそうである。

サン＝シモンの実証的社会主義

サン＝シモンはスタール夫人の知性に感銘を受け、彼女が未亡人になったときには妻と離婚してまで求婚したという逸話がある。信憑性はよくわからないが、そういう逸話が流布するほど、サン＝シモンがスタール夫人の影響を受けたということは言えそうである。[32]

コント研究者であるメアリー・ピッカリングによれば、サン＝シモンは一八〇八年あたりから、「実証的体系」「実証的科学」「実証的教義」「実証的哲学」などの表現を著述の中で使用している。[33] ただ、この時期の書き物はどれも断片的なものだった。まとまった著作としては、一八一三年の『人間の科学についての論考』(Saint-Simon 1813) で、「実証」という概念を何度か使っている。例えばサン＝シモンはこのように言う。

その時期〔一五世紀〕以降、人々は、観察され、分析された事実に基づいた推論をするようになってきた。天文学、物理学、化学はすでにこの実証的な基礎（base positive）の上に再組織化されている。（中略）必然的な結論として、人間の学をその一部とする生理学は、他の物質科学と同じ方法論を採用することになるだろうし、また、生理学が実証的になったときに公教育にも導入されることになるだろう。[34]

これに続けて、人間について実証研究が行われるようになれば、宗教・政治・倫理・教育などもそれにあわせて再組織化されざるをえない、ともサン＝シモンは言う。また、別の箇所では、医師バーダンの発言の要約として数ページにわたる引用をするのだが、その冒頭で以下のようなことを書いている。「すべての科学はもともと推測的だった。大局的に見たとき科学は実証的になっていく運命である」[35]。サン＝シモンの引用するバーダンは「推測的」な科学の例として占星術、錬金術、宗教的仮定に基づく心理学などを挙げ、これらが天文学、化学、生理学に基づく心理学などに必然的にとってかわられたという。必然的だというのは、それぞれの領域で新しい事実が知られるようになると、推測からそうした事実に基づく思考へと移行せざるをえないからだ、ということのようである。

つまり、サン＝シモンは、「実証的」な科学という言葉をキーワードにしながら、人間についての研究も「実証的」にならざるをえないこと、それが宗教なども含めて社会全体の変革につながることなどを論じているわけである。これはコントの実証主義の主要な要素を先取りする内容になっている。ただ、「実証的」という言葉自体は、データに基づく、という程度の漠然とした意味で使っているようである。

サン＝シモンの社会主義はのちにマルクスやエンゲルスから「空想的社会主義」と揶揄されるのだが、少なくとも本人の意図としては、空想ではなく実証的な社会改革をめざしていたようである。

ちなみに、ism のついた「実証主義」（positivism）という言葉をおそらくサン＝シモンは使っていない。これについては、彼の立場を信奉者の一人のA・バナールが解説している一八二九年の文章中に「実証主義」という言葉が出てきているとのことである[36]。そこでは、「実証主義の習慣」（habitudes de *positivisme* イタリックは原文）を科学が精神に植え込む、という言い方がなされているが、その「実証主義の習慣」なるものがどんなものかは説明されていない[37]。

知識の進歩の理論としての実証主義

次はいよいよコントである。コントの著作の日本語訳は少ないが、実は英訳もあまりされていない。主著の『実証哲学講義』や『実証政治体系』も英語の全訳は存在せず、ハリエット・マーティノーらによる一九世紀の部分訳（しかもかなり意訳）がいまだに使われている[38]。

コントは若いころサン＝シモンの秘書をし、その強い影響を受けた。そのころに書いた「社会再組織に必要な科学的作業のプラン」（Comte 1822 以下「プラン」）で、政治を科学にする必要があるとコントは主張し、その文脈で「実証」という言葉や「実証科学」という言葉を用いている[39]。

コントはこの論文の主な主張を「科学者は、今日、政治を観察の科学（sciences d'observation）の地位に引き上げなくてはならない」とまとめる。この観察の科学というのはコントが考える人間の知識の発達の三段階における最終段階、この論文の言い方では「科学的ないし実証的段階」（l'état scientifique ou positif）であり、この段階では「事実は完全に実証的な種類の、事実そのものによって示唆されるないしは確証される（suggérées ou confirmées par les faits eux-mêmes）観念や一般法則によって結び合わされる」。つまり、この論文でコントがいう実証とは「事実そのものによって示唆されたり確証されたりする」ということのようである。また、その少しあとでは「なぜ政治はもっと早くに実証科学にならなかったのか」という問いを考察していて、そこでは「実証科学」（une science positive）という表現も使っている。あとの著作と考え合わせるなら、「実証」をめぐるコントの主な立場はこの時点で形成されていることが見て取れる。また、人間の知識が必然的に「実証的」になっていくという考え方には、サン＝シモンの影響もあるだろうが、ジャック・テュルゴーやニコラ・ド・コンドルセといった思想家の影響もしばしば指摘される。

コントは「プラン」を書いた前後からサン＝シモンと仲違いし、独立した。大学や研究機関で働くことはほとんどなく、講演と著述で生活を支えていたらしい。後半生には支持者からの寄付を収入源としていたという。彼の一番有名な講義は一八二六年からはじまった。コントは、自宅で開催する講義に、いろいろな伝手をたよって聴衆をあつめ、一八二六年の講義の初回には尊敬するアンリ・ブランヴィルやフーリエといった著名な科学者を招くことにも成功した[40]。この講義をまとめたものが『実証哲学講義』全六巻（以下『講義』）である[41]。

『講義』の主な内容は思想史の教科書などでも紹介されることが多い（上述のラヴェッソンの『一九世紀フランス哲学』でも詳しく紹介されている[42]）。コントは人間の知識の発達には三つの段階があると考えた。最初は超自然的なものを想定する神学的段階、つぎが自然的だけれども目に見えない原因について考える形而上学的段階、最後が実証的段階（『講義』ではこの表現で統一される）である。その実証的段階の哲学の基本的特徴として、コントは以下のように言う。

すでに見たように、実証哲学の基本的な特徴は、すべての現象を不変の自然法則に従うものとして見るところであり、その法則の正確な発見と、法則の数をできるだけ減らすことが、われわれのあらゆる努力の目標なのである。原因と呼ばれるもの（第一原因であろうと目的因であろうと）についての探究がいかにわれわれにとって絶対的に到達不可能であり、無意味なものであってきたかを思えば、そういわざるをえない。（傍点は原文イタリック）(43)

こうして、ダランベールから（もしかしたらマールブランシュから）ラプラス等を経てフーリエまで形を変えながら受け継がれ、フランスの科学を支える理念となってきた考え方が「実証主義」という言葉と結びつけられたわけである。しかし、だからといって、本章で使っている意味で実証主義という言葉が使われるようになったか、というと実はそう簡単でもないのでややこしい。実証哲学は、コントの場合、ほかにもいろいろな要素を含んでいた。

まず、コントはあらゆる学問を六つに分類し（数学、天文学、物理学、化学、生物学、社会学）、すべての学問がこの三段階を経て発達していくということを科学史の事例を用いながら論じていく。この六つの学問はそれぞれ前の学問が発達しないと後の学問が発達できないという関係になっており、ようやく「社会学」（この言葉もコントが発明したものである）が実証的段階に進める時期がきた、とコントは言う。「プラン」と読み比べると、「プラン」でスケッチされただけだったものに肉付けされて『講義』になっていることがわかる。それと同時に、「プラン」と比べてわかるのは、そもそもコントは科学の方法論そのものを論じるのが目的ではなく、人間についての研究に自然科学のやり方を持ち込むのを目的としていたということである。

一つ興味深いのは、コントが数学を実証的な科学の代表、すなわち六つの実証的分野の最初のものでありすべての基礎になるものと考えていたということである。現代の科学哲学で実証主義といえば実験や観察を通してデータをとることを意味し、数学的な証明は実証のうちには含まれない。しかしコントは、実際に測定して得られる量の関係を調べるのが数学だと考えており、その意味で数学を経験的科学と捉えていたようである。コントのつぎに登場するミルもこれと類似の考え方をしている。こういう点からも、同じ実証的という言葉を使っていても、後の実証主義者たちとは念頭においているものが違う可能性があるので注意が必要である。

さきほどの引用にもあったが、コントは自分の立場を当初「実証哲学」と呼んでいた。ピッカリングによると、「実証主義」という言葉は『講義』の第二巻ではじめて登場するようで、その際の用法も、天文学と物理学を比べると、天文学では「実証主義がほとんど自発的に勝利を収めた」というように、知識の発展の理論なども含めた自分の立場というよりは実証を重んじる科学者たちの立場を指す言葉として使っている(44)。その後、コント自身が自らの立場を解説した小論「実証主義の全体についての序説」を一八四八年に出版している(Comte 1848)。そこではコント自身が自分の立場を実証主義と呼んでいる。ただし、実証主義というのは哲学と政治的な立場の二つの側面を持ち、その両者は不可分である、とも最初に述べている。コントの言う実証主義はこの段階でもやはり現代のイメージとはかなり違う要素を持っていたようである。

人類教としての実証主義

コントの実証主義は、その後、神や目に見えないものの存在を認めず、人類を崇拝する宗教（人類教）へと変容していく。これは一見とっぴなようだが、コントは宗教というものが社会で一定の機能を持っていることを自らの社会学の中で認めており、その機能を果たす存在を実証主義的な社会にも持ちたいというのはある意味理にかなっている。[45] 全四巻の『実証政治体系』(Comte 1851-1854 以下『政治体系』)は『講義』とならぶコントの主著だが、これには副題として「人類教を創始するための社会学論考」とつけられている。また、同じ時期には『実証主義の教義』という本も書いている。これらの著作でコントは実証主義ないし人類教の教義や儀式の細部を定めているが、いろいろ奇妙な主張が含まれていたためにたいへん評判が悪かった。一つ例を挙げるなら、コントは骨相学にいれこみ、『政治体系』では独自の骨相学体系を展開するまでになっている。

人類教の支持者はヨーロッパでは非常に限られていたが、ブラジルでは帝政やカトリック教会の権威に対する抵抗のためのイデオロギーとして多くの支持者を獲得し、実証主義の教団まで設立される。ブラジルの実証主義者たちは共和制への移行に成功し、そのとき制定された国旗にはこの教団のモットーからとった「秩序と進歩」という言葉が記載され、今でもブラジル国旗に残っている。[46]

一九世紀の三つの実証主義

ここから先の「実証主義」の歴史は、「実証主義」という言葉の使われ方の多様性と、今の観点からみて実証主義にくくることができる考え方の多様性という両面の多様性のため、とても簡単にまとめることができなくなっている。

『哲学百科事典』の「実証主義」の項目を以前にも参照したが、その項目を書いたアバニャーノは一九世紀の実証主義を大きく三つの流れに分類している。第一がコントとミルを中心とした「社会実証主義」の流れ、第二がスペンサーを中心とする「進化実証主義」の流れ、第三がエルンスト・マッハ、リヒャルト・アヴェナリウス、カール・ピアソンらの「批判的実証主義」の流れである。しかし実はここで名前が挙がっている哲学者・思想家のほとんどは自分の立場を指して「実証主義」とは言っていない。他方、アメリカで「実証主義」を標榜していたチョーンシー・ライトら（コントよりむしろ後述するハミルトンなどに影響を受けていた人々）はここに入っていない。

さらにややこしいことに、本人たちが自らをどう呼ぶかというのとは別に、周囲の人々がどう呼ぶのか、という問題もある。先に紹介したラヴェッソンの『一九世紀フランス哲学』は、一八六七年に出版されているが、実証主義がイギリスで好意的に迎えられたとして、ミルやスペンサーの名前を挙げている。[47] つまり、一八六七年には、本人たちの意向はともかく、外部からは彼らを「実証主義」という言葉でくくることがそれほど不自然ではなかったようである。

アバニャーノは、三つの流れに共通する考え方として、科学が妥当な知識というものの唯一の源泉だと考える点や、その科学のイメージがフランシス・ベーコンやイギリス経験論に基づいているという点を挙げる。「社会実証主義」は、それに加えて、人類は進歩しているという進歩史観や科学（とりわけ社会の科学である「社会学」）に基づいて社会改革を行うべきだという改革主義の理念も持つ。「進化実証主義」は社会実証主義と進歩史観を共有するが、進歩のイメージとしては生物学における進化論をベースにする。その結果、進化実証主義は社会改革というよりは社会の生物学的分析という理論的な方向に進む。「批判的実証主義」は科学そのものを批判の対象とし、社会や進歩にはそれほど関心を持たない。

このまとめに即して言うなら、一九世紀のヨーロッパでは「社会実証主義」の特定のバージョンが「実証主義」の名前を使っていたために、「進化実証主義」などの他の立場の哲学者たちはそれとの差別化のために「実証主義」というラベルを避けるようになった。「批判的実証主義」の支持者が「実証主義」を自らの立場の名前として受け入れるのは二〇世紀になってからのようである。他方、アメリカでは「実証主義」はもっと自由に利用できるレッテルだった。

社会実証主義の範囲

アバニャーノは、社会実証主義というカテゴリについて、コントとJ・S・ミルを代表者としながらも、サン＝シモン、ジェレミー・ベンサム、ジェイムズ・ミル（J・S・ミルの父親）など、彼らに影響を与えた人々も社会実証主義者に含める。確かに社会改革運動家として彼らは多くの共通点があるし、すでに紹介したように、科学が「実証的」になっていくという法則を（「実証的」という表現を使って）考えたのはサン＝シモンだった。ベンサムやジェイムズ・ミルの功利主義も科学に基づく社会改革運動という意味では共通点がある。ただ、科学についてのイメージまで彼らと共有していたとは考えにくい。

そういう意味では、社会実証主義という言葉を前の世代の社会運動家たちにまで拡張することで、かえって実証主義に特徴的な考え方がぼやけてしまう面もある。社会実証主義という言葉を使うなら、それはやはり、サン＝シモンらの社会改革運動と、ダランベールやジョゼフ・フーリエ（サン＝シモンと並び称される社会主義者のシャルルではなく本章にすでに出てきた物理学者の方）らの科学方法論改革運動の合流点として、コントとミルがそれぞれ創始した立場だと捉える方がよさそうである。

ミルとコントの微妙な距離

コントの思想はヨーロッパでは本国フランスよりもむしろイギリスで支持者を集めたようである。その代表がミルである。科学が目に見えないものについて語ることを批判するミルの立場は、科学は早晩「形而上学的段階」を脱するし脱するべきだというコントの主張と軌を一にする。その立場からエーテルの概念などを批判していたのは第1章で紹介した通りである。

ただ、ミルは常にコントとの間に微妙な距離をとり続けている。すでに紹介したように、自伝によれば、ミルがコントの著作を読んだのは『論理学体系』第三篇の帰納についての理論を書いたあとだった。これはつまり、自分はコントのアイデアを盗んだわけではないという自己主張であろう。さらにミルは、コントは証明というものが成立する条件についてあまりはっきりしたことを述べていないがそこにこそ自分の関心があったということ、それでもコントの本がミル自身の本を完成させるにあたってたいへん参考になったということなどを自伝で説明している(48)。

ミル自身の証言がどの程度真実なのかはわからないが、いずれにせよ『論理学体系』では随所でコントへの言及がされている。この時点のミルの言及はおおむねコントに好意的だが、一箇所コントと意見が異なると述べているところがある。それは科学における仮説の使用についての論争のところである(49)。ミルの論敵のヒューウェルは、コントが科学の任務を現象の法則に限定していることを批判し、科学は積極的に仮説を用いるべきだと反論している。ミルはそれに対し、ヒューウェルが仮説の正しさの判定根拠としたものはいずれも十分な根拠にならないと批判する。しかしそのあとで、ミルはコントが仮説を利用すること全般を非難していることに反論する。ミルは、仮説が真だと思い込んでしまわない限りは便宜的に使うことまで反対しなくてもよいではないかという。ただ、この細かい論点が主な対立点になるということは、それだけ両者の立場が近いということでもある。

ミルはその後コントとしばらく文通をし、コントは『論理学体系』で自分の議論が紹介されていることを喜ぶ手紙を送ったりしているが、だんだん両者の間に距離ができて文通は途絶えてしまう。ミル自身の説明によれば、コントにとってミルから得るものはなく、ミルがコントから得られるものはすべて本から得られるものだった、ということで文通が終わったのだそうである。[50]

ミルはコントの死後に『コント氏の実証哲学』（一八六五）を発表する。[51]この本の前半でミルはコントの『講義』における立場を、心理学を科学として認めていない、といった批判を交えつつも、おおむね肯定的に紹介する。ところが、後半の第二部ではコントの後半生の主張や活動を独断的であると言って厳しく批判する。コントがむやみに統一をありがたがり多様性の価値を認めないこと、細かすぎる儀式を定めていること、知性よりも感情を重視するようになって科学の地位が押しやられてしまっていることなど、ミルの批判は多岐にわたる。ただ、興味深いことに、超自然的なものに訴えない宗教を作るという基本的理念自体はミルも正当なものと認めている。[52]したがってミルが後期のコントを全否定したというのは単純にすぎるようである。

これらの著作で、ミルは一貫して「実証主義」や「実証哲学」という言葉をコントの立場の名前として使っている（もしかしたら見逃している用例があるかもしれないが）。つぎのスペンサーと違ってミルは自分の哲学全体を指す名前をつけなかったが、少なくとも、自分の立場を示す言葉が「実証主義」や「実証哲学」でなかったのはまちがいないだろう。

ミルのほかにも、マーティノーが『講義』の自由な英訳（というか要約に近いもの）を出すなど、『講義』

におけるコントの科学哲学はイギリスで肯定的に紹介されていった(53)。他方、コントにとって実証主義と不可分だった政治的・宗教的側面はミルだけでなくイギリスのコント支持者たちに無視され拒絶された。「実証主義」という言葉が科学方法論上の立場へと限定されていったのも、こうした部分的受容の結果かもしれない。

知的巨人としてのスペンサー

本章でも何かと参考にさせてもらっている『哲学百科事典』を見ると、一九六七年の初版ではスペンサーという項目が立てられていたのだが、二〇〇六年の第二版では削除されてしまった。これはつまり、スペンサーの思想を学ぶのに現代的意義は見出し難いということでもあろう。しかし、科学哲学の源流をさぐる作業においては、決して簡単に忘れてよい存在ではない。

スペンサーは今の言い方で言えば在野の思想家である。一九世紀当時、大学などの研究機関に所属せずに論文を書く研究者は珍しくなかったが、スペンサーの場合は大学教育も受けておらずもっぱら独学で知識を身につけていた。転機となったのは一八四八年に「エコノミスト」紙（一八四三年に創刊したばかりで当時は新しい新聞だった）の副編集長として抜擢されたことである。スペンサーはこの仕事を通してトマス・カーライル、ジョージ・エリオット、T・H・ハックスレーといった当時の代表的な著述家たちと交流し、自分の思想を固めていった。

スペンサーは一八五〇年代に発表した初期の著作から生物や社会が進化するという思想を表明していたが、そのしくみの説明については曖昧なままだった。ちょうどそのころにチャールズ・ダーウィンが『種の起原』を発表して自然選択という進化のメカニズムを提案する。スペンサーはこれに強く刺激され、

「進化」の概念で無生物から生物、心理、社会、倫理まですべてを説明する「総合哲学」(synthetic philosophy)を構想する。そして後半生をこの構想を文章化することに費やし、『第一の諸原理』(一八六二)、『生物学の諸原理』(一八六四~六七)、『心理学の諸原理』(一八七〇~七二)、『社会学の諸原理』(一八七六~九六)、『倫理学の諸原理』(一八七九~九三)を次々に発表していく。スペンサーの名前が現代において紹介されるとき、「社会ダーウィニズム」や「自由放任政策」と結びつけられることが圧倒的に多いが、そうした社会政策や経済政策の要素はスペンサーの思想全体からいえばほんの一部にすぎない。

一九世紀末のイギリスとアメリカにおいて、スペンサーの影響は絶大なものがあったらしい。社会進化論の歴史をまとめたR・ホフスタッターは「南北戦争のあとの三〇年間のアメリカでは、どんな分野でも、スペンサーに習熟せずに学術活動を行うことは不可能だった」と述べ、彼の影響を受けた人々としてウィリアム・ジェイムズやジョン・デューイらのプラグマティスト、L・ワード、F・ギディングス、W・G・サムナー、C・H・クーリーといったアメリカ社会学の創始者たちの名前を挙げる。アンドリュー・カーネギーら資本家たちもスペンサーの自由放任主義に影響を受けたとのことである(54)。

ダーウィンとの影響関係も決して一方向ではない。ダーウィニズムのスローガンの一つになった「最適者生存」(survival of the fittest)は、スペンサーが『生物学の諸原理』で使っているのをA・R・ウォレス(ダーウィンとは別に自然選択のメカニズムを発見した人物)が見つけ、ダーウィンに採用をすすめたものである(Iseda 1996)。『種の起原』の第五版(一八六九)以降ではこの言葉が「自然選択」とならんで章のタイトルとして使われている。もう一つ、英語で進化を指すevolutionという言葉だが、これは『種の起原』ではほとんど使われておらず、むしろスペンサーが盛んに使っていた(55)。ダーウィン自身が「変化を伴う由来」（descent with modification）といったわかりにくい表現しかしていなかったことも、スペンサーの方の用語が定着した理由の一つだろう。

ではそれほど影響力のあったスペンサーの思想とはどういうものだったのだろうか。また、その思想のどこが実証主義的なのだろうか。すでに触れたようにスペンサーの著作は膨大で、その全貌を把握するのは容易ではない。『哲学百科事典』の初版の記述などを参考にしながら簡単にまとめてみよう（Kaminsky 1967）。

さまざまなレベルでの「進化」の思想

スペンサーの哲学の概要を知るには『第一の諸原理』の第二部「知りうること」（The Knowable）が最適である。[56] スペンサーによれば、この宇宙は、運動の法則やエネルギー保存則に基づいて、物質や運動が絶えず再配分されなおしている。その再配分で物質がひとまとまりになる際に、単純で均質なものが統合されていき、複雑で異種混淆的なものに変化していく。これがスペンサーの考える進化である。この均質なものから異種混淆的なものへの変化は無生物でも生物でも人間心理でも社会でも進行する。しかし、再配分のプロセスはそうした複雑化した存在もそのままにはしておかず、最後には解体していく。つまり、生物の個体が生まれ、成長し、死んでいくのと同じようなサイクルがいろいろなレベルで生じるというわけである。この観点からすれば、スペンサーの言う evolution は生物学用語としての進化というよりは、「成長」のような意味だと考えた方がいいかもしれない。

『第一の諸原理』では進化の具体的なメカニズムはあまり論じられていないが、その後の論考を見ていくと、どうやらスペンサーにとってはダーウィン的な「最適者生存」よりも、ラマルク的な獲得形質の遺伝（訓練や教育で親が身につけたものがそのまま子どもに遺伝する）の方が重要だったようである。スペンサーの教育論も、教育したことが子孫に受け継がれていくという前提で考えられている。自由放任主義で強いものが生き残ることによって人類が進歩する、というのはスペンサーの議論のほんの一面にすぎず、教育によって人類がお互いを助けあうように進化していくことも重視されていた。

以上のような簡単なまとめからも、スペンサーがかなり壮大な「進化哲学」を展開していたことがうかがえるだろう。しかし、実証主義かどうかという観点からすれば、むしろわれわれが持っているわずかな証拠からこんな壮大な（悪く言えば空想的な）哲学を構築するスペンサーの態度は実証主義の対極にあるようにも見える。さらに言えば、運動法則やエネルギー保存則から単純にこの世界が複雑化していくということが導けるというのは無理があるだろう。スペンサーの実証主義的な面を知るには他の部分を見る必要がある。

スペンサーの「総合哲学」

スペンサーがコントの亜流ではないかというのは、『第一の諸原理』発刊のころから言われていたようである。スペンサーは書評で自分がコントの追随者として扱われているのを見て、それに反論するために「コント氏の哲学に同意しない理由」という文章を発表している（Spencer 1864）。そこで問題となったのが『第一の諸原理』の前半である。

この本の第一部は「知りえないもの」（The Unknowable）と題され、科学的知識の限界が論じられている[57]。例えば地球が丸いという事実のように、直接見ることができないものでも、間接的な証拠を積み上げて確かめられるならば「知りうる」ものの範囲に入る。これに対し、間接的に確認する手段すらないものは知りえない。その例としてスペンサーが挙げるのが、究極原因や絶対者や無限などの神についての宗教的信念、時間や空間の本質、物質の本質などである。こういうものは科学の対象ではない。

こうしたスペンサーの主張は、確かに、「科学は法則の発見を目的とする」とか「原因の探究は無意味である」といったコントの『実証哲学講義』の考え方を思い起こさせる。現在の「実証主義」という言葉の用法からしても、スペンサーの主張のこの部分は実証主義的だと言ってよさそうである。特に、時間や空間についての懐疑論の部分は、実証主義のつぎなる代表者であるエルンスト・マッハの絶対空間否定の議論を先取りしていると言えなくもない。

しかし、スペンサーは「コント氏の哲学に同意しない理由」の中で、自分の考えはコント以外の人物に影響を受けているのだという。「そのような究極の問いについての考えをそのように明確化することについて、特定の教師にさかのぼることができる限りにおいては、わたしはウィリアム・ハミルトン卿に負っている」[58]。ハミルトンについてはつぎに紹介する。スペンサーは、「すべての知識は経験から来る」「すべての知識は現象についてのものか相対的なものである」といった主張をコントがしていることを認め、自分もまたその主張に与することを認める。しかし、これらはプロタゴラスやアリストテレスからベーコン、ニュートン、カント、ハミルトンまで受け入れていた真理である。それを「実証哲学」と呼ぶのはまるでコントがこの考え方を発明したようで誤解を招く、とスペンサーは言う[59]。彼は自分の立場についても、「実証哲学」ではなく「総合哲学」と呼ぶことを求める。

スペンサーの不満はもっともだが、本章の前半で紹介したように、原因などの形而上学的な概念を科学から排除する極端な思想はフランスの科学に特有な伝統であり、スペンサーが挙げる科学者・哲学者たちはそこまで禁欲的な態度はとっていない。コントがこの伝統を言語化し名前を与えたことはもっと評価すべきだろう。

スペンサーは、その一方で、コント独自の主張として、科学の分類や発達段階についての説をとりあげ、自分の立場がコントとどんなふうに異なるか詳しく説明していく[60]。さらに、世界の進化についての自分の主張はまったくコントと異なっていると指摘する。つまり、コントと共通する思想はコントの独創ではなく、その他の部分は考えがまったく違うのだから、コントの亜流などではありえない、というわけである。

スペンサーとコントの主張の内容が違うのは確かである。しかし、科学は不可知なものについて語らない、経験のみが知識の源泉だ、と言いながら、積極的な主張をする際には証拠をあまり気にせず壮大な理論を組み立てるという点で、スペンサーはコントとそっくりである（さらに言えば、ミルが現在でも重要な哲学者として読み継がれるのは、彼だけは実証主義的な節制を利かせることができたからかもしれない）。こうした人物によって（現在の意味での）実証主義的な思想が展開され、拡散されたというのは、思想史というものの一筋縄でいかないところである。

もう一人のイギリス実証主義者、ハミルトン

さて、ではそのスペンサーに影響を与えたというハミルトンはどういう人物なのだろうか。ハミルトンは、実は、スペンサーに限らず一九世紀イギリスの実証主義的な思想に影響を与えた人物として同時代の文献にしばしば名前が挙がる（同時代に有名な数学者ウィリアム・ローワン・ハミルトンがいるので混同されやすいが別人である）。ハミルトンはオックスフォード大学でよい成績をおさめたが、スコットランド人であったために奨学金を得られなかった[61]。彼はまたエジンバラ大学で法律の勉強をして法律家の資格も得ている。その知識を生かして自らが一〇〇年ほど空位となっていた准男爵位の相続者としての権利を持つことを示し、認められた（彼が「ハミルトン卿」と呼び習わされているのはこのせいである[62]。また、ハミルトンの若いころの活動として当時エジンバラで流行していた骨相学への批判を展開したことも知られている[63]。その後エジンバラ大学で歴史学のポストを得て、著述活動をはじめる。

ハミルトンを有名にしたのは一八二九年に『エジンバラ・レビュー』誌に掲載したヴィクトル・クーザンの本の書評である(この書評は「無条件的なるものの哲学」と改題してハミルトンの論文集に収録されている[64])。クーザンは一九世紀初頭のフランスで非常に影響のあった哲学者で、ハミルトンはクーザンのいう、「無条件的なるもの」(unconditioned)がわれわれにとって想像可能だとか認知可能だとかという考え方に反論する(この点で、そうした無条件的なものを認知することはできないが、それについて考えることはできると考えるカントもハミルトンの批判対象となる[65])。

われわれの認知も思考も常にさまざまな条件に縛られている。とりわけ、思考というものは、主体と客体、精神と物質など、何かと何かを比較する形でしか行われない。したがってわれわれが認知するもの、思考するものはすべて何かとの対比において認知され思考されるという意味で相対的である。これに対し、「無限」とか「絶対者」とかという言葉で指される対象があるとすれば、それは何かとの対比という形では把握できない「全体」であり、したがってそれについて考えることはできない。つまり、クーザンら哲学者は、こういう言葉を使って何かについて語ったつもりになっているが、語った気になっているだけなのである。ハミルトンのこの論文における立場は、見かけ倒しの形而上学を排するという点で実証主義的な思想の系譜に含めることができるが、「観察できるかどうか」ではなく「そもそもそれについて考えることができるか」という点からアプローチしている点が独特である。

面白いことに、クーザンは批判されて怒るどころかこの書評をいたく気に入り、ハミルトンと親交を結ぶようになって、エジンバラ大学の論理学と形而上学の教授にハミルトンが就いた際にはクーザンの手紙が推薦状がわりに使われた。ハミルトンの書評は、同時期に『エジンバラ・レビュー』に掲載された知覚や論理に関する論文とあわせてフランス語やイタリア語に翻訳され、書籍として出版された。(66) フランス語版論文集が一八四〇年、イタリア語版が一八四四年出版なのに対し、英語版の論文集が一八五二年出版で、フランスやイタリアでの評価が逆輸入されるような形になっていたことがうかがえる。当時のイギリスは哲学においても後進国であり、イギリス人の書いたものがフランス語訳され出版されるというのはたいへん画期的なことだった。こうしてハミルトンは一躍イギリスを代表する哲学者として国際的に認知され、その評判が逆輸入される形でイギリスにおいても高い名声を得ることになった。

しかし、このハミルトンの名声は、本国イギリスでは、ミルの批判書『ウィリアム・ハミルトン卿の哲学の吟味』で突然の終わりを迎える（Mill 1865a）。ふたたびミルの自伝によれば、ミルは当初ハミルトンの知識の相対性のテーゼなどを評価していて、いくつかの点で考え方に違いはあるものの自分に近い立場だと考えていた。ところが、ハミルトンの講義録が一八五九年から一八六〇年にかけて出版されると、ミルは大きな勘違いに気づく。ハミルトンは形而上学的な対象全般を否定したわけではなく、「もの自体」の持つ性質など、直接知覚できないさまざまな対象を直観によって把握できることを認めていた。ミルはこの観点からハミルトンの初期の論文も読み返し、ハミルトンは知識の相対性などはじめから信じてはいなかったという結論に達する。(67)

わたしはミルのハミルトンに対する評価がフェアかどうかを判定できるほどハミルトンには詳しくな

いので、その点は保留とする。一つ確かなのは、ハミルトンの「知識は相対的である」というテーゼが「知識は認知主体に相対的である」という意味に解釈されてスローガンとして広まって行き、実証主義的な考え方へと当時の人々を誘ったということである。

「知識の相対性」としての実証主義

ハミルトンを本章で紹介した一つの理由は、一九世紀アメリカにおける「実証主義」の捉え方にハミルトンが影響していると思われるからである。その代表者がチョーンシー・ライトである。[68]

ライトは仕事としては『米国天文航海年鑑』の編纂の仕事に従事したほか、ハーバード大学で心理学を短期間教えたりしている。そのかたわらで哲学的なテーマの論文を雑誌に投稿し、仲間たちとの哲学談義に情熱を注いでいた。ライトは生涯に何度も哲学談話サークルを作ったようで、その一つ、メタフィジカル・クラブはC・S・パースやウィリアム・ジェイムズが参加してプラグマティズムという思想を育んだことで知られる（次章参照）。

ライトはハミルトン、コント、ミルらの影響を受けて自らの哲学を形成していった。ダーウィンの『種の起原』と出会ってからはダーウィンの科学哲学の忠実な信奉者として多くの論文を執筆した。ライトはダーウィンを読む前から無目的でランダムなプロセスがこの世界で重要な役割を果たしていると考えていたが、ダーウィンの提案する自然選択のプロセスはライトにとって我が意を得たものだった。それに対し、進化論に目的論を再導入しようとしたスペンサーや、人間の意識を進化の例外扱いしようとしたA・R・ウォレスに対しては、ライトは厳しい批判を行った。[69]

ライトや彼の仲間たちは、同様の思想を持つヨーロッパ側の哲学者たちとは対照的に、自分の立場を

「実証主義」と呼ぶことをためらわなかった。ただし、ライトは「実証主義」をかなり広い意味で使うことを提案する。彼によれば実証主義の核心は「知識の相対性」で、これは「直接知りうる対象は心の状態だけである」とも言い換えられる。「知識は相対的である」というのはハミルトンの中心的なテーゼを受け継いだものである。(70) ライトの研究者であるトレヴォー・ピアスによれば、同じような「実証主義」の捉え方は哲学談話サークル仲間でスペンサー派の哲学者ジョン・フィスクやユニテリアン派の牧師フランシス・E・アボットによっても表明されており、当時の彼らの共通了解であったことがうかがえる（Pearce 2015）。

彼らの考える「実証主義」は、本章でこれまで使ってきた「観察可能な対象へと科学のスコープを限る」という意味での実証主義と、表現のしかたの差はあるものの、それほど大きく違うわけではない。進化論において「目的」や「意識」という捉えどころのないものを扱うのは科学的ではない、というのは、力学において「込められた力」のようなよくわからないものを扱うべきではない、というのと考え方としてはよく似ている。コントの「実証主義」が知識の発展段階説や人類教まで含めたかなり盛りだくさんな立場だったことを思えば、ライトらが非常に制限された形での「実証主義」を自称として用いたというのは、現在の用法への大きな一歩だったと言ってもよいかもしれない。

第5章　一九世紀末から二〇世紀初頭の科学哲学

一九世紀の末から二〇世紀初頭は、さまざまな科学哲学的思想が欧米各国で一斉に登場した時期だった。理由はいくつか考えられる。

一つには、非ユークリッド幾何学が登場して、一九世紀末に「空間」というものについてのイメージが大きく変化したことが挙げられる。一八世紀のカントは、われわれが世界をユークリッド空間として見ざるをえないことは必然だと考えた。しかし、非ユークリッド幾何学の登場はカントが思っていたような必然性はなかったということを示す。確実だと思われていたことが確実でなかったという発見が、科学全体の見直しを促したわけである。

また、一九世紀後半には、電磁気学、熱力学、統計力学など新しい分野が発達して、電磁場やエネルギーといった新しい概念が導入され、原子、分子、電子などミクロの存在についても新しい知見や理論が積み重ねられていった。こうしたものをどう扱ったらいいのかという問題が、科学の存在論を考えなおす一つの動機となったのもまちがいのないところだろう。心理学などの新しい分野が登場し、その方法論が問題になったことも大きな役割を果たしていると思われる。こうしたさまざまな要因があって、同時多発的にいろいろな人が（お互いに影響しあいながら）科学哲学的思考をはじめた、というあたりが実情だろう。

いずれにせよ、この時期の科学哲学的思考の全体像を把握するのはきわめて困難である。科学哲学の歴史について書かれた本など見ても、マッハ、ポアンカレ、デュエムといった代表的な哲学者の仕事が紹介されるだけで、この時期にどんな事態が進行していたのかについて体系的な紹介がされるわけではない(1)。もしかしたら全貌を把握している人はいないのかもしれない。本章でもその全貌を明らかにできるわけではないが、この時期の人々の、あまり紹介されていない側面を中心にいくつかの断面を見ていくことで、その多様性の一端くらいは示すことができるだろう。まず、この時期の科学哲学をリードしたのはドイツ語圏の哲学者たちなのでドイツ語圏での議論の流れを整理し、それからイギリス、アメリカ、フランスという各国の様子を順次みていくことにしよう。

1　ドイツ語圏における科学哲学の展開

一九世紀末から二〇世紀初頭にかけて、ドイツ語圏では科学の方法論や科学的世界像などの科学哲学的な問題について、膨大な議論が戦わされた。現在でも名前を耳にする著名な科学者たちがそうした議論をリードし、哲学者たちも現代以上に積極的に科学について発言している。つまりは、科学と哲学の距離が今と比べて非常に近かったし、両者の境界にある問題が注目を集めていた。もう一つ、科学の基礎論との関わりで、心理学や生理学など認識する主体としての人間の研究がこうした哲学的議論と結びついているのも特徴といっていいだろう。本章はその全体像までは紹介しきれないので、何人かをピッ

クアップして紹介していこう。(2)

ドイツ語圏における観念論的科学哲学

本章の主眼は一九世紀末から二〇世紀初頭の科学哲学であるが、その時期の状況を理解するには、少しさかのぼってドイツ語圏における科学哲学の流れを知っておく必要がある。一九世紀前半のドイツ語圏ではイマニュエル・カント以来のいわゆるドイツ観念論哲学の影響が科学においても強かった。

カントの科学哲学というと、『純粋理性批判』(Kant 1781) の、いわゆる批判哲学を思い浮かべるかもしれない。それも決してまちがいではない。われわれは「もの自体」を直接認識することはできず、「直観の形式」や「純粋悟性概念」といった、われわれの精神の側にある枠組みにそってしか世界を見ることができないという考え方はその後の認識論に絶大な影響を持った。また、そうした枠組みはアプリオリに与えられているため、われわれは世界をユークリッド幾何学にそってしか見ることができず、したがってユークリッド幾何学はアプリオリに真である、という主張も、後世における数学の哲学や空間の哲学への影響が大きい。しかし、科学の実践への影響という点では、むしろ『自然科学の形而上学的原理』(Kant 1786) の方が興味深い。(3)

『自然科学の形而上学的原理』は「もの」ではなく「力」を基本構成要素とする独自の動力学的世界観を構築した。あらゆる力は結局のところ引力か斥力であり、この二つが根本的な力である。物質は不可貫入性 (Undurchdringlichkeit 触ろうとしたときに手がすりぬけてしまわないというような性質) によって定義されるが、これは斥力の一種である。物質はまた重力や磁力のような引力も持っており、結局物質は引力と斥力によって定義できる (カントは原子のようなつぶつぶから物質が構成されるという考え方には批判的である）。引力と斥力のどちらが欠けてもわれわれの知るような世界は存在しえず、両者の均衡が物体を作る。ただし、引力や斥力がどのように働くかについてはアプリオリに知ることはできず、データに依拠せねばならない、とカントは考える（この点でカントは経験主義的要素を持つ）。

この本はまた、自然科学の定義という、後の科学哲学の定番のテーマとなる問題をとりあげている点でも注目される。カントによれば、自然科学の必要条件は体系性を持つこと、合理的原理に基づくこと、アプリオリに真であること（カントは力学の法則はアプリオリに真だと考えていた）である。そのため、例えば化学は単に経験的なのでアプリオリな数学的法則がありえず自然科学にもなりえない、というのがカントの立場である。

その後のドイツ観念論は「もの自体」の概念を放棄するが、世界の本質はアプリオリな原理だという考え方は継承し、また引力と斥力の形而上学も継承する。「もの自体」という考え方を捨てることで、世界の秩序は客観的存在というよりも、われわれの精神が構築したものだということになる。この考え方からすれば、世界の基本構造は実験や観察をしなくても、理性を働かせればアプリオリに知ることができるはずである。

このような思弁的な哲学が自然科学によい影響をおよぼしそうな気はあまりしないのだが、一つの例外として、どうも電磁気学の成立にはドイツ観念論が影響したのではないかと考えられている。電磁気学の出発点となったのは、電気を流したときに導線にそって磁力が生じるという現象が発見されたことだが、発見したデンマークの物理学者エルステッド（デンマーク語読みをカタカナ書きすると「エアステズ」が近いようだが、あまり定着していないので本書では英語読みする）は、もともと博士論文でカントをとりあげた哲学者で、その後もシェリング派の自然哲学者と親交があった。

エルステッドの発見に対するカントやシェリングの影響についてはさまざまな見解があるが、すべての力は引力と斥力の二つに還元されるというカント以来の自然観が、電力と磁力という二つの力が何らかの形で統合されるはずだ、というエルステッドの研究プログラムに影響したらしい。ただし、シャナハンによる近年の研究では、観念的にすぎるシェリングよりも、最低限の経験主義の要素が残っているカントの哲学の方がエルステッドへの影響は大きかったのではないかと分析されている（Shanahan 1989）。

このような例外はあるものの、一九世紀前半におけるドイツの知的風土は、データを重視する自然科学とはたいへん相性が悪いものだった。その状況を変えた一人がヘルマン・フォン・ヘルムホルツだとされている(4)。

ヘルムホルツの登場

一九世紀末ごろのドイツの科学方法論についての議論をたどると、しばしば議論の出発点として名前が挙がるのがヘルムホルツである。ただ、ヘルムホルツの立場は時期によってかなり異なるので、科学史家のマイケル・ハイデルベルガーの研究を参考にしながら、簡単にその変遷をおってみよう（Heidelberger 1994）。

ヘルムホルツはエネルギー保存則の発見者の一人として現在でも有名であるが、それだけでなく、生理学、心理学、物理学にまたがった研究を残している。彼は家が貧しかったために大学に進めず軍医として働きはじめたが、仕事のかたわらベルリン大学の授業を聴講し、生理学者ヨハネス・ミュラーの指導を受け、ミュラーの弟子のエミール・デュ・ボア＝レーモンらと親交を深めた。エネルギー保存則の論文を発表した（一八四七）のはこのころのことである。その後ヘルムホルツは生理学の教授としての職を得、生理光学や生理音響学の著作を発表して学界内での影響力を強めていった。そうした研究と並行して、熱力学、流体力学、電磁気学などでもヘルムホルツは独自の貢献をなし、一八七一年にはベルリン大学に物理学教授として迎えられた。電磁波の発見者ハインリヒ・ヘルツなど、著名な弟子も数多い。

ヘルムホルツとその周辺の科学者たちは広い意味で経験主義的な科学哲学をドイツの科学界に広めていった。当時のドイツ語圏の多くの科学者と同様、ヘルムホルツも、初期の論文や著作では、カントやフィヒテの影響を強く残し、現象の背後にある「力」を基礎概念として世界を理解しようとしていたようである。その中で発見したのがエネルギー保存則だった。この説を発表した論文には「力の保存について」という題がつけられており、その序文でカント的な自然観が披瀝されている。

実験によって原因を発見するという思想

しかし、ヘルムホルツは徐々に経験に基づいて世界を理解することの重要性を強調するようになっていく。一八六九年にインスブルックで行われたドイツ自然科学者医師協会の会合における「自然科学の目的と進歩について」という講演では、そもそも科学の進歩はどうやって測定されるべきか、という問題をとりあげ、以下のように述べる。「ばらばらな事実や実験は、どんなに数が多くとも、それ自体では価値を持たない。理論的、実践的な観点からそれらが価値を持つのは、繰り返し起こる一連の現象の法則を知らせてくれるときだけである」(5)。つまり科学の進歩は法則をどれだけ発見したかで測られるというわけだが、その法則についてヘルムホルツは一見対立するような二つのことを述べる。一方で「法則は似たような仕方で繰り返し起きる現象をまとめる一般的概念にすぎない」と言いながら、そのすぐあとでは自然法則は「記憶術の補助手段」とか「単なる論理的概念」とかとして捉えられるべきではないとも言い、こう続ける。「近代人であるわれわれは、自然法則というものが思弁的な方法で考案できるかもしれないようなものではないことを知っている。法則はその逆に事実の中から発見しなくてはならない」[6]。

事実の中から法則を見つけるべきだというのは科学者としてはまっとうな発言だが、世界の基本原理は「思弁的な方法」で見つけるものだというドイツ観念論や、精神の側にある枠組みが世界のあり方を決めるというカント哲学が力を持ってきたドイツの知的風土においては（そして自分自身カント主義の影響を強く受けていたヘルムホルツにとっては）画期的な宣言だったと思われる。なお、現象の関係として自然法則を捉えるのはコントやマッハらのいわゆる実証主義者と共通する考え方であるが、彼らのイメージする自然法則が「思惟の経済」つまりは便利な道具にすぎないのに対し、ヘルムホルツは法則というものを世界の中にあって「発見」されるべきものと捉えている。さらには法則は「客観的な効力」を持つものであり、その意味で「力」と呼ぶことができるともいっている。これは現代の科学哲学でいえば、因果力についての実在論の立場であり、実証主義とは対立する考え方である。

ただし、この時期になってもヘルムホルツは他の面にはドイツ観念論の影響を残しているらしい。ハイデルベルガーによれば、フィヒテの思想の中に、われわれが外的な事物という観念をどうやって身につけるかについての仮説がある。それによれば、われわれは自分の感覚の中に、自分の思い通りにならず、何らかの規則性に従うようなものがあることに気づき、それを外的な事物だと捉えるようになる。心の外の世界は、そうした体験から構成された、いわばわれわれの思い込みだということになる。フィヒテはこれを哲学的理論として提案したが、ヘルムホルツはフィヒテの主張を心理学・生理学的な仮説として解釈しなおし、われわれが世界を知覚から具体的にどのように再構築しているかを知るために知覚の生理学について研究を進めたのである。

また、ヘルムホルツは、科学方法論の問題としても、見えている現象の世界にさまざまに働きかけることで、その背後にある「原因」を知ることができるはずだ、と考えていた。例えば、『生理光学ハンドブック』第三巻（一八六七）では以下のように述べている。「条件を思い通りに変えることのできない無数の観察よりも、比較的少数の上手に行われた実験によって、ある出来事の原因となる条件について、より確信を持つことができる」(7)。具体的には、水銀柱の高さが温度によって変わるのかどうかは、温度以外の要因をきちんと統制した実験をしなければわからない、という例を挙げる。ハイデルベルガーによれば実験という形でわれわれが現象の世界と相互作用するのが大事だという考え方もフィヒテに由来する。ただし、フィヒテはそうして発見される原因はあくまでわれわれの観念だと考えていたが、ヘルムホルツは実際に外の世界にある原因について実験によって知ることができると考えていたという。ハイデルベルガーはヘルムホルツの立場を「実験的相互作用主義」と呼ぶ(8)。イギリスではすでにジョン・ハーシェルらが同じようなアイデアを展開しているので、見比べるとかえってヘルムホルツの新しさがわかりにくいが、外来の思想ではなく、ドイツ観念論という文脈の中からこういう考え方を発展させてきたことに意味があるのだろう。

ラプラスの魔にも知りえないこと

ヘルムホルツの周囲の科学者たちもそれぞれの経験主義哲学を展開していた。彼の友人として名前を挙げたデュ・ボア゠レーモンもその一人である。スイスのフランス語圏の家系出身で名前もフランス風だが、本人はベルリン生まれのドイツ人である。電気生理学の草分けとして多くの業績を上げた。まだ一介の軍医だったヘルムホルツがエネルギー保存則の論文を発表できるように手配したり、その論文にカント哲学的な序文をつけることについてアドバイスしたりしたのはデュ・ボア＝レーモンだったと言われている。

デュ・ボア＝レーモンの哲学的な思索については、「自然認識の限界について」(Du Bois-Reymond 1871)と「宇宙の七つの謎」(Du Bois-Reymond 1880)という二つの講演がよく知られている。(9) この二つの講演を合わせた小冊子は岩波文庫に収められ、一九二八年の訳であるにもかかわらず近年また復刊された。「自然認識の限界について」は何よりも「ラプラスの魔」(原語はGeistなので「魔」というよりは「精霊」だが)という言葉を最初に使った講演として知られる。ラプラスの魔とは、この宇宙がニュートン力学のような決定論的な法則に支配され、宇宙のある時点の状態をすべて知っている超自然的な知性があるならば、その知性は宇宙のはじめから終わりまですべての出来事を知ることになるはずだ、という考え方である。アイデア自体はラプラス自身が明確に述べているが、名前をつけて広めたのはデュ・ボア＝レーモンなのである。

デュ・ボア＝レーモンはこのアイデアを、人間の自然認識の限界について論じるために用いた。ラプラスの魔の能力は超自然的ではあるが、実はラプラスの魔が知っていることというのは人間が経験で知りうることの全体をあらわしている。しかし、ラプラスの魔にもわからないことが二つ存在する。一つは因果的必然性(Causalitätsbedürfniss)、つまりそうした法則を必然的なものとするような背後の因果的なメカニズムである。哲学的な原子論はそれについて無理に考えようとしたために失敗している。もう一つは、ラプラスの魔が宇宙の最初の状態を知りえたとしても、その最初の状態がなぜそうなっているのかはわからない、という問題である。これらについては「われわれは知らない」（ignoramus）とともに「われわれは将来にわたっても知らないだろう」（ignorabimus）、と彼は言う（ここではスローガン的にラテン語が使われている）。これもまた、ヘルムホルツとは別の切り口から、経験こそが知識の源泉であるという経験主義の哲学を展開しているわけである。

実証主義と実在論のせめぎあい

ヘルムホルツやデュ・ボア＝レーモンは、科学的知識が目に見えないものにおよぶことを認めていたが、その後、ドイツの科学界では目に見える現象を扱うことを重視する実証主義が影響力を増すようになる。その代表はもちろんマッハであるが、彼とならんで実証主義を推し進めた科学者として名前が挙がるのがグスタフ・キルヒホッフである。電気回路や放射エネルギーに関しては現在でも彼の名前を冠した法則が教科書に載っており、そうした分野を勉強したことがあれば馴染みのある名前だろう。キルヒホッフはケーニヒスベルクでフランツ・ノイマンの下で勉強したあといくつかの大学を転々としているが、なかでもハイデルベルクでは同僚のヘルムホルツを中心とした学術サークルのようなものに加わり、多産な研究活動を行った（現代に名前を残す著名な法則もハイデルベルク時代に発見したものである）。

思想的にはキルヒホッフは同僚のヘルムホルツより過激だった。主著『数理物理学講義』の第一巻『力学講義』（Kirchhoff 1876）冒頭で、キルヒホッフは力学の目的を「自然において進展する運動を完全に、またもっとも簡潔なしかたで記述すること」と整理する。運動とは物質の位置が時間と共に変化することであり、空間、時間、物質は力学にとって不可欠な概念だが、力や質量の概念は必要に応じて補助概念として構成されるものだ、というように概念のランク分けをする(10)。現象の説明ではなく記述を目的とする点、力を隠れた原因としてではなく研究の便宜のために構成された概念と見なす点などは、ダランベール以来の実証主義系の考え方の流れ（しかも『力学講義』の冒頭でそれをやるということは科学内的実証主義の流れ）をキルヒホッフも汲んでいることを示している。キルヒホッフの主な業績である放射エネルギーの法則の研究も、現象の法則を探究する中で発見されていて、この科学観を反映した仕事といえるだろう。

キルヒホッフはこのほかにとりたてて科学哲学に特化した著作を持つわけではないが、当時のドイツ語圏を代表する科学者がこうした立場を公言したことには大きなインパクトがあったようで、彼の名前は実証主義的科学哲学の代表例としてその後しばしば言及されることになる。その先導の下で、マッハ、アヴェナリウスらの「批判的実証主義」が花開くこととなる。

批判的実証主義

実証主義の成立の章ですでに少し出てきたが、『哲学百科事典』の「実証主義」の項目では、一九世紀実証主義の第三の潮流として、マッハ、アヴェナリウス、ピアソンらの立場を紹介し、「批判的実証主義」と呼んでいる。ピアソンはイギリスの人なので、ここではまずマッハとアヴェナリウスを紹介する。

ミルもスペンサーも「実証主義」というレッテルを好まなかったということはすでに紹介したが、それはマッハらについても言える。「批判的実証主義」は本人たちが自称した名前ではない。アヴェナリウスは自分の立場を「経験批判的」（empiriokritisch）と呼んでおり、マッハも自分の立場がアヴェナリウスと非常に近いことを認めているので、経験批判主義（Empiriocriticism）という呼び名は本人たちの意図にも近いだろう。この名前はレーニンが『唯物論と経験批判主義』（Lenin 1909）という本でマッハとアヴェナリウスを批判する際に使ったことで、彼らの立場を指す名前として広まった。ただ、彼らの信奉者であるヨゼフ・ペッツォルトは『歴史的・批判的に表象された相対的実証主義の立場から見た世界問題』というタイトルの本を書いていて、彼らの立場をまとめて実証主義の一流派と捉えることはペッツォルトにとっては違和感がなかったようである[11]。そういうことも加味して、ここでは彼らの立場の総称として「批判的実証主義」を使う。

マッハらの立場は影響力があった。とりわけ、アルバート・アインシュタインがマッハの影響を受けたとさまざまな場所で述べているのはよく知られている（ところがマッハは相対性理論があまり好きではなかったようである）[12]。レーニンが批判の筆をとったのも、共産主義者の中にマッハらの信奉者が増えたためである。

他方で、マッハの立場は誤解されやすい面もある。レーニンの批判もマッハらを観念論と決めつける一方的なものである。日本では廣松渉による翻訳や丁寧な紹介があったのだが、それでも今に至るまで、マッハを観念論者に分類するような紹介は多い。実際にはマッハは中立一元論という立場をとっていた。そのあたりも含め、批判的実証主義がどういう立場か確認していこう。

心理学化された実証主義

マッハについては比較的よく知られているので紹介は簡単にすませよう[13]。マッハはウィーン大学で物理学を学んだあと、グラーツやプラハ大学で数学や物理学の教員を歴任する。その間に音速を超える運動の研究や錯覚をめぐる心理学的研究などを行った。音速の単位であるマッハや「マッハバンド」という錯覚現象に名前を残している。序章で触れたように、マッハは一八九五年に母校に新しくできた「哲学（特に帰納科学の歴史と基礎論）」という講座の教授となった。この講座ができたことは、科学哲学が大学の制度の中で存在を認められるようになった証でもあり、科学哲学の歴史の上でも記念すべき出来事である（このポストはその後ルートヴィヒ・ボルツマンを経てモーリッツ・シュリックへと受け継がれていくので、ウィーン学団の成立にも深い関わりがある）。

アヴェナリウスはライプツィヒ大学で学位をとり、チューリヒ大学で長らく教鞭をとった。物理学、心理学を主なフィールドとしていたマッハと違って、アヴェナリウスは哲学一本の研究者だが、最小作用の原理についての哲学的考察なども行っている。それはともかくとして、アヴェナリウスは批判的実証主義の論者としてマッハとならんで名前だけはよく言及されるものの、その哲学についての研究は驚くほど少ない。主著の『純粋経験批判』（一八八八〜一八九〇）は難解なことで知られており、いまだに英訳すらされていない（当然ながら日本語訳もない）[14]。

マッハとアヴェナリウスは一八七〇年代から、少しずつ自分たちの実証主義的な思想を公表していった。両者は独自に似たような思想にたどりついたようである。マッハは『力学史』の初版序文で自分と似たような考えを持つ哲学者や科学者の名前をいくつか挙げているが、なかでもアヴェナリウスについては、「彼流に私の考えに近い理念を展開した」「これは私には特に満足のいくものだった」と高く評価している[15]。

科学から形而上学の要素を追放することを求めるという意味で、マッハらの立場にコントらの実証主義に連なる要素があることはまちがいない。しかし、彼らはコントに言及することはほとんどなく、どの程度の影響関係があるかも定かではない。マッハの場合はカントを通してジョージ・バークリーやデイヴィッド・ヒュームといったイギリスの哲学者の影響を受けたようである。アヴェナリウスの背景についてはよくわからないが、『純粋経験批判』という著書のタイトルや序文での説明からすれば、カントの哲学をさらに推し進めるという動機があったようである。

ただし、マッハらの思想形成には、過去の哲学者よりも、心理学の発達の方が大きな影響を与えていそうである。コントやスペンサーは、科学は「見えるもの」についてのみ語るべきだと言いながら、「見える」というのがどういうことなのかつきつめようとしなかった。これに対し、一九世紀後半にグスタフ・フェヒナーらがはじめた（マッハ自身もその発展に貢献した）精神物理学（psychophysics）は、視覚経験も含めた心理プロセスについて科学的な計量を行おうというものだった。その中で明らかになっていったのは、何かが見えるというのは、われわれが素朴に考えるほど単純なものではなく、網膜への刺激がさまざまな形で処理されて視覚体験が形成されているということであった。マッハはこうした刺激と知覚の関係を調べることで、「見えるもの」とは何かを明らかにし、科学を本当に「見えるもの」についての学問にしようと考えたようである。他方、アヴェナリウスの発想の源は、今で言うところの脳神経科学に近かった。彼が分析の基本としたのは「システムC」と呼ばれる中枢神経系と環境との相互作用である。ここでも、脳は受け取った情報を処理する器官であり、脳が実際にどういう情報を受け取ったかは、情報処理のプロセスを研究しなければわからない。

このようにして、物理世界と心理との関わりを明らかにしていくと、われわれが観察可能な物理法則とみなしているものも、実は見えているものそのままではない。例えば物体が慣性運動をしたり、作用に対して反作用が生じたりといった出来事自体がわれわれの網膜上に刺激として与えられるわけではない。しかし、われわれがその刺激を処理し分析していった結果最終的に物理法則にたどりつくということからは、網膜上の像にも何らかの法則性があるはずと考えられる。マッハは、物理学と心理学は基本的には同じもの（知覚像）を研究するが、物理学はこの物理法則的な側面を研究し、心理学は知覚する側とされる側の関係（どういう角度からどう見えるかなど）という側面を研究するという点だけ違うのだと考える。[16] ただ、物理法則的な側面といっても、感覚刺激の変化の法則は、とてもニュートンの三法則のような単純な形にはならないだろう。ここから、マッハのもう一つの有名な概念、「思惟の経済」としての科学観が導ける。これは、科学の役割は、この複雑な世界をできるだけ「経済的な」法則、つまり単純で認知的なコストの低い法則に整理することだ、というものである。

結局、マッハらがやろうとしたのは実証主義を「心理学化」することで、（「経験批判主義」という名前が示すように）「経験」を批判的に再検討することだといえなくもない。現代哲学においては「認識論の自然化」と呼ばれる運動があり、それまでの哲学者が直観にうったえて知識の概念を分析してきたのに対し、心理学や進化論の知見を利用して知識とは何かを考えるという方法論を指す。マッハは、少なくともやろうとしていることに関して言えば、まさにそれまでの哲学が思弁的にやってきたことを定量的な心理学におきかえようとしているわけで、「自然化」運動の先駆けと呼ぶこともできるだろう（現代の観点からは彼らの心理学が素朴にすぎるとしても）。

実在論でもなく観念論でもなく

ここまでのところは、批判的実証主義はコントらの壮大な体系よりも科学に近い常識的な立場のようにも見える。しかし、彼らの主張には、もっとエキセントリックな形而上学的側面もあった。それが際だって現れるのがマッハの『感覚の分析』（Mach 1886）である。

現在の用語でいえばマッハらの存在論についての立場は「中立一元論」（neutral monism）と呼ばれる。

われわれが世界について抱く表象、すなわち世界を見たときにわれわれの心の中に浮かぶ像と、世界そのものとの関係については、伝統的に実在論と観念論という二つの立場が存在してきた。実在論は表象の背後に、その表象で表される世界自体があると考える。しかし、世界はわれわれにとっては常に何らかの像として見えるわけで、実在論が考えるような「世界そのもの」にわれわれが直接アクセスすることはできない。そこで、実は背後の「世界そのもの」などなく、われわれが見ている像こそが世界の本体だと考えるのが観念論である。世界がわれわれの見る像にほかならないなら、誰も見ていないとき世界は存在しないということになるが、観念論の代表的論者であるバークリーは神がいつでも世界を見ていると考えることで、「誰も見ていない」状態は存在しないという抜け道を考えた。

マッハは、世界を構成するのは「エレメント」だと考えた。このエレメントは、われわれの知覚に刺激として与えられるまさにそのものであるという点では、表象に近いものである。より正確には、視覚像を分解していったときの色や形といった視覚経験の構成要素がエレメントであり、意志や記憶などの内的な経験の構成要素もエレメントである。

他方、このエレメントは、誰かが見る／見ないにかかわらず存在し、それ自体の法則に従って生成、消滅、変化するものと想定されている。[17] 心理学と物理学は、マッハのイメージにおいてはその同じエレメントという対象についての別のアプローチである。「色は光源（他の色、温度、空間等々）との依存関係においては物理学的対象である。網膜との依存関係においてみれば、それは心理学的対象、つまり感覚である。二つの領域において異なるのは、素材ではなくして、研究方向なのである」[18]。世界がわれわれの意識に依存しないという点ではマッハらの世界のイメージは実在論とも共通する。このように、実在論と観念論の中間的な立場をとるあたりが、この立場が「中立」(neutral)と呼ばれるゆえんである。アヴェナリウスはそもそも見る主体という考え方自体が情報処理の過程で生じるものだと考え、マッハの言うエレメントの世界をそうした処理のはじまる前の状態という意味で「純粋経験」と呼んだ。この「主客未分」の状態というアイデアはウィリアム・ジェイムズを通して西田哲学などにも形を変えながら継承されていく。

空間も時間も絶対的ではない？

エレメントの世界はわれわれが馴染んでいる世界とはかなり異なる。例えば、エレメントの世界では、目に見える物体が原子をはじめとした目に見えない構成要素から作られているということもないし、時間や空間ですらわれわれが普通にイメージするものとはかなり違ったものとなる。このためマッハは原子論を批判する(一九世紀にはマッハと同じような立場の科学者はたくさんいた)。

このような存在論を背景に、マッハはニュートンに対する有名な批判を行う。[19] ニュートンによれば、この世界にはまず「絶対空間」と呼ばれる何も入っていない箱があり、その箱の中にいろいろな物体が置かれて相互作用している。時間もまたその箱の中で何がおきるかとは関係なく粛々と流れると考えられており、これが「絶対時間」と呼ばれる。物体が「静止」しているとか「等速直線運動」しているとか言う場合、この絶対空間と絶対時間がものさしになっているとするのだが、これが批判の対象になる。

マッハは、ニュートンが「なお中世哲学の影響下に立っており、ただ事実的なもののみを探求する、という彼の意図に忠実ではないかのように思える」と手厳しく指摘する。[20]「われわれは物の変化を、時間によって測定することは、決してできないのである。時間というものはむしろわれわれが物の変化によって得る一つの抽象である」（傍点部は原文イタリック）。つまり、われわれが時間の経過を観測していると思っているときに実際に見ているもの（時計の針であれ振り子であれ）は時間そのものではなく何かの変化なので、この世界の構成要素としては、物の変化の方が時間よりも基礎的だということになる。ということは、「運動がそれ自体で等速であるかどうか、という問題には意味がない」（傍点部は原文イタリック）[21]。つまり、振り子の動きと比較したときに、振り子の振り方とある物体の位置の変化には関係がある、とは言えるけれど、振り子も何もなかったら、そもそも「等速」という概念すら意味をなさなくなるわけである。

空間についても同じことで、「絶対空間および絶対運動についてはいかなることをも語れないのであり、それらは経験の中で示すことの不可能な単なる思考上の物であるにすぎない[22]」。からっぽの箱としての空間など誰も見ることができないわけで、そんなものの存在を信じるのは「中世哲学」だと揶揄するわけである。

さて、しかしそうなるとニュートンの基本法則を述べるために使われる「静止」や「等速直線運動」という概念は使えないことになり、法則をたてるところからやり直さなくてはならない。エレメントの世界の物理法則は、この点だけ取っても、われわれが知っているものとは随分違うものにならざるをえない（もちろん、一般のニュートン力学とのある種の互換性は保たれるわけではあるが）。マッハ自身はその物理学の方向性を示すにとどまったが、近年になってマッハの路線を受け継いだ物理理論をつくる試みが進められている[23]。ただ、それはかなり高度な数学を必要としており、「思惟の経済」として絶対空間や絶対時間が存在するかのように理論を組み立てることには一理あると言えるだろう。

批判的実証主義の系譜

コントやミルやスペンサーの実証主義的思想は、科学はデータのあることしか言わないとか、形而上学を排除するとかをお題目としては述べていても、物理学の具体的な問題にはあまり切り込めていなかったし、ミルはともかくコントやスペンサーの場合はそれが自分でもぜんぜん実践できていなかった。それに対してマッハの分析は、ニュートン力学という、代表的な科学理論にも形而上学の要素があることを指摘し、その要素を除去するにはどうすればいいかということもある程度提案するものになっていた。その意味では本書でこれまで見てきた科学内的実証主義の系譜を受け継ぎ、おおいに発展させたのがマッハだと言っていいだろう。また次の世代のルドルフ・カルナップら論理実証主義者たちに直接つながっていくのもコントではなくマッハである。

ただ、ダランベールらからマッハへと連なる伝統の間に割って入るように、一九世紀半ばにコントが「実証主義」という言葉を導入し、それがあとの時代のマッハらにもあてはめられることになってしまった。そのために、思想史的なつながりがかえって見えにくくなってしまった。ダランベール、フーリエ、キルヒホッフ、マッハらを「科学内的実証主義」としてひとくくりにすることで、そうしたつながりが少しは見えやすくなるだろうか。

ボルツマンの科学実在論

この時期のドイツ語圏の科学でも実証主義ばかりに勢いがあったわけではない。科学の目的は目に見えない世界の構造について仮説を立て、それを使って目に見える現象を説明することだという、現在でいうところの実在論的な考え方も根強く存在していた。その代表ともいえるのが統計力学の祖の一人であるボルツマンだった。(24) 彼は主にグラーツ大学やウィーン大学などオーストリアの大学で研究生活を送った。彼は熱現象を分子の運動で説明するモデルを発展させ、エントロピーの概念をそうしたミクロ状態を使って再定義するなどの仕事を行った。これが統計力学という分野の基礎となったわけだが、この仕事は原子や分子の実在性を前提としており、非常に実在論的な思想を背景としている。ボルツマンはそのことに非常に自覚的であり、折に触れて科学哲学的な文章を書き残している。

例えば、「熱力学の第二法則」という（タイトルだけ見たならとても哲学についてとは思えないような）一八八六年の講演では、キルヒホッフが力学の目的は記述だと主張したことに反論し、力学は説明を目的とする、ただし、本質のようなよくわからない概念を使うのではなく、より単純なものからより複雑なものを説明するのだ、と述べる(25)。そして、つぎに紹介するエネルギー論との論争では、原子論がエネルギー論では説明できないようなさまざまな現象を統合して説明するということをもって、原子論が不可欠であると論じている（Boltzmann 1897）。

ただし、ボルツマンの科学哲学は単に原子が実在するという主張よりはもう少し複雑である。一九〇一年にマッハが卒中をおこしてウィーン大学を退職した際には、ボルツマンがそのあとを受け継いで翌年からウィーン大学の帰納的科学の哲学の教授となり、就任後に科学哲学についての講演を行ったりしている(26)。その講演の中で、哲学についての論文は一本しか書いたことがない、と述べているのだが、実際には一八九〇年代から一九〇〇年代にかけて関連する話題を繰り返しとりあげ、考えが深まっていっているように見える面もある。

例えば、ボルツマンはヘルツの「像」（Bild）としての科学理論という考え方を一部取り入れる（d'Agostino 1990）。ヘルツもまた当時のドイツ語圏の代表的な物理学者の一人であり、マックスウェルの電磁気学の理論の帰結として、電磁波を遠隔受信できることを実証し、無線通信の道を開いたことで知られる。ヘルツの『力学の原理』(Hertz 1894 [1899]) の冒頭では、そうした目に見えない対象についての物理理論はあくまでわれわれの頭の中にある「像」、すなわちイメージに過ぎず、理論に登場する通りのものが世界に存在すると思うことが戒められている。そうした「像」としての物理理論はしたがって一つに絞り込むことができるようなものではないが、「像」には善し悪しがあって、「われわれの思考の法則」(die Gesetze unseres Denkens) と矛盾しないこと、正確であること、適切であることなどが評価基準として挙げられる。[27] ボルツマンは「力学の基本原理と方程式」と題する講演において、ヘルツの「像」のイメージは受け入れつつ、「思考の法則」は世界がどうなっているかについてあまり参考になる指標ではないので、それ自体ダーウィン的なプロセスで改良されるべきだということを述べている。[28] この箇所だけ読むと、「像」がいろいろあり得ることは認めており、またヘルツに触れた論文がボルツマンの最晩年の著作に属することから、ボルツマンは晩年に至って、原子も世界にあるのではなくわれわれの頭の中にある、という反実在論的な立場になったとも解釈できる。しかし、ボルツマンの伝記を書いたカルロ・チェルチニャーニという数理物理学者は、ボルツマンは実在論を放棄したわけではなく、単にボルツマンの立場は洗練された実在論なのだ、と解釈している。[29] つまり、原子論は、思考の法則を改善していく中で生き延びる最善の「像」でありおそらく世界のあり方と対応している、という考え方だというわけである。

エネルギーを中心に世界を解釈する

当時のドイツ語圏の科学の実証主義的な空気を象徴するのが、エネルギー論(この言葉は「エネルゲティーク」とカタカナ書きされることも多いが、ドイツ語の発音に近づけるなら「エネルゲーティク」となる）と呼ばれる立場の提唱と、それをめぐる論争である。あとで紹介するようにエネルギー論と一口に言ってもいくつかの立場があるのだが、共通点としてはエネルギーの保存やエントロピーの増大のようなマクロな現象こそが物理学の基礎となるべきであり、原子のような直接観察できないものに頼るべきではない、という考え方である。

エネルギー論論争は、エネルギー論支持者の側に物理化学の祖であるヴィルヘルム・オストヴァルトが、それを批判する側にアトミスティーク（原子論）を主張するボルツマンや後の量子論の創始者であるプランクが参加し、当時のドイツの科学界を代表する学者たちによって争われたことで知られている。以下、科学史家ロバート・デルティートの近年の研究を参考にこの論争を整理する。(30)

エネルギー論の発想の源となったのは、熱力学の発展、とりわけ熱力学の第一法則（エネルギー保存則）と第二法則（エントロピー増大則）である。エネルギー保存則はエネルギーが熱や力学的な仕事などさまざまな形をとりながら一定に保たれるという内容で、それまでまったくばらばらだと考えられていたさまざまな物理学の分野を「エネルギー」の概念で統合できる可能性を示唆するものだった。実際、エネルギー保存則の発見者の一人であるロベルト・マイヤーはそうした物理学の統合を構想するような記述も残している。(31)

マイヤーに刺激を受け、エネルギーを基礎概念とした物理学の構築を一つの研究プログラムとして発展させたのはゲオルク・ヘルムだった。ヘルムはドレスデンのいくつかの大学で数学や物理を教えており、熱力学も以前から研究していたが、どちらかといえばボルツマンらと同じく機械論的な説明に興味を持っていた。しかし、おそらくはマッハの著作を読んだ影響で一八八七年の著書『エネルギー学』では方向を一変させる。この本で彼は「どんなエネルギーも強度の高い場所から強度の低い場所へと移行する傾向を持つ」という「エネルギーの原理」を提案し、これが物理学全体の基礎になると主張した。[32]さらに後の著作ではこのエネルギーの原理をさまざまな化学現象に適用してみせた。ヘルムは、化学だけでなく、力学をはじめとする自然科学の全領域の法則をエネルギーの原理に還元しようと野心的に考えていたようだが、それはさすがにうまくいかなかった。

デルティートによれば、ヘルムは『エネルギー学』で、エネルギーという概念の捉え方について「関係テーゼ」と呼ぶべき立場をとっている。[33]これは、エネルギーとは目に見える現象の関係にほかならず、現象の背後の何かを指すものではない、という考え方である。これは見るからに実証主義の影響を受けている。実際『エネルギー学』の冒頭では、現象をもっとも単純なしかたで記述すること、「経済的」に表現することが「近年何重にも強調されている様式上の原理（Stilprinzip）」だと述べ、具体的にキルヒホッフ、マッハ、アヴェナリウスを典拠として挙げている。[34]

ただし、実際の化学的現象にエネルギー原理をあてはめる際には、ヘルムはエネルギーが「伝達」されたり「拡散」したりする、という表現を多用している。[35]この点を捉えて、ヘルムは本当はエネルギーが物質の中に含有されているというイメージを使っているとデルティートは分析し、これを「含有テーゼ」と呼ぶ。[36]これはまさに現象の背後にある何かとしてエネルギーを捉えているわけで、実証主義の精神に反する。原理原則に基づいて考えるというのはなかなか難しいということの一例なのかもしれない。

エネルギー論のもう一人の代表者はオストヴァルトである。オストヴァルトは現在でいえばラトヴィアにあたる土地の出身だが、化学親和力（化学反応の起こりやすさ）を定量化する研究などで評価され、一八八七年にライプツィヒ大学に招かれた。実際的な面では硝酸をつくる方法（教科書等ではオストワルト法と表記されることが多い）を開発し、これにより一九〇九年のノーベル化学賞を受賞した。こうした輝かしい経歴のオストヴァルトだが、一八九〇年代以降はここで紹介するエネルギー論をめぐる非常に哲学的な論争に熱心になり、さらに二〇世紀に入ってからはエネルギー論の考え方を社会問題にあてはめて平和主義の運動をしたりしていたようである(37)。

デルティートによれば、一八八〇年代までのオストヴァルトの著作では、原子や分子といった仮想の存在を使った仮説の有用性を認める記述がなされ、また物質とエネルギーをそれぞれ別個の存在として捉える考えをしていたようである。しかし、オストヴァルトの自伝によれば、一八九〇年代はじめに、物質という概念を放棄してエネルギーという概念だけでこの世界のすべてが解釈できるのではないかというアイデアが突然浮かんだという。

オストヴァルトは一八九一年から数年の間にエネルギー論に関する論文をつぎつぎに発表していく(38)。その中でオストヴァルトは機械論的科学、つまり現象を細かいパーツの運動や相互作用に還元することで説明しようとする科学のやり方を批判し、熱力学のモデルに基づいて考えることを提案した。デルティートによれば、オストヴァルトは、公式見解としては、エネルギーは物体を構成する存在である、逆に言えばエネルギーの組み合わせが物体である、という立場をとる（これをデルティートは構成テーゼと呼ぶ）(39)。ただ、エネルギー論を応用する場面では、オストヴァルトもヘルムと同様、エネルギーの「伝達」といった表現を使っていて、実質的に物体の中にエネルギーが含有されているというイメージを利用していた、つまり言葉遣いとしては含有テーゼを採用していたようである。

エネルギーというものが現象の関係であろうが、組み合わさって物体を構成するものであろうが、物体に内蔵されるものであろうが、その違いが何か重要なのだろうか、という疑問を持つかもしれない。科学の方法や科学的な世界像をどう捉えるかという点でこれらの選択肢は大きく違う。関係テーゼは、キルヒホッフや、その前のコントなどがイメージしていた意味での実証主義に忠実な考え方で、世界がどうなっているかということと関係なく、科学の方法として目に見える関係だけを考えようという態度である。それに対し、構成テーゼは日常感覚と異なる奇妙な存在論を導入しているという意味で、マッハの中立一元論と同じようなことをエネルギーについてやろうとしているということになるだろう。そして、含有テーゼは、目に見えない何かとしてのエネルギーを認めることを意味しており、それならなぜ「目に見えない何か」としての原子や分子を否定するのか、というもっともな批判にさらされることになる。

エネルギー論の衰退

一八九五年にリューベックで行われたドイツ自然科学者医師協会の会合で、エネルギー論は主要なテーマとしてとりあげられた[40]。この会合のプログラム委員だったボルツマンは以前からエネルギー論に注目していて、この機会に大々的に議論しようと思ったらしい。ヘルムが招待講演に招かれ、オストヴァルトも講演の機会を得た。しかしヘルムの講演の後で、招待した当のボルツマンが数学者のクラインらと一緒になって激しくエネルギー論を批判した。会場もそれに同調して、ヘルムとオストヴァルトは袋叩きのような状態になったらしい。

さらに、会合が終わったあとには、ボルツマンやプランクによるエネルギー論批判の論文も公表された。オストヴァルトもこれに応戦し、マッハらの援護もあったが、大勢としてはエネルギー論は論争に敗れる形となった。ボルツマンの批判のポイントとなったのは、原子仮説の有用性の議論や、エネルギー論を力学にあてはめることが可能かどうかといった論点だった。プランクはこの時点ではまだ原子仮説を表立って受け入れてはおらず、批判も可逆的な過程と不可逆的な過程の区別がエネルギー論ではなされていない、といった、理論そのものの難点に関する部分が主だった[41]。

その後もオストヴァルトはエネルギー論の考え方を社会問題にあてはめたりしているので、二〇世紀になってもエネルギー論は完全に死に絶えたわけではない。プランクは後の自伝でこの論争について回想し、オストヴァルトのこうした態度を念頭において、以下の有名なコメントを残している。「この経験はわたしにある事実――わたしの意見では驚くべき事実――を学ぶ機会を与えた。すなわち、新しい科学的真理は、反対者を納得させ、彼らに新しい光を見せることによって勝利をおさめるのではない。むしろ、反対者が最終的に死に、その真理に馴染んだ新しい世代が育つことによって勝利をおさめるのである[42]」。しかし、プランクの感想はやはりちょっと行き過ぎで、オストヴァルトを例外とすれば、物理学における大きな運動としてのエネルギー論はリューベックでの会議を境に退潮したと言ってよいだろう。

一九世紀末ドイツ語圏の科学哲学について紹介すべきことはまだ多いのだが、そればかりにこだわってもいられないのでいったんここでドイツの事情の紹介を終わる。ただ、科学哲学の歴史をたどるという本書の目的から無視できないのは、この時期のドイツで、今でいうところの「社会科学の哲学」における重要なテーマの一つ、「社会科学の独自性」についての議論が登場したということである。節をあらためてすこしその紹介をしよう。

2　社会科学の哲学のおこり

社会科学の哲学は、科学哲学全体の中でもあまり研究者が多くない、若干マイナーな分野であり、日本にもこの分野の研究者は数えるほどしかいない。オンラインで手軽に読めるこの分野の紹介としては吉田敬の「社会科学の哲学の現状」という記事がある（吉田 2008）。そこでも紹介されているように、社会科学の哲学では、社会科学の目的、方法論、価値観と研究の関係、社会というものについての存在論的議論などが主なテーマである。特に、社会科学の方法論は自然科学に寄せていくべきなのか、つまり自然科学に近い計量的なアプローチをとるべきなのか、それとも「質的研究」という名前でくくられる参与観察やインタビューなどの独自の方法をとるべきなのか、ということは現代でも哲学的な課題となっている。こうした問題設定はいつから存在するのかと過去をみていくと、一九世紀末のドイツへとたどりつく。

自然科学的方法の拡張としての社会科学

社会科学の独自性が問題となる前に、そもそも、社会についても自然科学と同じようなアプローチで研究するべきだ、という考え方自体、一九世紀の社会科学の哲学の産物という面が強い。

社会科学（social science, social sciences）という言葉は、一八世紀にも使用例はあるが[43]、それほど広く使われたわけではないし、第2章で紹介した通り、そのころには science という言葉自体、今の用法が固まっていたわけではなかった。一九世紀になって、社会科学やそれに類する言葉は、社会について自然科学のようなアプローチをとる研究を指す言葉として導入された。これは、実際に統計的手法を社会に適用する研究がこのころに行われるようになったこととも無関係ではないだろう[44]。例えば、一八三五年に発表されたベルギーの科学者アドルフ・ケトレーの研究は、天文学で使われはじめていた統計的手法や概念を社会にあてはめた先駆的な研究である。この著書は『人間とその能力の発展について――社会物理学論』と題されているが、この「社会物理学」(physique sociale)は社会についての確率・統計的な研究を指す言葉として使われていて、現在の「社会科学」とニュアンスは似ている(Quetelet 1835)。

コントが「社会学」(sociologie)という言葉を発明したのも、この文脈においてである。彼がこの言葉を導入したのは一八三九年に出版された『実証哲学講義』の第四巻の第四七講においてである。その箇所で、社会学という言葉は「すでに導入した社会物理学と正確に同義語」だが、「社会現象に関する基本法則の実証的研究に関わる自然哲学の補完的部分」を指す独自の言葉として新しい用語を導入するべきだと思った、という説明がなされている[45]。ここで、「法則」や「実証的」という言葉が、第4章で紹介したような実証主義の哲学の文脈で理解されなくてはならない(つまり、目に見える現象間の規則性が法則で、その法則を発見するのが実証的研究)のは言うまでもない。

ちなみに、なぜ「正確に同義語」なのに社会物理学に代わって新しい語を導入したか、であるが、同じ『実証哲学講義』第四巻の最初の方で、コントは、社会物理学という言葉を自分は一七年も前から使っているのに、違う意味で使う人がいる、と不満を述べ、特に「ベルギーの学者」がせいぜい単なる統計にすぎない本のタイトルにこの言葉を使っているとかなりはっきりケトレーを非難している[46]。そこからすると、コントは、そうやって濫用されるのをきらって「社会学」という新語を導入したものと思われる。なお、同じ第四七講の中では la science sociale という、「社会科学」そのままの表現も使われているのだが、これは「社会科学」というひとまとまりの連語というよりは、「社会の科学」という普通の形容詞プラス名詞のニュアンスで使われていると見るべきだろう。

もう一人、自然科学の方法論で人間を研究するべきだと主張した代表者が本書前半で何度も登場したミルである[47]。実際、彼の『論理学体系』は社会科学の哲学における古典ともみなされている。この本の第六篇は「精神科学の論理」と題されている。精神科学と訳した言葉は moral sciences だが、「われわれの合理的能力の法則」「精神の法則」「社会の法則」などが挙げられており、その意味合いとしては今でいう心理学と社会学をあわせたような領域が moral と呼ばれていることがわかる（一九世紀には普通の用法である[48]）。そして、この精神科学の下位区分として、社会を研究する「社会科学」（単数形で social science）という言葉も使われる[49]。これもまた、コントと同じく、社会現象についても自然科学と同様の研究手法で「法則」を探すことを提唱していると理解できるだろう。

コントやミルの社会学や社会科学のイメージは後の世代にも受け継がれていった。例えば、フランスのエミール・デュルケームの『社会学的方法の規準』(Durkheim 1895) は、以下で見ていくような社会科学の独自性についての議論と同じ時期に書かれているが、実証主義的な社会科学観を受け継いでいる。コントと違うのは、デュルケームが『自殺論』(Durkheim 1897) などでその方法を実際に使った実証的な研究を実践したところであり、そのため、社会学の開祖といえば、コントよりもデュルケームの方が先に名前が挙がる（実際、わたしがアメリカ留学中に受けた社会学理論の授業では、社会学の祖といえばマルクス、デュルケーム、ヴェーバーの三人だ、と教えていた）。

ドイツでは、人間や社会についての研究のあるべき姿についての議論は、ちょっと違う切り口からはじまった。すでに紹介したデュ・ボア゠レーモンの講演「自然認識の限界について」は、ラプラスの魔が知りうる範囲を科学的に知りうる範囲と捉え、論争をまきおこした。その論争は、主には形而上学に属するような問題についてわれわれが知りうるかどうかということをめぐるものだったが、人間や文化現象を対象とする研究を行う人々にとっては、この講演は少し違う問題を提起した。それは、はたして社会科学や人文学は、ニュートン力学の延長線上で知りうるような問題を扱っているだろうか、という問いである。

この問いを正面からとりあげ、社会科学の自立性を主張したのがヴィルヘルム・ディルタイであった。(50)ディルタイは現在では「解釈学」と呼ばれる研究手法（文献解釈の技法を人間や社会の研究へとあてはめていく手法）の創始者の一人として記憶されている。解釈学というと科学とはまったく別のもののように聞こえるが、ディルタイ自身が好んで使っていたのは「精神科学」（Geisteswissenschaften）という言葉で、彼はこれを「自然科学」（Naturwissenschaften）と対比して論じていた。領域としては、心理学、歴史学、今でいうところの社会学（当時は「社会学」という言葉はコントのアプローチを指す言葉であり、ディルタイにとっては批判の対象だった）、政治学、法学、文学、倫理学、芸術学、宗教学など、人間を扱う広範囲な領域が精神科学に含まれていた。もちろん、ドイツ語の Wissenschaft は英語の science よりだいぶ広い言葉で、「学問」と訳した方がいい場合も多い。ただ、ディルタイは精神科学を自然科学と対等な研究領域・研究手法として捉え、「知の地球儀」の半球が自然科学、あとの半球が精神科学だ、というような言い方もしている。(51)その意図を汲むなら、精神科学という訳語は決して不適当というわけではないだろう。(52)

ともあれ、ディルタイの主著の一つである『精神科学序説』(Dilthey 1883) は、現在に続く社会科学の哲学の中心的問題を提起した著書としてもっと知られるべきであろう。ディルタイはこの本の冒頭近くで、デュ・ボア＝レーモンの講演が自然科学の限界を明確にしたと述べ、その限界の外側にある科学として精神科学を考える。(53) もちろん、ディルタイが精神科学に含める諸分野についても、自然科学と基本的に同じ方法で研究できるという考え方は存在するし、実際ディルタイはコントやミルをそうした考え方の代表者として名指しする。しかしディルタイによれば、これはまったくの勘違いである。精神科学が対象とするのは自己意識を持つ存在としての人間であり、その自己意識の中には、「意志の主権、行為の責任、すべてを思考の下に服従させる能力、人間を自然全体から区別させる人格の自由の砦の内部であらゆるものに抵抗する能力」などが含まれる。(54) そうした存在についての事実を彼は「歴史的―社会的現実」(geschichtlich-gesellschaftliche Wirklichkeit) と呼ぶ。(55)

こうして、意志を持って行動する存在も自然の制約の中で生きているという意味では自然科学的研究から完全に逃れているわけではない。(56) しかし、意志を持つ存在の行為は自然法則だけに縛られるわけでもない。歴史的―社会的現実のそうした自然法則に還元できない側面を研究するために、精神科学は自然科学とは別の手法を必要とするのである。では具体的にどういう手法が必要となるかというところで、ディルタイはやがて「解釈学」を展開していくことになるわけだが、『序説』の段階では、精神科学の方法論についてはそれほど整理された議論がされているわけではない。

心理学における反実証主義

「精神科学」という言葉を使って人間についての研究の哲学を展開したのはディルタイだけではない。もう一人の重要な理論家としてヴィルヘルム・ヴント《ヴン》がいる。ヴントといえば一八七九年にライプツィヒ大学で最初の実験心理学の研究室を起こして実験心理学の基礎を築いた心理学者であり、哲学とは縁がなさそうに思えるかもしれない。しかし、彼の膨大な著作群の中には、『論理学』全三巻（といっても今でいう論理学より科学方法論に近い内容）や『哲学体系』など、哲学に分類できる仕事も多い。そのヴントが一八八一年に創刊した学術誌『哲学研究』（Philosophische Studien）も、心理学の論文とならんで哲学の論文が多く掲載されている。ヴント自身、「数学的帰納法について」とか「化学の方法論について」とか、実験心理学とは関係なさそうなタイトルの論文をこの雑誌に多数寄稿している(57)。ただ、彼の哲学的な著作はほとんどが英訳も日本語訳もされておらず、アクセスが難しい。ここでは心理学史家のクルト・ダンツィガーや高橋澪子の論考を頼りにポイントだけ紹介する(58)。

ヴントは心理学の研究領域を個人心理学と社会心理学に分けた。個人心理学は知覚の生理学的プロセスなどを自然科学と同様の実験的手法で研究する。そしてヴント自身がその領域を確立したわけである。対して社会心理学は物理的因果性とは異なる「精神的因果性」を扱う。精神的因果性が物理的因果性と異なるということは、直接の経験からわかる（意志の力で自分の行為を左右できるというようなことを指しているのであろう）。心理学はこういう側面を持つので、自然科学には収まらず、精神科学の一分野となる。ディルタイと同じく、ヴントも「精神科学」に歴史学、経済学、人類学など人間に関する幅広い領域を含めている。ヴントの精神科学のリストを見ると動物心理学なども含まれていて、精神的因果性というものを人間に限定しては捉えていなかったらしいことがわかる(59)。

ヴントがこうした主張をしたのは、ちょうどマッハやアヴェナリウスらによって実証主義の心理学が「新しい心理学」として提唱された時期だった(60)。ヴントの弟子の一人であるオズワルド・キュルペはマッハの影響を受けて、観察可能なものだけを心理学の対象とすることを自らの著作で宣言した。[61]この実証主義の心理学は、ヴントの研究の生理学的な側面である実験心理学の面はそのまま受け継ぐが、精神的因果性のようなあるかないかわからないものは研究の対象にしない。これは当然ながらヴントにとっては認めがたい立場であり、彼はキュルペ、アヴェナリウス、マッハらを批判する長大な論文をつぎつぎと『哲学研究』誌上に発表していく。[62]しかし、大きな流れとしては、心理学の自然科学化がほかならぬヴント自身の弟子たちの手ですすめられ、つぎの行動主義の時代を準備することとなった。

個別の特徴を扱う科学としての文化科学

以上見てきたように、ディルタイやヴントは、人間を研究対象とすることの特異性の源として、人間には自己意識や意志の力があるという点を想定していた。しかし、同じく社会科学の独立性を主張しながら、まったく違う切り口からアプローチする研究者もいた。その中心となったのが、ヴィルヘルム・ヴィンデルバントやハインリヒ・リッケルトら、新カント派と呼ばれるグループである。[63]新カント派は一九世紀末から二〇世紀初頭のドイツの思想界を席巻した潮流で、マールブルク大学の関係者を中心とするマールブルク学派と、ドイツ西南にあるフライブルク大学やバーデン大学の関係者で構成される西南学派が主要な学派とされる。ここで扱うヴィンデルバントやリッケルトは西南学派に属する。

ヴィンデルバントは、一八九四年の講演「歴史と自然科学」の中で、近年「自然科学」と「精神科学」という区別が使われるが、これは不適当な分類だと断ずる。[64]というのも、精神について研究する分野の代表は心理学だが、心理学の手法はまったく自然科学と同じだからである。彼はヴントの名前は挙げないものの、ヴントが想定していた直接経験については存在自体があやしいし、仮にそういうものがあったとしてもそれだけでは心理学的な事実を確立することができない、と批判する。[65]

彼によれば、心理学以外の精神科学に分類される諸分野に共通するのは、個別の事例について詳しく知ろうという研究スタイルである。自然科学が（心理学も含めて）さまざまな現象間の共通パターンに目を向けるのに対し、精神科学の諸分野は事例間の違い、個別性にこそ興味を持つ。ヴィンデルバントはこの二つのアプローチの違いを表現するために「法則定立的」（nomothetisch）アプローチと「個性記述的」（idiographisch）アプローチという用語を導入した。[66] 歴史上の個々のできごとや個々の文化ないし芸術作品の個別の特徴を研究する歴史学、人類学、文学などはこの意味で個性記述的な研究というわけである。

この個性記述的な研究は「文化科学」（Kulturwissenschaft）とも呼ばれる。精神科学との一番大きな違いは心理学（および社会の法則を探し求めるようなタイプの社会学）が含まれていないことである。この用語を提案したのはヴィンデルバントの弟子のリッケルトで、彼は『文化科学と自然科学』や『自然科学における概念形成の限界』といった著作で文化科学の持つ特徴についてカント哲学の問題意識から考察を行っている。[67]

リッケルトの友人の一人にマックス・ヴェーバーがいた。ヴェーバーはリッケルトの『概念形成の限界』を読んで感銘を受けたといわれている。[68] ヴェーバーの創始した「理解社会学」はディルタイらのいう「精神科学」ともリッケルトらのいう「文化科学」とも違う切り口で社会学の独自性を訴えた。[69] 理論の中身は違えども、自然科学と異なる社会科学独自の方法論を探究するという問題設定において、ディルタイからヴェーバーまで、そしてヴェーバーの影響を受けた現在の社会科学の哲学に至るまで、一つの考え方の系譜が連綿とつながっている。

もちろん、「社会科学の哲学」につながる流れが、ここで見たような社会科学の独自性を主張する流れだけではないのは、本節の冒頭でも紹介した通りである。しかし、ここで紹介した社会科学の独自性を探る哲学的検討の伝統が存在しなければ、社会科学の哲学は、そして社会科学そのものも、はるかに味気ないものとなっていただろう。

3　英米の科学哲学

トムソンとテイトの穏健な経験主義

さて、それではドイツ語圏を離れ、英米の一九世紀末の科学哲学の様子を見てみよう。イギリスは、一九世紀中ごろには、ハーシェル、ヒューウェル、ミル、ジェヴォンズらを輩出し、科学哲学の中心地とも言うべき活況を見せていたが、一九世紀末ごろにはこの分野ではドイツにかなり押されている印象がある。このころのイギリスでは、科学哲学に関する議論は、一般向けの科学解説書の中でその一環として行われている場合が多い。例えば、ウィリアム・トムソン（後のケルヴィン卿）とピーター・テイトによる『自然哲学論』は非常に成功した、定番の物理学解説書であるが、この中の「経験」という章は経験主義の科学哲学の解説となっている[70]。立場としては第1章で紹介したハーシェルの穏健な経験主義の立場に近く、実際ハーシェルを引用しながら「剰余の現象」の重要性を指摘する（それをさらに整理したミルの「剰余法」にはなぜか言及していない）[71]。また、トムソンとテイトは仮説を三つのクラスに分類する。第一は万有引力など、関係する力がすでに知られているもの、第二は熱の動力学的理論や光の波動説などメカニズムにわからないところがあるもの、第三は熱の数学的理論のように、メカニズムはわからなくても法則はわかるので、その帰結について計算することはできる、というタイプのものである[72]。こうした分類からは、トムソンとテイトが熱や光について、実証主義にも単純な実在論にも与せず慎重にわかっている部分だけを受け入れる、という立場をとっていたことがうかがえる。

クリフォードとピアソンの「常識」

同じく、一般向けの科学解説書の中ではあるが、イギリスにおいてもマッハ的な実証主義を展開する人々はいた。数学者で哲学者のW・K・クリフォードと統計学者のカール・ピアソンである。この二人をセットで論じるのにはちょっと複雑な事情がある。

クリフォードは、数学では代数幾何学を専門とし、クリフォード代数に名前を残している[73]。哲学者としては「信念の倫理」と題する論文でもっともよく知られている（Clifford 1877）。この論文は「不十分な証拠に基づいて何かを信じてはならない」というテーゼを主張している。現代の哲学では、「信念の倫理」をめぐる論争は科学哲学とはまったく別の話題として扱われることが多いが、実証主義が「観察できないものについて科学は語ってはならない」という主張だと考えるなら、実は信念の倫理と実証主義は密接な関係にある。

クリフォードは力学に関する著述も行っており、数学と物理の関わりについての哲学的考察は以前から行っていた。一八七九年に逝去したときも、このテーマでの本を書きかけていたところだった。本人はこれがきちんと修正のうえ出版されることを望んでおり、遺稿の出版はロンドン大学の数学者R・C・ロウに託された。しかしそのロウも一八八四年に亡くなり、ちょうど同大学に着任したばかりのピアソンに遺稿の整理と出版の仕事がまわされることになる。

ピアソンは相関係数やカイ二乗検定など、現在でも使われる統計学上の概念を考えたことで知られるが、こうした統計についての仕事はピアソンの後半生になってからのものである。(74) 彼は若いころに数学、哲学、法学などを学んでおり、数学者としてロンドン大学ユニバーシティ・カレッジで教鞭をとった。その最初の仕事がクリフォードの遺稿の出版だったわけである。

託された遺稿は、今の言い方で言えば数学の哲学と物理学の哲学に関するものだったが、物理的な空間や運動法則について論じるはずだった章がまったく欠落していた。ピアソンは遺稿全体に加筆すると共に、クリフォードの論文などを参照しながらまるまる一章を書き下ろす。そうしてできたのが『厳密科学の常識』(Clifford 1886 以下『常識』)である。したがって、クリフォードの著作ということになっているが、この経緯をふまえるなら、正しくはクリフォードとピアソンの共著書ということになる。(75)

この本で特に興味深い記述があるのが、ピアソンが一人で(ただしクリフォードの考えを推察しながら)書いた第四章「位置」と、不完全な草稿しかなかったためにピアソンが大幅に加筆した第五章「運動」である。第四章の冒頭では「位置はすべて相対的である」と宣言され、位置はすべてどこかの場所を起点としてそこにたどりつく手順によって特定される、と述べられる。しかし、この章の後半は、空間の形次第では自分が絶対的にどこにいるかをかなり絞り込むことができる、という議論に費やされている。例えば、一次元の世界にすむワームを考える。(76) 世界が完全な円形ならワームは自分の位置を相対的にしか決められない。しかし世界が楕円形なら、自分の体の曲がり具合からワームは自分がいる位置を絞り込むことができる(四箇所のどこか)。また別の形なら一点に絞り込むことも不可能ではない。二次元、三次元でも同じように世界の曲がり具合が一様でない場合を想像できる（二次元空間は三次元的に、三次元空間は四次元的に曲がっていることがありうる）。われわれの世界の空間の曲がり方についてはいくつかの可能性がある。[77] すなわち、①場所によって曲率が違う、②全体として曲率は同じだが時間変化する、③場所によって微妙に曲率が違うと同時に時間によっても変化する、の三通りである。特に場所によってさまざまに異なる曲がり方をしている空間という考え方は、三〇年後に登場する一般相対性理論を先取りするアイデアとしても注目されるが、現在の科学史では、あとで正しいとわかった理論と似たようなことを単に早い時期に言っていたというだけで高い評価をするのは「ウィッグ主義」と呼んで戒める。

むしろ評価すべきポイントは、空間についての観察と理論の関係が一筋縄ではいかないということを指摘した点である。空間の曲がり方についてさまざまな可能性を考えた理由を、クリフォードとピアソンは以下のように説明する。「われわれが空間の本性についてこのような考察を導入したのは、厳密科学でわれわれが行う約定（postulates）の性格について読者に得心してほしかったからである。これらの約定は、あまりにしばしば想定されるように、必然的で普遍的な真理ではない。それらはわれわれのある限られた領域における経験に基礎を置く公理（axioms）にすぎない」[78]。つまり、まったく同じデータから、この宇宙はユークリッド的だという仮説もユークリッド的でないという仮説も同様に支持される可能性があるわけである。これはポアンカレやデュエムといったビッグネームの科学哲学者の議論と比べても遜色のない指摘である。

『常識』の第五章「運動」ではニュートン力学の運動法則がとりあげられる。そこでは、「質料」（matter）や「力」（force）という概念が運動の法則についての理解をかえって阻害する、という指摘がなされる。「われわれの運動についての考えの基礎を『質料』や『力』といった語におくという習慣は、数学的推論だけでなく、哲学的推論においても、あまりにしばしば不明瞭さにつながってしまう。（中略）ある物体の存在がなぜもう一つの物体の速度を変えるのかわれわれは知らない。第一の物体の中の力が動く物体の質料に作用した、と述べることは、われわれの無知を軽視することにすぎない」[79]。matter は今の自然科学では「物質」とするのが定訳だが、ここでは、アリストテレスの「質料」と「形相」の区別における「質料」（つまり、それに形を与えることで物体となるような、実質のようなもの）を指しているようである。というよりも、この時期は、アリストテレス的な「質料」の概念と、現代科学的な「物質」の概念がいまだはっきりと分化していなかったと言うこともできるかもしれない。いずれにせよ、ピアソンの（クリフォードの代わりに書いた）主張は、ダランベールら以来の実証主義的な考え方の正統な後継者となっている。ピアソンは『常識』の序文で、マッハが『力学史』で同様の見解を述べているのに気づいてこの大胆な主張を公表することにした、と述べる。つまり、ピアソンは単なるマッハの信奉者ではなく、クリフォードを通してマッハと同じような見解を学んだあとでマッハと出会ったようである。ピアソンがこの仕事にとりかかる以前にどれくらいクリフォードに共鳴していたかはわからないが、こうしてクリフォードになりかわって本を書く作業の中で大きく影響を受けたことは想像に難くない。

閉じ込められた電話交換手としての人間

その後、ピアソンはマッハの『感覚の分析』や関連する論文を読んで、深くマッハの影響を受けるようになる。その中で書かれたのが彼の主著『科学の文法』である（Pearson 1892）。この本は、『感覚の分析』をはじめとするマッハの著書を下敷きにしながら、科学で使用されるさまざまな概念、例えば法則、原因、時間、空間などをどう理解すべきかを論じる。具体的には、そうした概念はあくまで思惟の経済のために採用されているだけであり、そうした概念に対応する何かが実在していると考えるべきではないと論じるのだが、このあたりはマッハと非常に近い部分である。

しかし、ただマッハを紹介しているだけかといえばそういうわけでもなく、随所にピアソンの独自性も見られる。例えばピアソンは、科学の対象は感覚印象（sense impression）であり、その背後にある世界は科学の直接の対象にならないと論じるが、その考えを電話交換手の比喩を使いながら説明する。[80] 交換室から一度も出たことがない電話交換手は、顧客については声を通してしか知ることができない。われわれと世界の関係もそれと似ていて、感覚経験を通してしか世界について知ることはできない。だから科学は感覚印象を扱うしかない、というわけである。

ピアソンがマッハの信奉者だと言っても、両者の立場は微妙に違っていることもこの比喩からわかる。マッハであれば、会ったこともなく、原理的に会うこともできないのなら、声の背後に顧客がいるという想定自体がナンセンスだと言うだろう。マッハの中立一元論の立場からは、顧客の声こそが世界そのものなのである。それと比べると、ピアソンは、声の背後の顧客を想定する分、マッハよりほんの少しだけ常識的である。マッハのような極端な立場については「感覚印象から正当に導き出すことができない」とも言う。[81]

統計学は科学の文法か

ところで、まったく余談だが、「統計学は科学の文法である」という警句が使われることがある。これを言い出したのが誰かは調べてもわからなかったのだが、「統計学の祖であるピアソンが『科学の文法』という本を書いたのだから、当然その本は統計学が科学の文法だという趣旨の本だろう」と思った人たちが広めたのであればそれは大きな誤解である。『科学の文法』は三回版を重ねているが、一八九二年の初版と一九〇〇年の第二版には統計学への言及はない。[82] 一九一一年の第三版に至って、原因と結果の概念を分析する際に分割表（contingency table）に基づく相関の概念が導入されていて、この部分は統計学についての話題ではある。[83] これはこれでもちろん興味深い分析なのだが、第三版においても議論のほんの一部にしか関わっていない。では「科学の文法」とは何かというと、ピアソンはこのタイトルについて文中で特に説明していない。内容から推測するならば、ピアソンの考える「科学の文法」とは、科学の基本的なものの考え方であり、具体的にはマッハ流の実証主義こそが「科学の文法」だということではないだろうか。

アメリカにおける忘れられた先行者

イギリスで一九世紀末に科学哲学が盛んでなかったとすれば、当時まだ新興国であったアメリカはなおさらである。しかし、そのアメリカでも注目すべき哲学者は存在する。その一人がJ・B・スタロである。スタロはほぼ忘れられた哲学者となっているが、もっと読まれてもよい興味深い論考を残している。

スタロはドイツ生まれのアメリカ人で、経済的な理由で大学へ行くのを断念して渡米したという。地域の大学でドイツ語や数学を教えるかたわら、独学で哲学、物理学、化学などを勉強した。のちにはフォーダム大学で物理学も教えたという。

スタロの生涯と哲学について比較的詳しく紹介しているのがL・D・イーストンの『アメリカにおける最初のヘーゲル信奉者たち』という本なのだが、そのタイトルが示す通り、スタロはもともとヘーゲル哲学に傾倒していた。[84] スタロの最初の著書『自然哲学の一般原理』（Stallo 1848）は、アメリカでヘーゲルを好意的に紹介した本としてはもっとも初期のものだという。

しかし、スタロが一八八一年に公表した『近代物理学の概念と理論』（以下『概念と理論』）では、ヘーゲル主義者としての姿は影をひそめ、科学の中になお残る形而上学への批判が展開されている。この本はインターナショナル・サイエンティフィック・シリーズという、当時人気のあった科学啓蒙叢書の一巻として出版された（第3章で紹介したシジウィックの『誤謬論』と同じシリーズである）。

スタロは、まずわれわれの認知の持つ一般的な性格を哲学的に分析し、対象それ自体ではなく対象の表象にしかわれわれはアクセスできないということ、対象については関係しか知りえないということ、思考作用は対象のほんの一部の側面しか扱わないこと、などを挙げている。しかしわれわれは認知というもののこうした特性を理解しておらず、そこからさまざまな誤謬が生じる。スタロは四つの誤謬を列挙する。①われわれの概念が常に現実の対応物を持つと考えること、②一般的な概念に対する対応物の方が特定的な概念の対応物よりも先立って存在すると考えること、③概念の発生の順序が事物の発生の順序でもあると考えること、④関係以前に関係を持つ個々の項が先に存在していると考えること、である。

さらに進んでスタロは、現実の物理学がこれらの過ちを犯していると主張し、その代表として原子論と結びついた機械論的物理学をやり玉に挙げる。さらに、カール・ノイマンという数学者の絶対空間擁護論に答える形で絶対空間の概念もスタロは批判しているのだが、例えば運動というのはすべて相対的なものなので、この宇宙に物体が一つだけしかないとしたら、その物体が運動するということ自体意味不明だ、というような議論をしている。

スタロの議論を全体として見たとき、認知についての考えが心理学をベースにするというよりは哲学的思弁になっているとか、世界自体が何でできているかという存在論に踏み込んでいないとか、いくつか目立つ違いはあるものの、物理学に内在する形而上学の批判という点ではおどろくほどマッハの『力学史』での議論を彷彿させる。『力学史』の方が一八八三年初版と『概念と理論』の二年あとに出版されているので、むしろマッハの議論がスタロを彷彿させる、と言うべきかもしれない。

では、スタロはどのようにしてヘーゲル主義者から実証主義の一角を担う哲学者に変貌したのだろうか。マッハやアヴェナリウスからの影響は（少なくとも本を書いた時点では）それほどなかったようである。『概念と理論』は一九世紀末になってラッセルやマッハの目にとまり、マッハの哲学に対する重要な先行研究としてドイツ語訳も出版された。その際にスタロとマッハの間で何往復か手紙のやりとりがあり、イーストンの本で翻訳紹介されている。その手紙の中で、スタロはマッハの仕事を高く評価しているのだが、かといって自分がそれに影響を受けたという言い方はしていない。一方アヴェナリウスの初期の論文は『概念と理論』でも引用されているので、まったく影響がなかったというわけでもない。

スタロはコントからの影響について、『概念と理論』第二版（一八八八）の序文でわざわざ名前を挙げた上で影響を受けていないと断っている。[85] 他方、『概念と理論』の哲学的な部分ではミルが頻繁に引用されており、その影響は明らかである。ヘーゲル主義の紹介者としてのスタロに注目するイーストンは、実はヘーゲル主義自体も影響しているのではないかと推測する。[86] スタロ自身は最初の本を「失敗」だと自己評価し、『概念と理論』でヘーゲルもしばしばやり玉に挙がるので、ヘーゲルを批判する立場へと変わったのはまちがいない。しかし、イーストンによれば、スタロの認知の理論は、イギリス経験論風に修正されているが、ヘーゲルの認知の理論と実は非常に似ているという。以前にマールブランシュがダランベールらの実証主義的思想の元ネタではないかという説を紹介したが、壮大な形而上学と反形而上学はそれほど距離が遠くないのかもしれない。

メタフィジカル・クラブとプラグマティズム

アメリカが後に科学哲学大国になる下地をさかのぼれば、一九世紀末に創始されたプラグマティズムにまで行き着くことができる。そこで、本章でも、C・S・パースとウィリアム・ジェイムズに触れておきたい。パースとジェイムズはプラグマティズムの創始者として、またパースは記号学の提唱者、ジェイムズは宗教哲学の面でもよく紹介されているので、わざわざ本書で紹介するまでもないといえばないのだが、ここでは彼らと科学哲学との関わりに焦点をしぼる。

彼らの交流はそれぞれかなり長期間にわたるが、その中でもよく知られているのが、一八七二年ころにハーバード大学周辺の知識人たちで結成された「メタフィジカル・クラブ」という哲学談話サークルでの活動である。(87) ルイ・メナンドが近年このクラブのメンバーを中心としてアメリカ精神史をまとめた『メタフィジカル・クラブ』というそのままのタイトルの本を出版した。メナンドによればこの種のサークルは当時至るところにあったらしいが、このグループはメンバーが際立っていた。呼びかけたのは実証主義を自称した哲学者として第4章で紹介したチョーンシー・ライトであり、参加者はパース、ジェイムズ、第4章で名前を挙げたジョン・フィスクとフランシス・E・アボットのほか、後の最高裁判事で法思想家としても知られるオリヴァー・W・ホームズも参加するなど錚々たる顔ぶれだった。会合はパースやジェイムズの家で開かれたという。

このクラブを有名にしたのは、パース自身が三〇年後に書いたいくつかの文章である。[88] パースによればプラグマティズムという言葉や考え方が生まれたのはこのクラブの会合の場だった。[89] クラブのメンバーの一人だった法律家のニコラス・グリーンが「何かを信じること」と「行為すること」を結びつけるというアイデアを提供し、そのアイデアを核にしてクラブでの議論をまとめるような論文を書いたのが、パースだったという。

ライトはこのころ四〇代前半で他のメンバーたちより一〇歳前後年長だったが、パースの言い方では、ライトは指導者というよりは「ボクシング・マスター」[90] みたいなもので、彼は特にひどいパンチをあびることが多かった、と回想する。つまり自分の発言に従う信奉者よりも、論争相手を求めるタイプだったというわけである。ともかくも、彼らが次第につくりあげていったプラグマティズムの思想の中には、科学的世界観や科学の方法論に関わるものが多く含まれていた。

非実証主義の科学哲学者としてのパース

パースが大学での教育に関わったのは短期間で、もっとも長く勤めたのは米国沿岸測量局だった。後半生はその仕事もやめて貧窮の中で暮らしながら論文を発表していたという。つまり、今でいえば在野の哲学者だった（このあたりはライトと似ている）。もともとカントの研究をしていたが、ライトやジェイムズらとの交流を経て、かなり独自性の高い哲学を形成していく。

一八六〇年代後半から一八七〇年代にかけて、パースは現在でも高く評価される論文をいくつか発表している。[91] 彼の立場はライトの言う意味での実証主義の影響は受けていたものの、それとは明らかに一線を画すものだった。論文「四つの無能力の帰結」では、人間に直観という能力はないこと、思考の確実な基礎はないことなどを指摘し、常にまちがう可能性の中で思考をすすめていくしかないと指摘する[92]。絶対的な知識を得るための直観の存在を否定するあたりはライトの議論とも共通しており、影響関係がうかがえる。あらゆるものを疑うというデカルトに対して、「われわれは積極的に疑う理由があるからこそ疑う」、つまり疑う理由のないものは疑わない、という常識的な立場を擁護する[93]。この論文ではまた、演繹・帰納とならんで「仮説」の方法（証拠からそれを説明する仮説を見つける）という推論のしかたがあると論じている。パースはこの考えをのちに「アブダクション」という名前で発展させ、現在もこの呼び名は受け継がれている[94]。

つぎの「信念の固定」という論文では、信念形成のさまざまな方法を批判的に検討したあと、経験を手がかりに世界について明らかにしていく科学の方法こそが最善の方法だと主張する[95]。さらに、その姉妹編の「いかにして概念を明確にするか」では、科学の方法とは共同で真理を探究して一つの答えへと収束していく集団的営みだと特徴づける。例えば、光の速度はいろいろな方法で科学者たちによって調査されてきた。最初は彼らの出した答えにばらつきがあったが、次第に一つの値に収束していった。これは光の速度だけでなく、科学的探究全般の持つ特徴だとパースはいうわけである。意見の収束について楽観的にすぎるきらいはあるものの、科学の集団的営みとしての性格をいち早く指摘した点は高く評価できる。

パースはさらに、そうやって一つに収束してもはや変わらなくなった信念について、「調査を行うすべての人が究極的にそれに同意するように運命づけられている意見こそがわれわれが真理という言葉で意味するものであり、その意見の中で表される対象は実在する」と主張する[96]。これは、現在では「真理の収束説」と呼ばれる立場を提案しているものと解釈される。つまり、真理とか実在というのは人間と関係なくどこかに存在するようなものではなく、集団的探究の営みで最後にたどりつくものがとりもなおさず真理や実在だというわけである。[97]

パースのアイデアの多くは論理実証主義の全盛期にはほとんど顧みられなかったが、反懐疑主義の議論や真理の理論は二〇世紀後半になって再発見され、さまざまな形で現代の科学哲学の中に組み込まれていった。科学哲学を豊かにしてくれた一人であることはまちがいない。

さまざまな流れをつなぐ存在としてのジェイムズ

それでは二〇世紀後半に再発見されるまでパースの科学哲学がまったく影響力を持たなかったのかといえば、それも極端な考え方である。パースが整理したさまざまな考え方は友人のジェイムズを通して形を変えながら「プラグマティズム」の名の下に広められていくし、その中には科学についての思想も含まれる。

ジェイムズはライトやパースと違って、ハーバード大学の哲学教授という職を得、世間的にも成功をおさめた。一八九〇年には『心理学の諸原理』で心理学者としても名声を確立していた。彼はこの本を「厳格に実証主義的な視点から」書いたと述べている。[98] この「実証主義」は形而上学的説明を排するという広い意味で、コントやマッハより、しいて言えばライトに近い。ところが、その後マッハとの交流を経て一九〇四年に発表した「純粋経験の世界」では、マッハやアヴェナリウスの中立一元論の立場を「純粋経験」説として提示している（この言葉自体もアヴェナリウスから借りたものだが、論文中で典拠への言及はない）。[99]

ある時期のジェイムズの立場がマッハと近いということは意外に指摘されることが少ない。この二人の立場を受け継いだのがバートランド・ラッセルである。[100] ラッセルは論理学者として、言語哲学者として、とりわけ『プリンキピア・マテマティカ』の著者の一人として、多様な仕事を残しており、科学哲学周辺に限ってもいろいろな影響を残している。ラッセルはその生涯の間にさまざまな哲学上の立場を採用しているので、「ラッセルの立場」を一概に語るのは難しい。その中でも、一九一四年の論文「見知りの本質について II――中立一元論」と題する論文で、ラッセルは、マッハやジェイムズの立場として「中立一元論」を紹介し、有望ではあるが難点のある立場だと分析している。[101]

話をジェイムズに戻すと、一九〇七年の『プラグマティズム』では、そのマッハらの立場も相対化される。[102] マッハらが批判した原子論も、マッハら自身の立場も、あるいは日常の常識的立場も、どれかがより絶対的に真理に近いというようなことはなく、それぞれの目的に応じた長所と短所がある。ここからジェイムズは「われわれの理論はすべて道具的（instrumental）である」という「プラグマティックな見方」を導き出す。これは、信念の正しさを利用法と結びつけて考える点ではパースの考えを受け継いでいるが、科学的探究は最終的には一つの答えに収束するだろうという彼の楽観論にはむしろ反するものとなっていて、現代の反実在論の立場と近い。[103] ジェイムズは経験主義系のさまざまな立場の間で揺れ動いているように見える。

のちにドイツ語圏の論理実証主義者たちがアメリカに移住してきたとき、彼らを中心になって受け入れたチャールズ・モリスはプラグマティズムの哲学者だった。[104] そうした受容は、プラグマティズム自体の中に、旧世代の実証主義の影響を受けながら発達してきた部分があったからこそ可能だったのかもしれない。

4　フランスの科学哲学

最後にフランスの様子を見てみよう。フランスはこの時期にはドイツに次いで科学哲学の議論の盛んな国だったと言っていいだろう。なかでもアンリ・ポアンカレとピエール・デュエムの二人は現代の科学哲学の議論でもしばしば名前が登場する。しかし、この二人以外のフランスの議論はほとんど顧みられてこなかった。フランスの科学哲学者たちの著作の多くは英訳もされなかったために議論の俎上にものってこなかった。さらに、二〇世紀に入るとフランスでは科学思想史（エピステモロジー）と呼ばれる、英米の科学哲学とはかなり異なるアプローチが盛んとなり、フランスの哲学はますます科学哲学の主流から遠いものになってしまった。しかし、近年になって、アナスタシオス・ブレナーとジャン・ガイヨンの編んだアンソロジーなどで、フランス科学哲学の英米への紹介がすすみはじめている。わたし自身もまだ不案内な領域ではあるが、ブレナーらの紹介を手がかりに概要を整理してみよう。(105)

フランスの新実証主義

ブレナーらによれば、コント以降のフランスの科学哲学では、実証主義的な科学哲学の伝統が少なくとも第一次世界大戦の終わりまで続いていた。その伝統を最初に担ったのは科学史家のポール・タンヌリやカント派の哲学者エミール・ブートルーらだった。ブートルーの業績としては科学と宗教の関わりについての論考が一番よく知られているが、もっと現代の科学哲学に近いテーマとしては、『自然法則の偶然性』（Boutroux 1874）や『現代の科学と哲学における自然法則の観念について』（Boutroux 1895）という著作があり、自然法則というものが何らかの必然性を持つのか、つまり理性の働きだけで発見できるようなものなのかという問いをとりあげている。ブートルーの答えは、物理法則は言うに及ばず、論理法則や数学の法則ですら、この世界で本当に成り立つかどうかを知るには経験が必要である、というもので、立場としてはカントよりもコントやミルに近い。特に、『現代の科学と哲学における自然法則の観念について』では、物理学、化学、生物学、心理学、社会学のそれぞれの法則を具体的に検討し、法則と一言で言っても実は分野によって性格が大きく違い、力学などの抽象的な法則と実験法則は区別して考えるべきだと指摘している。これは現代の科学哲学者が読んでも共感できる部分だろう。

タンヌリやブートルーの影響を受けながら育った科学哲学者として、ポアンカレ、デュエムのほか、ガストン・ミヨー、エミール・ル＝ロワ、アーベル・レイらがいる。彼らの背景はさまざまで、ポアンカレは数学と物理学、デュエムは物理学、ル＝ロワは数学がもともとの専門である。彼らの一九世紀末から二〇世紀初頭の哲学はコント以来の実証主義の伝統を強く受け継いでおり、実際、ル＝ロワは一九〇一年の論文で彼らの立場を総称する言葉として「新しい実証主義」(une positivisme nouveau) という言い方を提案する。彼によれば、この新しい実証主義はコントの古い実証主義とくらべて「より現実的で、精神の力により大きな信頼を寄せる」[106]。ただし、この「新実証主義」という呼び名は定着せず、現在ではポアンカレ、ル＝ロワらの総称として「規約主義」が使われる。内容的にも、目に見える現象のみについて語ることを重視するコント流の実証主義に対して、ル＝ロワらは目に見えないものについての仮説の重要性を認識している(規約という位置づけではあるが)。こういう点を考慮するなら、混同を避けるために「実証主義」の呼び名を避けるのには一理ある。

ここで名前を挙げた人々に対するコントの影響は実証主義という思想面だけではなく、科学史の研究と一体として展開するという点にもあった。元来が科学史家であるタンヌリのほか、デュエムも中世科学史の研究をしているし、ミヨーやレイも科学哲学と科学史両方の著作を残している。[107] また、ミヨーは一九〇九年にパリ大学に創設された「科学との関わりにおける哲学の歴史」という教授職に就くが、このポストはその後レイからG・バシュラールやG・カンギレムといった科学思想史家たちに受け継がれていく。[108] この中でフランスの科学哲学はもとから持っていた思想史研究としての性格を強めていくのだが、しかしそれはまだ先の話である。一九世紀末の科学哲学に戻ろう。

取り決めとしての無限の宇宙

この時期の科学哲学者としてもっとも影響力が大きいのはポアンカレである。[109] ポアンカレは哲学者としてだけでなく、数学者、物理学者としても重要な役割を果たしており、近年でも盛んに研究されている。例えば、科学史家兼科学哲学者のピーター・ギャリソンの『アインシュタインの時計　ポアンカレの地図』という研究書が近年翻訳出版されたが、ギャリソンはポアンカレがフランス経度局で経験したことが彼の物理学や哲学にも反映しているのではないかと指摘する（Galison 2003）。この役所でポアンカレは時間を十進法に変えるというプロジェクトを率いたり（これがうまくいかなかったために今でもわれわれは二四時間や六〇分や六〇秒で繰り上がる特殊な計算法を使い続けているわけだが）、電信技術を使って遠隔地の時計を同期させるプロジェクトに関わったりしていた。これはポアンカレが科学哲学の著作をもっとも精力的に発表していた時期にもあたる。そして、それらの著作の中では、時間が取り決めとしての性格を持つとか、遠隔地でのできごとの同時性というのが単純な問題ではないというアイデアが利用されている。実際、同時性についてのポアンカレのアイデアは、相対性理論の発見まであと一歩というところまできていた。

そのポアンカレが哲学にも深入りするようになった理由の一つとして、ブートルーが義弟になったというのもあるかもしれないと言われている[110]。ブートルーはポアンカレより九歳年長だが、ポアンカレの妹と結婚し、ポアンカレとも交流を深めたようである。あとで見るように、ポアンカレは抽象度の高い法則と実験から直接導かれる法則を区別して考えるべきだと論じたが、この考えはさきほど紹介したブートルーの説を下敷きにしているかもしれない。

科学哲学におけるポアンカレの立場はしばしば規約主義（conventionalism）という名称でまとめられてきたが、これについても現在見直しが進んでいる。まず、ポアンカレが規約主義者と呼ばれる理由を見ておこう。ポアンカレは世界の幾何学的な構造について、どんな実験や観察を使ってもユークリッド空間か非ユークリッド空間かを決めることはできないと論じた。ポアンカレは一八九五年の「空間と幾何学」という論文の中でこのアイデアについて思考実験を使って具体的に論じている（この論文の内容は彼の科学哲学における主著『科学と仮説』の第四章として組み込まれている[111]）。

われわれが住んでいるこの宇宙は無限にひろがるように見えるが、実は有限の球状の宇宙かもしれない。ただ、その球状の宇宙の端に近づけば近づくほどあらゆる物体が小さくなるという性質を持つと仮定する。そうすると、中の物体はいくら進んでも端にたどりつかないので、宇宙は無限であるように感じる（数学的な細かい話はここでは紹介しきれないが、この空間は非ユークリッド空間となる。興味のある方は『科学と仮説』を実際に読んでみられることをすすめる）。

ただ、実際問題として、われわれは世界が無限の大きさを持つユークリッド空間だと想定するし、世界の端の方にいくにしたがってあらゆるものが小さくなっていくこともないと想定する。これらの想定は便利だからという理由で採用されただけの単なる取り決め（convention）にすぎない、とポアンカレは言う。[112] このように、ある法則や理論が根拠を持たない取り決めだと考える立場を一般に規約主義という。世界の構造をあらわす幾何学が何であるかについてはポアンカレは確かに規約主義者である。

しかし、ポアンカレは科学における「規約」の範囲をそれほど広く考えていたわけではない。例えばニュートン力学の基本法則の一つとなっている「力＝質量×加速度」といった式は定義としての性格が強い、つまり「力」や「質量」という言葉の使い方についての取り決めとしての性格が強いことを彼は指摘する。しかし、まったく恣意的というわけではなく、この式は実験で支えられており、現実の関係を指し示している。実は先ほど名前を挙げたル＝ロワは物理法則全般も規約だという立場をとっており、ポアンカレはそれは行き過ぎだと言ってル＝ロワを批判している。[113] さらに、実験結果からそのまま導けるような法則については、取り決めとしての性格を全面的に否定している。[114] 規約主義者といっても、ポアンカレは非常に限定的な規約主義者だったのである。

構造のみを認める実在論

最近では、ポアンカレは物理法則については今でいうところの構造実在論という立場をとっていたのではないかという観点から、ポアンカレの哲学の再検討が行われている。[115] 序章で現代の科学哲学における科学的実在論の論争を紹介したが、構造実在論は、その議論の中で登場した立場の一つである。おおまかに言えば、科学が観察不可能なものについて述べていることのうち、どんなものが存在するかについて述べる部分は信用するに足りないが、そうした目に見えないものの間にどういう関係が成り立つか、つまり目に見えない領域でどういう構造が存在するかについて科学が述べることは信用できる、という立場である。[116] 例えば、電子や原子というものが存在するかどうかはわからないけれども、そういうものの振る舞いを記述するとされるさまざまな数式については、その数式に対応する構造がこの宇宙に存在する、というわけである。序章で触れたように、科学的実在論の信憑性を揺るがす議論として「悲観的帰納法」という論法があり、過去の科学者が存在すると考えていたものの中には今となっては存在が否定されているものも多いことが指摘される。構造実在論は、実在論が受け入れるべきは構造の実在性だ、と主張することで、悲観的帰納法をかわそうとする。

ポアンカレがこれに類する立場をとっていたらしいことは彼の著作の随所にうかがえるが、『科学と仮説』の序文はとりわけよく引用される。ポアンカレは、もし物理法則がすべてル＝ロワの言うように恣意的な取り決めであるならば科学は無力なはずだ、と指摘したあとでこのように言う。「ところが、われわれは毎日われわれの眼で科学が活動しているのを見ている。もし科学が実在の何ものかをわれわれに知らしめるのでなければ、こうはいかない。しかし科学が到達し得るのは、素朴な独断論者が考えているような物自体ではなくて、ただ物と物との関係だけである。この関係以外には認識し得る実在はない」[117]。

構造実在論という言葉ができたのは一九七〇年代で、詳しく研究されるようになったのは九〇年代以降である。ポアンカレが単純に規約主義者だとみなされてきたのも、そもそもポアンカレのような立場を表す名称が彼のころにはなかったせいもある。その意味では、ようやく哲学者たちがポアンカレにおいついてきたという言い方もできるかもしれない。

誤解されてきた哲学者としてのデュエム

一九世紀末から二〇世紀初頭のフランス科学哲学を代表するもう一人の哲学者がピエール・デュエムである。ただ、デュエムの哲学も本人の意図よりはだいぶずれた紹介のされかたがされてきた。その中で、デュエムの主著『物理理論の目的と構造』（初版一九〇六年、第二版一九一四年。以下『目的と構造』）の邦訳につけられた小林道夫による解説はデュエムの思想をバランスよくまとめており、たいへん参考になる。[118] ここでは小林による解説を下敷きにしつつ、簡単に紹介する。

常にフランスの学界の中心にいたポアンカレと比べ、デュエムの生涯はあまり恵まれたものではなかった。物理化学、熱力学において業績をあげながら、当時のフランスの化学界の大御所で政治家でもあったマルセラン・ベルトゥローの説を批判したために、学界内ではずっと冷遇されたのである。その結果、デュエムはパリの大学に職を得ることなく、地方都市を転々として生涯を終える。ただ、その間に科学哲学、科学史を含む多数の著作を残しているので、知的には充実していたと思われる。

良識は決定不全を超える

現在の科学哲学の著作でデュエムの名前を目にするのは、「デュエム＝クワインテーゼ」の提唱者としてであろう。このテーゼによれば、どんな仮説も単独でテストにかけられるということはなく、常に多数の背景理論や補助仮説と組み合わさったひとまとまりとしてテストされる。したがって、予想と違う結果が出たとしても、仮説が間違っていたのか、それとも背景理論や補助仮説のどれかが間違っていたのか決められない。これは決定不全性テーゼとも呼ばれる。このテーゼを有名にしたのはW・V・O・クワインであるが、彼が典拠として挙げているのがデュエムである。[119] このテーゼは一九五〇年代以降現在に至るまで、実証主義系の哲学者たちを批判するために頻繁に用いられてきた。クーンのパラダイム論や科学社会学における相対主義も、このテーゼを一つの哲学的な論拠にしている。この流れからすると、デュエムはいわば反実証主義科学哲学の元祖なのだが、話はそう簡単ではない。

『目的と構造』の中で物理理論と実験の関係を考えるために、デュエムは光学におけるいくつかの論争を検討する。例えば、光が光源から放射された粒子であるという「放射説」（現在は「粒子説」と呼ばれることが多い）に対して、光は波であるという波動説の論者がさまざまな反証実験を行った。なかでもF・アラゴは空気中よりも水中の方が光の速度が遅いことが放射説の反証になると論じた。この議論を組み立てるのにアラゴは光が持つとされるさまざまな性質を利用している。つまり、放射説が単独でテストされているというより、さまざまな仮説のあつまった集合がテストされていると考えた方が実情にあっている。[120] こうした事例をいくつか検討したあとでデュエムは以下のように言う。

> 物理学は解体されるがままになる機械ではない。個々の部品を別々にテストし、当の部品の堅固さが詳細に吟味されるのを待って、それからその部品を配置するなどということはできない。（中略）それは有機体なのであって、ある部分を働かせようとすれば、それから最も隔たった部分をさえも（中略）動員して働かせなければならないのである。[121]

ここで、デュエムがデュエム＝クワインテーゼにあたる主張をしているのは確かである（物理理論については、という限定つきではあるが）。

また、別の箇所では実験器具を使うのにも実験の解釈にも理論が必要だということも指摘している。[122]これは、現在では「観察の理論負荷性」として知られるテーゼの原型といえそうである。実証主義を批判する議論の中で、観察の理論負荷性はデュエム＝クワインテーゼと組み合わせてよく用いられる。この点でもデュエムは先駆者だった。

ただし、議論の落としどころは、近年の科学哲学の議論とデュエムとではだいぶ違う。近年の議論では、デュエム＝クワインテーゼは、科学の合理性に疑問を呈するために使われる。しかし、デュエムはむしろ物理学者にセンスが求められるという結論を導く。デュエムは、自分のテーゼや規約主義者たちの主張は、科学理論がまったく反証できないということまで意味するわけではない、と考える。鍵となるのは科学者の「良識」（bon sens）である。論理的には不可能でなくても「全く理屈にあわない」選択肢というのは存在する。デュエムの挙げる例でいえば、光の放射説に対する不利な証拠が出てきても、放射説の支持者だった物理学者のJ・B・ビオーはいろいろ工夫をして波動説に抵抗しつづけた。最終的にビオーはアラゴの実験で負けを認めたのだが、論理的にはそこでもふんばれなくはなかった。ただ、それをやってしまうとビオーは「良識を欠いている」と物理学者たちからみなされただろう。[123]つまり、デュエムは、科学の合理性や客観性というものを認めつつも、それは単純な論理的な規則で捉えられるようなものだということを否定し、エキスパートの判断を重視しているわけである。今から見てもかなり洗練された立場だといえそうである。

道具以上のものとしての科学理論

デュエムのもう一つの貢献としてよく知られているのが、「道具主義」と呼ばれる考え方の先駆者としての仕事である。道具主義は、目に見えないものについての主張は意味を持たず、したがって真偽を問うこともできず、単なる整理のための道具だという考え方である。実証主義の中心的な主張として二〇世紀中ごろには一種の定説のような位置にあった。つまり、デュエムは二〇世紀中ごろの反実証主義と実証主義の両側で引き合いに出される、奇妙な立場にいたのである。

デュエムの主張に実証主義の色合いが強いのは確かである。デュエムは科学理論というものが現象を説明するとか隠れた原因を明らかにするといった考え方を批判し、そんな考え方では科学理論は形而上学になってしまうという。科学理論の目的はそうではなく、マッハの言うような「思惟の経済」であり、現象を分類することだ、とデュエムは言う。[124]

科学理論のふりをした形而上学の代表としてデュエムが指弾するのが「機械論」、つまりこの世界のあらゆる現象は機械的な力の組み合わせで説明できるという考え方である。[125] そしてこの機械論についてデュエムは自分の見解を以下のようにまとめる。「あらゆる自然現象が機械論的に説明されうるという仮説は、物理学者にとって、真でも偽でもない。この仮説は彼にとっていかなる意味も持たないのである」。[126] 形而上学的な仮説を「真でも偽でもない」「いかなる意味も持たない」と批判するのは後のウィーン学団の十八番となる論法だが、デュエムはその原型というわけである。

こうした箇所だけ見ると、デュエムはマッハ流の実証主義者のように見える。しかし、ほかの箇所では、科学理論というものがただ便利なだけの道具とは見なされていない様子もうかがえる。デュエムは「自然な分類」というものを重視し、いろいろな法則をまとめるまとめかたにも、「自然」なやりかたと「不自然」なやりかたがあると考える。例えば光に関するさまざまな法則が光の波動説という形でまとめ上げられるのは「自然」であるが、むりに放射説に整理しようとするのは「不自然」となる。物理学者はこうした自然なまとめかたについて「経験法則を整理する際に物理理論が用いる論理的な秩序は存在論的な秩序の反映である、との感を深める」。そして「物理学者はこうした確信を正当化できない一方で、自分の理性をこうした確信から自由にすることもまたできない」とデュエムは言う。[127] つまり、物理学者は、目に見える現象の背後の秩序のようなものを受け入れざるをえないのだが、それは理屈によってではなく、「良識」やそれに類する直観的な判断によるものなのである。このように確かに自然の秩序を捉えていると考えられる波動説のような理論と、無意味な形而上学である機械論とでは、物理学における地位がまったく違うのである。

良識主義の行方

こうして全体を見ると、デュエムは実証主義とも反実証主義とも距離を置く、いわば「良識」主義とでも言うべき立場をとっていたようである。これは、実験結果だけから論理的に導けることが非常に限定されていることを認めつつ、それを超えて理論構築していく物理学者の良識を信頼する立場である。

デュエムを最後の分岐点として、欧米の科学哲学は二つに分かれていく。ウィーン学団はデュエムの実証主義的な議論を受け継いで形而上学批判を展開し、科学哲学の主流を形成する。他方フランスではデュエムの良識主義の面を引き継ぐエミール・メイエルソンらによって実証主義批判が展開される。メイエルソンが『同一性と実在』（一九〇八）で批判するのは、科学の目的は現象の記述や、せいぜい「思惟の経済」のために現象の法則を整理することだ、という実証主義者たちの考え方である。[128] これに対してメイエルソンが物理学や化学の事例を豊富に使いながら指摘したのは、科学者がやってきたことを理解する上では、彼らが隠れた実在の構造を理解しようとしており、そうした隠れた実在を使って現象を説明したりしようとしていると考えざるをえない、ということである。メイエルソンは批判対象とする実証主義の文献を深く読み込んでいたが、その後の世代ではもはや実証主義を意識することなく、科学の現実により深く根ざした思想史研究が志向されるようになる。

ウィーン学団の流れを受け継ぐ主流の科学哲学とフランス流の科学思想史の間の溝は今なお深い。しかし主流の科学哲学の中では実証主義は過去のものとなり、現在ではむしろ「自然主義」の名の下に科学のありのままを捉えようという研究アプローチが盛んになっている。この現状においては、デュエム以降の流れとの接点をさぐることで得られるものは多いかもしれない。

デュエムはまた、モデルやアナロジーを使った物理学研究の方法を「イギリス学派」と呼んで分析しているが、これは二〇世紀末ごろになって科学哲学で注目されるようになったアプローチを先取りしている。デュエムを現在の視点で読み直すと示唆を受ける部分は多い。

第6章　論理実証主義へと続く道

1　ウィーン学団につながるさまざまな道

科学哲学の歴史を語るとき、一九二〇年代から三〇年代のウィーン学団とその立場である論理実証主義から説き起こすことが多い。以下で紹介するように、これは決してまちがいとはいえないのだが、彼らが問題としたこと、科学哲学の課題と考えたことは、本書で紹介してきたそれまでの議論の蓄積と無縁ではない。そこで、本書のしめくくりとして、ここまで紹介してきた動きがウィーン学団とどうつながるのか、あるいは逆につながらないのか、ということを概観したい。

本書をここまで退屈せずに読んでこられた方はおそらくウィーン学団というのがどういう団体かについて先刻承知されているものとは思うが、念のために、科学哲学の歴史においてどのような位置づけのグループなのか、確認しておこう(1)。

「科学的世界把握」

ウィーン学団は、一九二九年に発表された「科学的世界把握――ウィーン学団」という文書で設立が宣言された(2)。この文書を書いたのはハンス・ハーン、オットー・ノイラート、ルドルフ・カルナップの三人で、モーリッツ・シュリックに捧げられている。この文書の最後には学団のメンバーのリストと、周辺の人々の名前が挙げられている。学団のメンバーとしては、上記の四人を含めた一四人が挙げられている。目立つ名前としてはハーバート・ファイグル、クルト・ゲーデル、ヴィクトル・クラフト、カール・メンガー、オルガ・ハーン＝ノイラート（ハーンの妹でノイラートの妻）、フリードリッヒ・ヴァイスマンなどがいる（これがどういう名簿なのかというのはあとでまた紹介する）。ウィーン学団に共感的な人たちとしてはイギリスのF・P・ラムジーやドイツのハンス・ライヘンバッハの名前が文書の中で挙げられている。特にライヘンバッハはこの当時すでにカール・ヘンペル、ダーフィト・ヒルベルト、リヒャルト・フォン・ミーゼスらと共にベルリンで「経験哲学協会」というグループを形成しており、こうした人たちが自分たちの共通認識だと考えた内容を公表したのが「科学的世界把握」だったのである。

さて、この文書のタイトルに掲げられたグループの名前であるが、もとのドイツ語ではWiener Kreis, 英語ではVienna Circleで、直訳すれば「ウィーンサークル」とでもなるわけだが、意図をとって「学団」と訳すのが伝統となっている。フランクによると、この名前は、ノイラートがウィンナ・ワルツやウィーンの森などの心地よいものを連想するだろうという理由で命名したらしい(3)。ちなみに、わたしが一般向けの文章に「ウィーン学団」と書いていると、校正の方が気を利かせて「ウィーン学派」と訂正していることがあるので気をつけておかないといけない。

このグループの設立が科学哲学という学術分野のはじまりとされるのにはそれなりの理由がある。彼らは一九二九年にプラハでベルリンのグループと共催で科学哲学の国際会議を開き、この会議の場でさきほどの宣言も公表された。この国際会議はシリーズ化されていった。一九三〇年からは彼らは哲学系の既刊雑誌を引き継ぎ、タイトルを『エアケントニス』（Erkenntnis 認識）とあらため、自分たちの論文発表の場とした。さらに、ドイツ語圏のファシズム化が進むと共に彼らはアメリカをはじめとした海外へ移住していくが、移住した先で彼らは積極的に後継者を育成し、それが科学哲学界の中心的なメンバーとなっていった。こうした特徴（学術団体、学術会合、学術誌、大学院教育）は、ある学術分野が成立したかどうかを判定する際に使われる目安となる。

「科学的世界把握」の内容に戻ると、彼らが考える科学的世界把握の核となるのは形而上学の否定である。世界や他者の心についての実在論対観念論という旧来の哲学的な論争はどちらも形而上学的な立場だとして退けられる。というのは、どちらの立場も「従来の形而上学の言明が受けるのとおなじ非難を受けるからである。つまり、かかる言明は、検証可能ではない、すなわち事実的内容を持っていないが故に、無意味だからである。事物は、経験の全体構造の中に組み入れられることによって、『実在的』となるのである」(4)。この、「検証不可能」(unverifiable) な言明は無意味であるというテーゼは「意味の検証理論」と呼ばれ、ウィーン学団の中心的な考え方とみなされる。

また、この文書では、論理的な分析というものの重要性も強調している。「科学的研究が努力目標としているのは、この論理的分析の方法を経験的素材に適用することによって、統一科学を達成するということである」(5)。つまり、科学全体を直接経験した素材とそこから論理的に導き出せる帰結から再構築しようというわけである。実際、カルナップの主著である『世界の論理的構築』(Carnap 1928) はこれを実行しようとしていたと考えることができる。

ちなみに、「科学的世界把握」には、このグループの思想をあらわす名前としてその後長らく定着する「論理実証主義」(logical positivism) という言葉は登場しない。一九三一年にこのドイツ語圏の動きをアメリカに紹介するために『ジャーナル・オブ・フィロソフィー』というアメリカの代表的な哲学雑誌にアルバート・ブラムバーグとファイグルが論文を書いた。ファイグルはシュリックの弟子で学団のメンバーとして「科学的世界把握」にも名前が挙がる中心人物であったがこの年にアメリカへ移民している。ブラムバーグはアメリカの哲学者でウィーン大学に留学して学位を得た人物である。この論文のタイトルが「論理実証主義——欧州哲学の新しい運動」であり、そこからこの名前が世界的に定着していくことになる（Blumberg and Feigl 1931）。また、この論文で意味の検証理論（この呼び方はまだ使われていないが）をはじめとするウィーン学団の基本主張が紹介され、論理実証主義の主張もまた英語圏へと広がっていくことになる。

ついでに言えば、論理実証主義とよく似た「論理経験主義」（logical empiricism）という言葉もある。二つの言葉はほぼ同義で使われることもあるが、ライヘンバッハらベルリンの協会の立場を指すために使われたり、意味の検証理論のような極端なテーゼを受け入れない立場（といっても一九三〇年代の後半にはもう学団の中にもほとんどこのテーゼの支持者はいなかったが）を指すために使われたりする。

この運動はその後さまざまな紆余曲折を経て現代の科学哲学へとつながっていくわけだが、それを確認するのは本書の仕事ではない[6]。本書の残りで見ていきたいのは、この一九三〇年前後を科学哲学の一つの到達点として捉えたときに、どうやって科学哲学はそこまでたどりついたのか、という、一九三〇年以前からのつながりの方である。

科学的世界把握の先達たち

「科学的世界把握」という文書自体が、自分たちがどういう人たちの影響のもとにこの場所にたどりついたのかの手がかりをかなり与えてくれている。まず、「歴史的背景」と題するセクションにおいては、ウィーン学団の発想の源になった先達たちの名前が列挙されている。そこに登場する名前には本書ですでにおなじみのものが多い。先達のリストは「実証主義と経験主義」「経験科学の基礎・目的・方法」「論理とその現実への応用」「公理学」「快楽説と実証社会学」の五項目となっているが、最初の二つが本書のここまでのテーマと関係が深いので、その部分だけ紹介しよう。

実証主義と経験主義：ヒューム、啓蒙主義、コント、J・S・ミル、リヒャルト・アヴェナリウス、マッハ

経験科学の基礎・目的・方法（物理学における仮説、幾何学等）：ヘルムホルツ、リーマン、マッハ、ポアンカレ、エンリケス、デュエム、ボルツマン、アインシュタイン

この中で、啓蒙主義の実証主義的側面を代表するのがダランベールなので、「実証主義と経験主義」の先達たちはまさに本書を通じて紹介してきた人々である。「経験科学の基礎・目的・方法」項に挙げられている人たちも、すでに紹介した人が多いが、最初のリストに比べると科学の抽象的な理論、とりわけ世界の幾何学構造の捉えかたについて考察した人の名前が多く挙がっている。この中で本書であまり登場していなかった名前としては、まず、リーマンが非ユークリッド幾何学の創始者の一人で、一九世紀末の科学哲学に非ユークリッド幾何学がたいへんな影響をおよぼしてきたことはすでに紹介した。もう一人、フェデリゴ・エンリケスはイタリアの数学者だが、ウィーン学団の国際会議に参加している。

ここに名前が挙がるということはウィーン学団発足前に影響力のある研究をしていたということだと思われるが、それについてはわたしもよく知らないので今後の調査の課題である。

もう一つ、ウィーン学団の論理実証主義の「論理」の側面、つまり、記号論理学を使って世界を記述しようというプロジェクトに対して、ゴットロープ・フレーゲ、バートランド・ラッセル、ルートヴィヒ・ヴィトゲンシュタインらが影響を与えたという面ももちろん無視できない。右の先達のリストでも、省略した「論理とその現実への応用」の項では、フレーゲ、ラッセル、ヴィトゲンシュタインらの名前が挙げられているし、文書の末尾に科学的世界把握の「代表者」としてアルバート・アインシュタイン、ラッセル、ヴィトゲンシュタインの三人が挙げられている。ただ、このつながりは論理実証主義の歴史の中でも比較的よく語られる側面であるし、ヴィトゲンシュタインや記号論理学史は国内に研究者も多く、わたしよりこの話を扱うのに適任な人も多い。そこで本書では論理実証主義の「論理」の側面に続く系譜にはこれ以上触れない[7]。

ウィーン学団の社会的な文脈

さて、ここ三〇年ほど、ウィーン学団や経験哲学協会の思想史的な研究はたいへん盛んで、個々の哲学者の間での立場の違いや変遷、学団のおかれた社会的文脈などが調査されている。

例えば、ウィーン学団が当時のドイツ語圏の社会主義運動とある程度関わりがあったことが最近の研究で知られている（Reisch 2005）。ノイラートは第一次世界大戦後にバイエルン州が独立を宣言して社会主義政権ができたとき、閣僚として参加した。この独立運動は数ヶ月で鎮圧され、ノイラートはドイツの大学を追われてウィーンへ戻る（そのおかげでウィーン学団の設立にも参加することになる）。ウィーンでもノイラートは社会主義の活動を続けており、ノイラートの提案した「統一科学」にはそうした社会主義的な社会改革の一環という側面があった。哲学以外におけるノイラートの貢献として有名な「アイソタイプ」つまり誰にでもわかる絵文字を使った表記の提唱も、知識をみんなで共有するというノイラートの政治的な理念が反映したものである。

カルナップはそこまで政治的にアクティブではなかったし、著作からも政治性を感じることはまずない。実際、科学哲学の政治的な側面を研究しているジョージ・ライシュによれば、カルナップは科学や哲学は政治的に中立であるべきだという理念の持ち主だった。にもかかわらず、カルナップ自身は人道主義的な活動には参加していた(8)。

カルナップがハイデガーの形而上学について「無は無化する」といった表現をとりあげて意味不明だと言って批判したのはよく知られている(9)。これは、実証主義者のカルナップにはそもそもハイデガーの言っていることが理解できなかった、というように理解されることが多い。しかし、後で紹介する通りカルナップはもともと新カント派から出発しており、形而上学が理解できないということはなかった。現代の科学哲学者で近年ではカルナップ研究の第一人者となっているマイケル・フリードマンによれば、そうした難解な形而上学は当時のドイツ語圏において保守的なイデオロギーを擁護するために使われており、カルナップが形而上学批判を行った理由の一つもそこにある（Friedman 1996）。カルナップの主著『世界の論理的構築』の「構築」にあたるもとの言葉はAufbauだが、ピーター・ギャリソンによれば当時のドイツ語圏の革新派のはやり言葉で、何かを組み替えて再構築する、というような文脈でよく使われていたらしい（Galison 1996）。

また、ノイラートは「科学的世界把握」の著者の一人ではあるけれども、ウィーン学団の公式見解とノイラート自身の考え方はそうとう異なっており、ウィーン学団に思想的な統一性があったということ自体最近では疑われるようになっている[10]。ノイラートは知識の基盤が「感覚的所与」、つまり五感に与えられた情報に還元できるという考え方に反対し、感覚的所与への論理的分析を使った還元によって科学を統一するという考え方にも反対していた。ノイラートの考える科学の統一は、社会問題の解決のために科学者が協力しあえるように、誰にでもわかる言葉で科学を体系的に整理する百科事典を作るという形の統一だった。そうした理念にとって、難解な形而上学はその理念と逆行するものであるため、ノイラートは形而上学を批判し、その点でカルナップらと一致したのだった。ノイラートの思想はウィーン学団というグループの中でマイノリティではあったが、学団の活動という意味では彼はむしろ中心を担っていたわけで、決して無視はできないだろう。

さて、学団の社会的背景についてはこれくらいにして、知的な系統関係についてもう少し見ていこう。これについても近年多くの研究があり、わたしもそうした研究の全体像をつかめているとはとうてい言えないのだが、目立った話題として「第一ウィーン学団」に関する話と、新カント派との関わりについての話を以下で紹介しよう。

第一ウィーン学団

ウィーン学団とそれまでの科学哲学的な議論との連続性について考えるときに、最近注目されるのが、いわゆる「第一ウィーン学団」と呼ばれるサークルである。シュリックを中心としたサークルが形成される前に、そのサークルの中心メンバーの何人かがすでにサークルを形成していた。このサークルについてはメンバーの一人のフィリップ・フランクが論文集の序文で回想しており、ウィーン学団の歴史の研究者ルドルフ・ハラーが影響関係などを調査している（第一ウィーン学団というのもハラーの命名である）[11]。フランクがウィーン大学で物理の学位をとった一九〇七年ごろから、数学者のハンス・ハーンや経済学者のオットー・ノイラートらと会って科学哲学的な問題について語り合うようになった。

当時のウィーンでマッハの影響力が大きかったのはまちがいないが、フランクは、当時ドイツ語に翻訳されたフランスの物理学者アーベル・レイの著作『現代物理学者による物理学理論』の影響もたいへん大きかったと回想している[12]。

前章でも紹介したがレイはポアンカレ、ル＝ロワらと共に「新実証主義」（今でいえば規約主義だがフランクは「新実証主義」という呼び方を採用している）に属し、数学的な物理理論が規約としての性格を持つという立場をとっていた。フランクらにとっての問題は、したがって、目に見えないものについての理論そのものを物理学から追い出すか、あるいは「思惟の経済」としてのみ認めるマッハ流の考え方と、目に見えない部分も含めた数学的な理論の重要性を認めた上で、そこに約束事の要素が不可避に存在することを認識するフランス新実証主義者たちの考え方の折り合いをどうつけるか、ということだった。フランクはまた、新トマス主義、新カント派などの思想にも実証主義者たちとの共通点を感じていた[13]。つまり、一九世紀末から二〇世紀初頭のさまざまな科学哲学の潮流をまとめあげようという問題意識が彼らにはあったわけである。

シュリックを中心としたサークルの発展

第一ウィーン学団は、フランクがウィーンを離れたためにいったん解消する。

しかし、第一次世界大戦後、このグループが拡大していく形で第二の、われわれがよく知るウィーン学団が形成される。マッハとボルツマンの帰納科学の哲学の教授ポストは、ボルツマンの没後はルドルフ・シュテールという哲学者が引き継いでいた。そのシュテールが一九二一年に亡くなった際、ウィーン大学の数学の教授となっていたハーンはシュリックを後任として推薦した(14)。シュリックは一九二二年にウィーン大学の帰納科学の哲学の教授として赴任し、ハーンとノイラートはシュリックのところに出入りするようになった。

シュリックは就任後しばらくした一九二四年ごろから、弟子のヴァイスマンの提案で、毎週木曜に周辺の人々を招いて哲学について議論するようになった。ハーン、ノイラート、そして時折ウィーンを訪れていたフランクも中心メンバーとして参加する。当初の主な話題となったのがヴィトゲンシュタインの『論理哲学論考』だったという。一九二六年にウィーン大学にやってきたカルナップもすぐにこの会合に参加をはじめ、カルナップの『世界の論理的構築』もまたこの会合の主要な話題となった。参加者がまた知り合いをシュリックに紹介していく形でだんだん参加者が増えていった。

シュリックを中心としたサークルは最初はまったく私的なあつまりだったが、一九二八年に「エルンスト・マッハ協会」という団体をつくって外向きの活動をはじめた。マッハ協会は科学的知識の一般への普及を目的とした啓蒙団体で、シュリックが会長となった。このマッハ協会が主要な活動としたのが科学的な世界の捉え方についての国際会議で、ベルリンやプラハの研究グループと共に会合を開いていくようになる。その最初の国際会議が一九二九年のプラハでの会合であり、「科学的世界把握」もそこで配布されたパンフレットだった。

ちなみに、ウィーン学団がこのようにシュリックのまわりのサークルの活動が発展してできたものだったことから、学団のメンバーとして含まれるのは「シュリックの木曜の会合に招かれた参加者」のみである。例えば、同時期にウィーンで活動し、学団とも密接な関係にあったK・R・ポパーは、一度もシュリック宅の会合に招かれたことがないので学団メンバーとみなされることはない。

他方、招かれた人の中でも思想的にシュリックらとそれほど近くない人たちは学団のメンバーとは普通みなされない。例えば「科学的世界把握」の中ではゲーデルがメンバーとして挙げられているが、現在ウィーン学団について語る際にはまずゲーデルを一員とはみなさない。また、国外から訪問して一、二度会合に参加しただけの人（例えばA・J・エイヤーなど）をウィーン学団のメンバーとみなすべきかどうかも難しいところである。

ともあれ、「論理実証主義」や「エルンスト・マッハ協会」という名前からは、ウィーン学団がマッハの強い影響下に成立したような印象をあたえかねないが、第一ウィーン学団から「科学的世界把握」発表までの経緯からすれば、マッハの影響はフランス新実証主義などとならんでいくつかある要素の一つだったというのが妥当な評価だろう。

しかし、ハーン、フランク、ノイラートについてはこれでいいとしても、途中から参加して学団の中心メンバーとなったシュリックやカルナップはどうだろうか。彼らの思想的な系譜として最近注目されているのが、新カント派、とりわけエルンスト・カッシーラーからの影響である。

新カント派の「概念」へのこだわり

新カント派は前章でも紹介したが、主な研究グループとしてマールブルク学派と西南学派の二つがある。両者に共通するのが、われわれが世界を見る際に使う概念に対する興味である。実証主義者をはじめとする経験主義者は、世界を無心に観察していれば、その観察の中からさまざまな概念が形成されると考える。それに対しカントは、世界を観察する前に、われわれの心の中にさまざまな「感性の形式」や純粋な概念というものがあって、それをあてはめることではじめて観察というものが成り立つと考えていた。非ユークリッド幾何学が発展することで、カントの思想のその部分についてはもはや維持することが難しくなっていたことは前章で触れた。二〇世紀に入ってからは、さらに相対性理論が現実の空間のモデルとして非ユークリッド幾何学を取り入れることでカントの立場が維持できないということは決定的になった。

新カント派は、こうした数学や物理学の発展を受けて、生得的ではないけれど、かといって単純に経験から導き出されたものでもない、そういう複雑な性格を持つ概念というものを研究のテーマとするようになる。例えば前章で紹介した西南学派のハインリヒ・リッケルトも、自然科学と文化科学で適用される概念にどういう違いがあるのか、とりわけ、個別の対象を扱う文化科学において、概念というある種の普遍性を不可避的に伴うものがどうやって適用可能なのかを問題にしていた。

こうした研究の代表者がマールブルク学派のカッシーラーで、現代の数学や自然科学に特有の概念の形式を分析する研究を残している（Ferrari 2015）。特に、『実体概念と関数概念』（Cassirer 1910）では昔ながらの形而上学で使われる概念を「実体概念」、現代の数学・自然科学に使われる概念を「関数概念」として対比することを提案している。自然数というもののイメージとして、昔ながらの形而上学では「1という数」「2という数」などが個々それぞれにどこかに存在すると想像されていた（例えばプラトンの「イデア界」に）。しかし、現代の数論では、個々の自然数はそうやってばらばらに存在するものではなく、1＋1が2であるとか、2＋3が5であるとかといった、他の自然数との関係のネットワークで存在するものとされる。そのネットワークを離れて「2という数そのもの」があるとは考えない。こうした関係のネットワークで定義されるような概念が関数概念である。

「力」も、中世までの哲学では何か目に見えない、物体の中に込められたものとして捉えられていた実体概念だったが、現代の力学ではF＝maという関係式で定義される値以上のものではないということになり、これは「力」が関数概念へと変化したということを意味する。これが近代の科学の世界の捉え方が昔の形而上学とラディカルに違うところだ、とカッシーラーは言うわけである。

シュリックのマッハへの歩み寄り

さて、こうして「概念」を重視する新カント派の思想は、理論を経済的な道具としか見ないマッハらの実証主義とは対立するアプローチのように見えるので、当然シュリックやカルナップらウィーン学団の論理実証主義者たちも新カント派を否定していると考えられてきた。しかし、最近、マイケル・フリードマンやA・W・リチャードソンらが初期のウィーン学団の著作を再検討し、実はカッシーラーとシュリックやカルナップの間にはむしろ連続性が高いということがわかってきた[15]。

シュリックはもともと物理学で博士号をとりその後哲学の研究をはじめた。初期の主な著作として『知識の一般理論』(Schlick 1918) があるが、この時期のシュリックはマッハらの実証主義に批判的で、「知識」と「見かけ」(われわれが実際に観察するもの) を明確に区別するように主張した[16]。そして、物理学の知識は概念の構造の形で与えられると考えた。シュリックのいう概念の構造はカッシーラーのいう関数概念と近い。また、そういう構造についてわれわれは知ることができるという考え方は、今でいえば「構造実在論」という立場であり、前章で紹介したアンリ・ポアンカレに近い。

しかしその後、マッハの後任としてウィーン大学で研究グループを組織し、ヴィトゲンシュタインやカルナップの影響を受けていく中で、シュリックの立場はどんどん実証主義よりになっていった。フリードマンがこの移行期のシュリックの論文をつぶさに検討しているが、マッハに対する肯定的な言及が増えていき、「知識」と「見かけ」を区別するべきだという主張がだんだん弱められていったという。(17) そして、一九三二年の論文「実証主義と実在論」(Schlick 1932) までには、「見かけ」こそが知識にほかならないという、一五年前とは正反対の、マッハに非常に近い立場にたどりついた。

カルナップの構造へのこだわり

カルナップの場合は、新カント派の影響はもっと複雑で、後年まで尾を引いている。カルナップはイェーナ大学でフレーゲに論理学を学んだり、ベルリン大学でアインシュタインに物理学を学んだりしたあと、空間論で物理の博士号をとろうとするが、あまりに哲学的だと言われて哲学に転向する。そうしてあらためて書き直した博士論文の『空間論』(一九二二) は非常に新カント派の色彩の強いものだったようである(指導したブルーノ・バウフはリッケルトの弟子で西南学派に属する)。この論文では、幾何学で公理化される数学的な空間と物理的な空間をつなぐのがわれわれが直観で捉える直観的な空間だ、という考えが展開されており、その直観のイメージはカントの「感性の形式」に近い。また、数学的空間についてはヒルベルトの「暗黙の定義」の考え方を採用していることも注目される。暗黙の定義というのは、「点」や「線」という言葉をそれぞれ独立に定義するのではなく、公理の中にこれらの概念を登場させることで定義の代わりにする、という考え方で、ヒルベルトが幾何学の公理化の際にこの定義のやり方を採用した。こうした定義のしかたはカッシーラーの「関数概念」の一つの例であるし、発想の源の一つにもなっている。

カルナップはその六年後、主著『世界の論理的構築』（Carnap 1928 以下『構築』）を発表する。これはすでに言及したように初期の論理実証主義を代表する著作とされるし、「科学的世界把握」で紹介されている反形而上学プログラムをまさに実践しようとしているように見える。ところが、ここまで紹介してきたような新カント派の著作やカルナップ自身の以前の著作と見比べるなら、新カント派とのつながりも色濃く残していることが見て取れる。

『構築』は確かに実証主義のプロジェクトとしての側面を持っている。タイトルにいう「構築」は、世界全体を経験的な所与、つまりわれわれの感覚に与えられる印象で定義し直すことで、経験的な所与から世界を構築しよう、というプロジェクトである。これは、直接経験できるもの以外は科学の相手にしないという実証主義の延長線上にあるように見える。しかも、そのやり方で物理理論までたどりつこうというのだから、そうとう野心的なプログラムである。

しかし、実際に『構築』の中で行われている作業を見ると、世界（物理理論で記述されるような世界）を論理学を使って構築するということに主眼があり、「感覚的所与」がベースになるというところにはそれほどこだわりはないようである。そして、その構築の基礎となるのは「純粋に構造的な確定記述」で、ヒルベルトの「暗黙の定義」を改良したものである。ある概念を公理の中で使うことで定義の代わりにする、という点はヒルベルトの考え方と同じだが、「純粋に構造的な確定記述」の場合は、公理を使って構造を詳しく記述することで個々の概念に十分詳しい特徴付けを与え、個々の概念が何を指すのか曖昧さをなくそう、という考え方である。

科学理論を論理学を使って公理化するというのは、その後も論理実証主義の一つの大きな目標として引き継がれていく。そうした公理系へのこだわりは、これまではラッセルら論理学者からの影響として評価されることが多かったが、実は関数概念の重視という新カント派的な問題意識や、その数学における具体例としてのヒルベルトの公理化のプログラムも（少なくとも当初は）関係していたと考えられるのである。

さて、以上、簡単にではあるが、ウィーン学団と論理実証主義の成立に影響したさまざまな考え方の流れを見てきた。当たり前のことではあるが、ウィーン学団は真空の中に突然登場したわけではなく、科学の基礎論についてのそれまでの研究の伝統を色濃く受け継いでおり、しかもその伝統も実証主義、規約主義、新カント派と雑多な立場が影響をおよぼしている。

2 哲学内部の運動としての科学哲学

さて、以下では、本書のしめくくりとして、なぜウィーン学団以降の科学哲学は哲学内部の運動になっていったのか、という問題を考えてみたい。

科学内的実証主義から哲学的実証主義へ

これまで見てきたように、一九世紀においてはジョゼフ・フーリエ、グスタフ・キルヒホッフ、マッハら科学者たち自身が実証主義を積極的に主張し、実際の科学の営みの中でそれを実践していた。第4章で導入した言い方でいえば、「科学内的実証主義」が行われていた。それに対し、二〇世紀の論理実証主義は哲学者による運動という側面が強い。ウィーン学団やベルリンの経験哲学協会に自然科学を専門とする者も多く顔を出していたのは確かであるが、実際に実証主義のプログラムを進めていたのはカルナップ、シュリック、ノイラート、ライヘンバッハら（それぞれ自然科学や社会科学に造詣は深いけれども）哲学を主な研究領域とする研究者であった。ここには実証主義という運動の変質があるように思われる。ある意味では「科学者たちが手を引いた」ことが今われわれが知る形での論理実証主義、ひいては科学哲学という専門分野が生まれる一つの要因となったとも言えるだろう(18)。

それではこうした変化はなぜ生じたのだろうか。その原因は決して単純ではないと思われるが、ここでは一つ象徴的だと思われる出来事を紹介したい。それは原子の存在の「証明」とそれに対する科学者・哲学者の態度である。

原子の存在の証明

これまでも幾度も登場したように、原子が存在するかどうかは一九世紀を通じて科学的な論争の対象となってきた。原子という物質の最小単位があると仮定するとうまく説明できる化学の法則や熱に関する現象が存在することは誰も否定しなかったが、それを原子が存在すると考える根拠と認めるかどうかで意見が食い違っていた。これは実証主義という立場をとるかどうかとも密接に結びついていた。実証主義者たちは目に見える現象のパターンを記述するのが科学の仕事だと主張する。これに対して、反実証主義者たちはそうした現象の背後にある「原因」を明らかにすることこそ科学の仕事だと主張してきた。そうした目に見えない原因の代表格が原子だった。つまり、原子の存在を受け入れるかどうかについての科学者たちの論争は、半分くらいは科学の正しいやり方についての哲学的論争だった。

その状況が変わるきっかけとなったのがブラウン運動をめぐる研究だった。これについては科学史家M・J・ナイの古典的な研究がある（Nye 1972）。ブラウン運動というのは水中に浮遊する微細な粒が不規則に動く現象のことで、現象自体は一九世紀はじめには知られていた（花粉が動く現象、と紹介されることもあるが、花粉そのものではなく花粉から流出した粒について観測された現象である）。アインシュタインは一九〇五年に液体が無数の分子からなっているという「熱の分子運動論」から、液体中の粒が不規則な微細運動をするはずだという予測を導き出し、これがいわゆるブラウン運動なのではないか、と推測した。

この推測を実際の実験データと照らしあわせ、ブラウン運動がアインシュタインの推測から予想される通りのパターンを持つことを一九〇八年に示したのがフランスの物理学者J・ペランである。ペランはまた、実際に観測されるブラウン運動の大きさから、一定の体積中に含まれる液体の分子数、いわゆるアボガドロ数を計算し、60～70×10の22乗という数字を得た。さらにペランは一九一三年には『原子』と題する本を出版し、原子についてのさまざまな研究をまとめた（Perrin 1913）。この『原子』の最後では、原子のさまざまな性質を使って計算された十数通りのアボガドロ数の概算がまとめられており、その値が非常に近いことが示されている。まったく異なるルートを通って行われた計算や異なる元素について行われた計算がすべて非常に近い値を示すというのはとても偶然では考えられないことであり、これらのアボガドロ数の計算がおおむね正しいことを強く示唆する。

科学内的実証主義の終焉

ペランの論文や著書の説得力がいかに大きかったかというのは、その後の科学者たちの態度からもわかる。実証主義や規約主義といった、原子の存在に懐疑的な立場を代表する科学者たちがつぎつぎに態度を変えていった。

その代表格がヴィルヘルム・オストヴァルトである。前章で紹介したように、彼はエネルギー論の提唱者の一人として原子論者のルートヴィヒ・ボルツマンと論争するなど、明確に実証主義系の立場をとってきた。その彼が、一九〇八年に物理化学に関する著書を改訂する際にいくつかの章をつけたしたのだが、その中で物質が原子で構成されているという仮説をペランが実験的に証明したという趣旨のことを述べている[19]。これに関してはオストヴァルトは完全に立場を変えたのである。

もう一人、原子論への改宗者として目立つのがアンリ・ポアンカレである。規約主義者として、ポアンカレは原子仮説に対して懐疑的な態度をとっていたが、ペランの研究に接してその態度は変わった。一九一二年のフランス物理学会でペランの原子論に関する発表があったのだが、その学会のしめくくりの講演でポアンカレは「原子はもはや有用なフィクションではない」と述べ、「ペラン氏が原子の数を見事に確定したことで原子論の勝利が完全なものになった」とペランを称揚している[20]。

もちろん実証主義系の科学者全員が立場を変えたわけではない。ナイの調査によれば、ピエール・デュエムやマッハは最後まで原子論を単なる仮説と扱う態度を変えなかったようである。その彼らも一九一六年に相次いで死去した。物理学者R・A・ミリカンは、著書『電子』（一九一七）の冒頭付近で原子論の現状について以下のように述べる。「今日では、少なくとも物理学者の間では、もはや原子哲学以外の哲学はこの分野にまったく存在しない[21]」。科学内的実証主義は、少なくとも原子の実在性を認めない立場としては、終焉を迎えた。

実証主義の物理学者キャンベル

ただ、何事にも例外はあるもので、ペランの研究をふまえた上でなお実証主義に近い立場を保持した物理学者もいた。それがN・R・キャンベルである[22]。キャンベルはケンブリッジ大学やキャベンディッシュ研究所に勤め、第一次世界大戦後はジェネラル・エレクトリックで研究者として働いた。物理学者としてはそれほど著名ではなく、科学哲学的著作『物理学——その諸要素』（Campbell 1919）や、一般向けの著作『科学とは何か』（Campbell 1921）などで知られている。

前者は『科学の基礎』というタイトルで第二次世界大戦後に再刊され、科学哲学の古典としての評価を固めた（Campbell〔1957〕）。

論理実証主義とは何かを説明するときに、いくつかの基本的要素が挙がるが、その一つが科学の語彙を「理論語」と「観察語」に分け、両者が翻訳規則によって橋渡しされるというモデルである。これは第二次世界大戦後の論理経験主義を代表するネーゲルの『科学の構造』で採用されたために、ウィーン学団までさかのぼる考え方だと思われている。しかし、一九三〇年代のウィーン学団には科学の語彙を分類するという発想は希薄である。むしろこの考え方は、イギリスのキャンベルや、その影響を受けたF・P・ラムジーに見られ、ネーゲルは実はそちらを元ネタとしている。このように、キャンベルは論理実証主義のその後の展開との関わりでも重要な存在であるが、そのわりに科学哲学の入門的な書籍で紹介されることが少ない。そこで、キャンベルの考え方を『科学の基礎』にそって少し詳しく紹介しよう。

同書のオリジナリティがもっとも発揮されているのが第六章の「理論」という項である。

理論（theory）とは、二つのグループに分かれるお互いにつながりあった命題の集合である。一つのグループはその理論に特有の観念（ideas）の何らかのあつまりについての言明からなる。もう一つのグループはそれらの観念と、何らかの異なる性格を持つ他の観念との関係についての言明からなる。最初のグループを集合的にその理論の「仮説」（hypothesis）と呼び、二つ目のグループは「辞書」（dictionary）と呼ぶ。[23]

科学理論においては、辞書によって仮説的観念と結びつけられる観念は第二章でいう意味での概念(concepts)、つまり法則の中で斉一的な連関によって結びつけられた基礎的な判断のあつまりである。[24]

このキャンベルの理論観がほぼそのままネーゲルに受け継がれ、論理実証主義の正統的な見解ということになってきた。「理論に特有の観念」が今でいう理論語、「概念」が今でいう観察語にあたる。ただ、キャンベルは論理実証主義の意味の検証理論には与しない。「仮に論理的に同値であっても理論と法則は同じではない」といい、その理由として両者は意味において異なるからだという。「命題の意味という言葉でわたしが意味するのは（この言葉の繰り返しは有用であるが）、その命題が主張されたときに心に浮かぶ観念である」[25]。つまり、論理実証主義者は（少なくとも「科学的世界把握」の段階では）言葉の意味が何らかの実験で全面的に与えられると考えたが、キャンベルは明確にそれを否定している。とはいえ、心に浮かぶものは人それぞれかもしれないわけだがそれはどうするのかという疑問は残る。もちろん、哲学者でないキャンベルに意味についての詳細な理論を求めるのは筋違いであるが。

さて、この同じ本の中でキャンベルはペランの研究についても触れている（ただし「原子」ではなく「分子」概念の方を中心に使っている[26]）。キャンベルは、「仮説」と「辞書」からなる科学理論のイメージをペランの分子論にあてはめたとき、実は「分子」という言葉は単独では仮説にも辞書にも登場しないことを指摘する。登場するのは、分子の平均速度、位置、速度などである。これらは変数として明確な意味を持つ。ということは、その位置や速度という変数についてのわれわれのイメージがまったくまちがっていたとしても、変数自体が正しければ同じ法則が導かれることになる。このようなステータスを持つ

「分子」という概念について、「分子が存在する」という表現を使うと、まったくことなったイメージを持たせる可能性があるので気をつけるべきだとキャンベルは言う。

キャンベルはまた、「実在」(real) という言葉について興味深いまとめを行っている。「科学者があるものが実在するとか、その何かが実際に起きるとか実際の真理 (real truth) がこれこれだ、と言う場合、彼らはしばしば、真であると証明された理論に言及している。実在するその何かとは、真なる理論の中の仮説の観念である。ある出来事が実際に生じるのは、それを主張する命題がその仮説の類推を提供した法則に従ってある出来事がおきるという主張と類比的であるときであり、実際の真理とはそれを説明する理論である」[27]。これをどう解釈するかは難しいところだが、一つの読み方としては、正しさが確認された理論という枠組みから切り離して、「分子」や「原子」などの特定の対象が実在するとかしないとか論じることを諌めているようにも読み取れる。

大方の科学者がペランの議論によって原子の実在を受け入れたときに、物理学者であるキャンベルがこのような慎重な態度を示したのは興味深い。

操作主義と原子

もう一人、原子論に対して留保した科学者として挙げておくべきはパーシー・ブリッジマンであろう。ブリッジマンは高圧下での物理現象について研究し、一九四六年にはノーベル物理学賞も受賞している。その彼が一九二七年に発表した『近代物理学の論理』(Bridgeman 1927) は、彼独特の科学哲学を展開し、たいへん大きな影響力を持った。

彼の「操作主義」と呼ばれる立場はウィーン学団の意味の検証理論とも近い。「科学的世界把握」ではブリッジマンは言及されていないが、メンバーの一人ファイグルがアメリカに行ってブラムバーグと二人で著した「論理実証主義」(Blumberg and Feigl 1931) の方ではアメリカにおける同様な思想の持ち主としてブリッジマンが挙げられている。ファイグル自身の回想によれば、ファイグルは一九二九年にアメリカからパリに留学で来ていたブラムバーグと知り合ってウィーンにつれてきたのだが、そのブラムバーグの薦めで同じ年に『近代物理学の論理』をウィーン学団のみんなで読みはじめたのだという。[28] ちなみにファイグルはハーバードに一九三〇年から三一年にかけて滞在し（「論理実証主義」はこの時期に執筆された）、そのときにブリッジマンと個人的にも知り合っている。

この経緯からも、ブリッジマンとウィーン学団はどちらかがどちらかに影響したというわけではなく、同じ時代の空気の中で同時に発生したものだと考えた方がいいだろう。ちなみに、ブリッジマン自身は自分の先駆者としてクリフォード、スタロ、マッハ、ポアンカレ、という本書をここまで読んでこられた方たちにはお馴染みの四人の名前を挙げ、また本文中ではアインシュタインに繰り返し言及している。[29]

ブリッジマンの操作主義というのは、科学的概念は実験や測定の手続（これを「操作」と呼ぶ）によって意味が与えられる、ブリッジマン自身の言い方を使えば「概念はそれと対応する操作の集合と同義である」という考え方である。[30] 例えば「この棒の長さは二〇センチメートルである」という文章は、「この棒に物差しを適切な仕方であてると、端に対応する目盛りが『二〇センチメートル』のところである」と同義だということになる。これだけだと大したことを言っていないように見えるが、ブリッジマンはこの考え方が例えば「長さ」の概念の捉え方を根本的に変える、と主張する。[31] ある概念が実験や測定の操作と同義だということは、操作が異なれば意味も異なることになる。物差しをあてて測れる長さと東京－大阪間といった距離では測定のしかたが違うし、何光年という天文学的距離も、一〇のマイナス八乗センチメートルといった原子レベルの長さも、すべて測定するための操作が異なる。アインシュタインが提案する相対性理論における長さの測定方法も素朴な測定方法とは異なる。こうしたさまざまな「長さ」は、ブリッジマンによればそれぞれ別の概念だということになる。

ここまでのところではブリッジマンと論理実証主義の間にはあまり差がないように思われる。しかし、ブリッジマンはその後、科学が公共的な知識であることを否定し、最終的には自分自身の頭の中にあるものしか信用できない、科学は「プライベートな科学」(private science) でしかありえないという、独我論に近いような立場を『物理理論の本質』という本の中で表明するようになる。[32] そのため、ブリッジマン自身は、彼の操作主義を信奉して科学の客観性を受け入れる実証主義者や行動主義者たちと対立せざるをえない、という皮肉な状況に陥ったようである (Walter 1990, ch. 6, ch. 7)。

さて、操作主義に戻って、概念というものについてこのような立場をとるブリッジマンは、「場」や「原子」など物理学に登場する目に見えないものについての概念は「心的構成物」(mental construct) だという。[33] つまり物理学者が頭の中で考えだしたものだというわけである。ただし、この構成物の中には、「物理的現実性」(physical reality) を持つものと持たないものがあって、前者の代表が原子、後者の代表が熱素である。

原子は化学における化合質量の一定性を説明するために発明された。長いことその存在についての他の実験的証拠はなく、物理的現実性のない純粋な発明品であり、ただあるグループの現象を論じるのに便利だというだけだった。原子を指し示す独立の新しい物理的情報が蓄積していく跡をたどるのは物理学においてもっとも魅惑的なことの一つであり、今ではわれわれは自分の手足の物理的現実性と同じくらい原子の物理的現実性について確信を持っている(34)。

この後半は当然ながらペランを意識しているだろう。そしてブリッジマンは、われわれが実際問題として原子の実在性を受け入れるということも認めてはいる。しかし、だからといって原子が心的構成物であることには代わりがない。こうした考察から導き出されるべき教訓は、「それら〔構成物〕は大きな危険を持つかもしれないということ、経験の中に何の保証もないような含意をそれらの中に読み込むこと――そうした読み込みはわれわれの物理的な世界の見方や行動に深い影響を与えるかもしれない――を避けるためには注意深い批判が必要かもしれないということである(35)」。

つまり、ブリッジマンもキャンベル同様原子の概念を全否定するわけではない。しかし、ペランの議論に従って原子の存在が証明された、と簡単に言ってしまうことに対してはなお慎重な態度を呼びかけているのである。

論理実証主義者たちの原子への態度

さて、このように、キャンベルやブリッジマンは、ペランの研究を知ったあとでも原子に対して実証主義的な態度をとり続けた。しかし彼らは、いわば科学内的実証主義の最後の世代であり、彼らの態度は科学者たちの間では受け継がれてはいかなかった。科学者たちは全体として実証主義から撤退していったのである。その中で論理実証主義者たちは「実証主義」を標榜したわけだが、彼らは原子についてどう思っていたのだろうか。実は論理実証主義の初期の文献で原子についての言及はほとんどない。カルナップの『構築』は、物理学で扱う世界を構築することが目的だと言いながら、実際に例として挙がるのは目に見えるサイズのものの話ばかりである。しかし、直接原子論についての記述がなくとも、ほかの記述から原子論に対する態度を推測することはできる。

カルナップは『構築』の最後の方で、実在論、観念論、現象主義といった哲学的対立と自分の「構築的理論」、つまり感覚的所与から世界を構築するプロジェクトとの関係を論じている[36]。それによれば、これらの哲学的な立場はどれも構築的理論とは矛盾しない。しかし、例えば実在論者が、われわれが実在していると言っているものがわれわれの意識と独立に存在しており、ただの観念などではない、と主張するなら、それは形而上学になる。また、「物理学の世界」と題する節では、感覚的所与から構築される世界を物理学の領域までどう拡張するかについてのカルナップの考えが素描されているが、そこで言う物理学とは、物理量についての「数学的に表現可能な法則」の領域である。こうした記述から推測するに、カルナップは、原子についても物理学に属するのはあくまで原子に関する数学的に表現可能な法則の部分であり、われわれの意識経験と独立に原子が存在するという考えは形而上学にすぎないと言いそうである。

シュリックの場合はもう少し複雑である。すでに紹介したように、シュリックの初期の著作『知識の一般理論』(Schlick 1918) は新カント派の影響が強く、マッハらの実証主義批判にページを割いている。その中で、今でいえば普通の科学的実在論にあたるようなことも多く書いている。例えば感覚所与との関係でいえば、電子もパンも感覚所与からその存在が推論で導き出されるだけである、という点では同じだとシュリックは言う。そして、「ペランやスヴェドベリの実験的調査」を根拠に「われわれは『原子』概念で支持される対象の実在性を仮定するのである」と、ペランの実験と原子概念についても言及する。つまり、原子もパンと同じような意味で存在するというわけである。[37]

しかしシュリックはその後十数年のうちに、マッハの支持者へと急速に立場を変えていく。一九三二年の「実証主義と実在論」では、われわれが何かについて語るとき、その言葉の意味は経験的に確認できる内容で尽くされるという、のちに「意味の検証理論」と呼ばれる立場を展開する。この考えは日常的対象にも科学的な対象にも等しくあてはめられる。「原子であれ電磁場であれ、物理学者が語るほかの何であれ、彼らの理論によれば家や木を構成しているものである。したがって一方が実在するなら他方もまったく同じ意味で実在しなくてはならない」「実際、われわれはついに、科学者が『観察不可能（unsichtbar）』だとみなす対象のうちもっとも微細なものの存在についても、原理的には木や星の実在性とまったく同じようにして検証されると確信できるようになったのである」。[38]

確かに原子も家も同じ意味で存在する、とシュリックは言っている。しかし、彼の考えでは、原子の話をしているとき、われわれは何か目に見えない、感覚世界の背後に隠れた何かの話をしているのではなく、ブラウン運動の測定など目に見える実験やそこから導かれる法則の話をしているのである。これは結局、言っている内容としては、原子なんて（あるいは家や木だって）便利な虚構だというかつてのマッハの立場に近い。

カルナップやシュリックが自然科学の素養を持ちながら（そしてシュリックの場合はいったんは原子の実在性を普通の意味で認める立場に立ちながら）なぜこういう方向につきすすんだのかはよくわからない。ただ、原子というものの（普通の意味での）存在を受け入れた科学者たちにとって、追従しにくい奇妙な議論であったことはまちがいあるまい。

科学哲学という分野の成立に、ここまで見てきたような原子の存在についての態度の差が影響したのか、どう影響したのか、ということについて本章で結論を出すことはできない。いずれにせよ言えるのは、ウィーン学団の成立の前とあとで、科学哲学の研究をとりまく環境が大きく変わったということである。

本書で紹介してきたように、ウィーン学団成立までの一〇〇年ほどの間、科学の方法論や存在論をめぐっては、さまざまなバックグラウンドを持つ研究者たちが論じ合ってきた。しかしそれはその問題について議論する場があるというよりは、ミルやコントやマッハらの著作が共通項となりながら、いろいろな場所でいろいろな議論が進行する形のものだった。ヒューウェル＝ミル論争やエネルギー論論争など、目立つ論争はいくつかあるものの、継続性のある議論が交わされていたわけではなかった。

それに対して、ウィーン学団成立以後は、そうしたテーマについて論じる研究コミュニティが継続性を持った形で成立することになる。もちろん、それまで科学哲学の研究コミュニティがなかったと言えばそれも言い過ぎなので、インフォーマルな研究コミュニティが、学会的組織、学術誌、国際会議などの形式をととのえてきちんとした研究コミュニティになった、という言い方が正確かもしれない。

序章で提案した「研究伝統としての科学哲学」という見方からすれば、科学哲学の研究伝統はウィーン学団の成立とともに急にはじまったのではなく、実証主義的な問題意識や議論の継続性はまちがいなくあるし、それと対抗するようなさまざまな立場の側にも歴史的な影響関係を見て取ることができて、少なくとも一九世紀前半までこの伝統をさかのぼらせることができるだろう（さらに言えば、一九世紀前半の人々はさらにその前のベーコン、ニュートン、ダランベールらに影響を受けているわけで、「はじまり」を一つに特定するのは土台無理なことである）。もちろん、あらゆる問題意識が受け継がれているわけではなく、例えば一九世紀型のクリティカルシンキングのように、いったん完全に伝統として途絶えてしまったような問題意識も存在する。現在まで連綿と続いている面も、途中で途絶えた面も、科学哲学の現在を考える上でそれぞれに参考になるだろう。

注

序章

（1）より詳しくは伊勢田 2003などを参照のこと。

（2）Comte 1830, p. viii.

（3）ハーシェルの邦語での伝記としてブットマン 2009がある。

（4）Whewell 1831, p. 377.

（5）現在よく出回っている第三版ではこの初版序文が省略されていることが多いので、原文を転載しておく。"At the present day, any endeavour to improve and extend the philosophy of science may hope to excite some interest. All persons of cultivated minds will agree, that a very important advantage would be gained, if any light could be thrown upon the modes of discovering truth, the powers that we possess for this end, and the points to which these may most profitably be applied."（Whewell 1837, p. vii）

（6）マッハの肩書きについては色々な表現がされているが、ここではウィーン大学のサイトで紹介されているものを採用した（https://physik.univie.ac.at/ueber-uns/ueber-die-fakultaet/geschichte/teil-1/）。

第1章

（1）近年の科学哲学の入門書では、内井 1995がこの論争を詳しく紹介しており、特に同書の第二章は本章で取り上げたハーシェル、ヒューウェル、ミルらの議論の多くがカバーされている。あわせて参照されたい。

（2）本書での『新オルガノン』についての記述は、英訳（Bacon〔1994〕）に主に依拠し、ラテン原語の確認等に全集（Bacon〔1889〕）を使っている。

（3）Losse 1993, p. 69, p. 71.

（4）アリストテレス『分析論前書』第二巻第二三章。内山ほか編 2014の pp. 292-294および同箇所に付された訳注を参照した。

（5）Bacon〔1889〕Book 1, aphorism 69, Bacon〔1994〕p. 78. principia scientiarum は英訳ではそのまま principles of science と訳しているが、次章で見るようにこの時期の scientia を今言うところの科学と単純に同一視するのはアナクロニズムのきらいがあるので、ここではあえて「知識」と訳している。

（6）Bacon〔1889〕Book 2, aphorism 36. ベーコンや

ニュートンの用例について単純に決定実験と訳すことの問題については多久和 2018 が指摘し、以下の説明も多久和理実氏の教示に負う。多久和自身は、ハッキングが「直訳」として提案する"instances of the crossroads"およびその邦訳にそって、「分かれ道の事例」、「分かれ道の実験」という訳語も提案している（Hacking 1983, pp. 249-251,［2015］p. 476. 多久和 2018 も参照）。

（7）「光と色についての新理論を含むケンブリッジ大学数学教授ニュートン氏の手紙」（Newton 1671）で experimentum crucis という表現が使われている。ただ、一般に「決定実験」と訳されるこの言葉の訳し方については前注参照。

（8）本章で紹介するハーシェルは"experiment of the crucial kind"について、その結果をみて「われわれは判定を下す」（we decide our judgment.）と述べており、ここでの crucial の用法は現代の「決定実験」の意味に近づいている（Herschel 1830, pp. 150-151）。多久和理実はこのハーシェルの用例が crucial の意味の変化のきっかけになったと考える（多久和 2018）。

（9）Bacon［1889］Book 2, aphorism 11-20.

（10）この件について、本文よりもやや詳しく調査した結果をオンラインで公開しているので興味のある方は参照されたい。
「演繹と帰納についてのノート」（http://blog.livedoor.jp/iseda503/archives/1840017.html）

（11）Salmon 1963, p. 14.

（12）Jevons 1870, pp. 210-211.

（13）Snyder 2006, pp. 13-14. Snyder 2011, pp. 36-37. ヒューウェル自身による、ヒューウェル、ハーシェル、ジョーンズの交友についての回想としては、ジョーンズの死後出版された論集へヒューウェルがつけた序文などがある（Whewell 1859）。

（14）Snyder 2011, p. 113.

（15）Losse 1993, pp. 120-126 など。

（16）ただし、仮説をまったく使わないボトムアップの方法というのは、ベーコンの提案した方法でもないし、ニュートンの「われ仮説を作らず」という発言も、どうやって重力が生じているかはわからないので推測しない、という文脈で発せられていて、テストできるような仮説まで排除するという意図ではない（Newton［1999］p. 943）。

（17）Herschel 1830, p. 144.

（18） Herschel 1830, p. 138.
（19） Newton［1999］pp. 794-796.
（20） Herschel 1830, p. 196.
（21） Herschel 1830, p. 204.
（22） Pope 1751, Ep. I, l. 221,［1998］p. 18.
（23） Herschel 1830, p. 37.
（24） Herschel 1830, p. 207.
（25） ただ、あまり現代的な「実在論」にひきつけ過ぎるのも問題である。例えばハーシェルは、別の箇所で、原子論と倍数比例の法則は「同じもの」だという（Herschel 1830, p. 305）が、こういう発言を見る限りは、原子論が「真」だというときにハーシェルが何を考えていたのか、慎重にならざるをえない。もしかしたら彼は単に細かい哲学的違いに無頓着だったのかもしれないし、整合的に解釈しようとするならある種の「操作主義」と解釈することもできるのかもしれない。
（26） Herschel 1830, p. 146ff.
（27） Herschel 1830, pp. 144-145.
（28） Whewell 1831, p. 378, p. 398.
（29） Whewell 1831, p. 382, p. 398.
（30） Herschel 1830, p. 311.
（31） Whewell 1831, p. 398.
（32） Whewell 1831, p. 393.
（33） いずれも Herschel 1830, p. 305. 倍数比例の法則と原子論をハーシェルが同じものと見なしていたことについては前出注（25）参照。
（34） 一連の引用はすべて Whewell 1831, p. 401。セジウィックの引用は地質学会の一八三〇年の会長基調講演から。Geological Society of London 1834, p. 207.
（35） Whewell 1819; Whewell 1828.
（36） Snyder 2006, pp. 21-23.
（37） Snyder 2006, pp. 34-36. ヒューウェルの主な書簡はトドハンターによるヒューウェルの伝記（Todhunter 1876〔2001〕）の第二巻に収録されている。ここで言及した書簡は同書 vol. II, p. 123. ジョーンズ側の書簡は収録されていないが、ヒューウェルの書簡内の記述から推測することはできる。
（38） Whately〈1845〉〈1827〉. もととなる百科事典に「論理」の項目が掲載されたのが一八二三年ごろ、独立の書籍として初版が出版されたのが一八二六年らしい。『メトロポリタン百科事典』は分冊形式で配本されており各項の正確な初出を知るのは難しいが、論理の項目については分割出版されたバージョンが現存している（Newman and Whately 1823–1826）。参照には全巻が揃った一八四五年版を利用している。単独での刊本については初版が確認できなかったため、今回は第二版と第四版（Whately〈1827〉〈1831〉）をページ数の参照用の版として扱う。スナイダーによれば、ヒューウェルとジョーンズが読んだのはこの二つの間の第三版だったようであるが、その版が確認できなかったため前後の版を利用している（Snyder 2006, p. 35）。

（39） Whately〈1827〉ch. 1;〈1831〉Book IV, ch. 1.

（40） ちなみにこの「手紙」の差出人住所として書かれている場所はトドハンターの伝記によるとヒューウェルとハーシェルの共通の友人のジョーンズの家だったらしい。ハーシェルにだけ伝わるジョークを組み込んだわけである。Todhunter 1876〔2001〕vol. 1, p. 101.

（41） Whewell 1837, vol. 1, p. vii.

（42） Whewell 1837, vol. 1, pp. viii–iv.

（43） Whewell 1837, vol. 1, p. 6.

（44） Whewell 1837, vol. 1, p. 6.

（45） Whewell 1837, vol. 1, p. 17.

（46） Whewell 1837, vol. 1, p. 12.

（47） Whewell 1837, vol. 1, p. 10.

（48） Whewell 1837, vol. 1, p. 13.

（49） Whewell 1837, vol. 1, p. 14.

（50） Nagel 1961.「入れ子モデル」（Chinese box model）という呼び方を誰が考えたかははっきりしないが、ロセーの科学哲学史でこの呼び方が使われて広まったようである（Losse 1993, p. 200）。

（51） Whewell 1837, vol. 1, p. 16.

（52） Whewell 1837, vol. 1, pp. 15–16.

（53） Whewell 1837, vol. 3, p. 150.

（54） Brewster 1837. この書評は匿名だが、一九世紀イギリスの雑誌論文を目録化している『ウェレズレー・インデックス』でブリュースターの書評として同定されている（Houghton ed 1966, vol. 1, p. 484）。以下、一九世紀の匿名の論文の著者の同定についてはすべて同目録による。

（55） Brewster 1837, p. 150.

（56） Whewell 1837, vol. 1, pp. 79–81.

（57） Brewster 1837, pp. 117–119.

（58） Brewster 1837, p. 119.「天の炎の火花」（spark of heavenly fire）はワシントン・アーヴィングの短編小説「妻」（一八二〇）で使われて人口に膾炙した表現。

(59) トドハンターによる伝記で詳しく紹介されている。Todhunter 1876〔2001〕vol. I, pp. 112–117.

(60) Brewster 1838. 著者の同定についてはHoughton ed 1966, vol. 1, p. 485.

(61) Whewell 1840, vol. 1, p. iii.

(62) Todhunter 1876〔2001〕vol. I, p. 147; Yeo 1993, p. 146.

(63) Snyder 2006, ch. 1.

(64) Whewell 1840, vol. 1, p. xix.

(65) Whewell 1840, vol. 1, p. 27, p. 37.

(66) Whewell 1840, vol. 1, p. 30.

(67) Whewell 1840, vol. 1, p. xxxvii.

(68) Whewell 1840, vol. 1, p. 43.

(69) Whewell 1840, vol. 1, pp. 41–45.

(70) Whewell 1840, vol. 1, p. xxxvii. colligationには「総合」などの訳語があてられることが多いが、他の類語との区別がつきにくくなってヒューウェルの独自の概念という印象が薄れてしまうため、あえて新しい訳語を試みている。

(71) Whewell 1840, vol. 1, p. xxxix.

(72) Snyder 2006, pp. 42–47.

(73) Whewell 1840, vol. 1, pp. xlviii–cxx.

(74) Whewell 1840, vol. 2, p. 230. 正確に言うと、ヒューウェルは「まったく異なる事実のクラスからの帰納がこのように一緒にジャンプした(have thus *jumped together*)事例」(強調はヒューウェル自身による)について繰り返し語ることになるので、それをconsilience of inductionsと呼ぶことにする、と述べていて、consilienceという言葉の意味そのものを解説しているわけではない。ただ、conとsilienceに分解すると実際に「共に跳ねる」という意味になるので、そこをくどくど説明する必要まではヒューウェルは感じなかったのであろう。

(75) Whewell 1840, vol. 1, p. xxxix.

(76) Whewell 1840, vol. 2, pp. 267–268.

(77) 同箇所の注にコントの名と書名が挙げてあり、またコントがこれに類することを繰り返し述べているのはまちがいないが、正確な引用元の箇所は今回特定できなかった。

(78) Whewell 1840, vol. 2, p. 268.

(79) Whewell 1840, vol. 1, p. 304.

(80) Herschel 1841. この書評も匿名だが、例によってハーシェルの手になるものであることがわかっている。Houghton ed 1966, vol. 1, p. 723.

（81） Herschel 1841, pp. 205–206.

（82） Herschel 1841, p. 207.

（83） Herschel 1841, p. 207.

（84） Todhunter 1876〔2001〕vol. II, pp. 300–301.

（85） 以下のヒューウェルとダーウィンの関係についての記述は Ruse 1989 に依拠する。

（86） ダーウィンのメモ等は Darwin Online というサイトで公開されている。'Books to be read' & 'Books Read' (1838-51), 15v. CUL-DAR119. (http://darwin-online.org.uk/content/frameset?viewtype=text&itemID=CUL-DAR119.-&pageseq=1)

（87） 一八六〇年一月二日付のヒューウェルからの手紙。このやりとりはダーウィンの書簡集に収録されている。Burkhardt and Smith eds 1993, p. 6.

（88） Snyder 2006, pp. 185–202.

（89） ミルは植物採集にはかなり入れ込んでいて、ミルの全集にも植物学関連の論文がおさめられており、またヒューウェルの分類についての考え方に反論する際にも植物学についての知識が利用されているという（Guillin 2009, p. 51）。もっとも、ミルのこの側面をもって彼を植物学者と呼ぶべきかアマチュア植物愛好家と呼ぶべきかは難しいところのようである（岡本慎平氏のご教示による）。

（90） Mill〔1981〕p. 125.

（91） Mill 1828, p. 169.

（92） Mill〔1981〕pp. 165–169.

（93） Mill〔1981〕pp. 215–217.

（94） Mill 1843〔1973-1974〕. 一九七四年の全集版は出版前草稿から最終版に至るすべての版の間の膨大な記述の異同を注として整理しており、注から初版の内容も再構成できるようになっている。

（95） Mill〔1981〕pp. 217–219.

（96） Mill〔1981〕p. 231.

（97） Mill〔1981〕p. 233, pp. 269–270など。

（98） Mill〔1981〕p. 231.

（99） Snyder 2006, pp. 99–100.

（100） Snyder 2006, p. 106.

（101） Mill〔1973-1974〕vol. 7, pp. 308-310. ここで言及している修正は『体系』の複数の版に及ぶが、一九七四年の全集版で修正情報を集約してくれている。

（102） ウェイトリーがミルに対して（名指しではないが）批判をこっそりとりさげた、と指摘している（そしてその箇所をミルが引用している）のは一八五七年刊の第九版の八折り版用の序文である（Whately〈1857〉p. xxii）。版ごとの異同については今後の検討が待たれる。

(103) Mill〔1973-1974〕vol. 7, p. 284.

(104) Mill〔1973-1974〕vol. 7, p. 388.

(105) Mill〔1973-1974〕vol. 7, pp. 388-406.

(106) Mill〔1973-1974〕vol. 7, Book 2, ch. 5.

(107) Mill〔1973-1974〕vol. 7, Book 3, ch. 2.

(108) Snyder 2006, pp. 121-122.

(109) Mill〔1973-1974〕vol. 7, Book 3, ch. 14, p. 500.

(110) Mill〔1973-1974〕vol. 7, Book 3, ch. 14, p. 500.

(111) Mill〔1973-1974〕vol. 7, Book 3, ch. 14, p. 501.

(112) 以下、『帰納について』（Whewell 1849）におけるミル批判を紹介するが、ページ数は入手のしやすさの便宜も考えて一八六〇年の『発見の哲学』に「ミル氏の論理学」というタイトルで収録されたバージョンを利用する。Whewell 1860, pp. 237-291. ここで引用した箇所は p. 239以下。

(113) Whewell 1860, pp. 262-264.

(114) Whewell 1860, p. 241.

(115) Whewell 1860, pp. 241-243.

(116) Whewell 1860, p. 243.

(117) Whewell 1860, p. 248.

(118) Whewell 1860, pp. 248-249.

(119) Mill〔1973-1974〕vol. 7, Book 3, ch. 1, section 2, p. 287.

(120) Mill〔1973-1974〕vol. 7, Book 3, ch. 1, section 2, p. 303.

(121) Whewell〈1847〉vol. 2, p. 73.

(122) Whewell 1860, p. 270.

(123) Whewell 1860, p. 271.

(124) Whewell 1860, p. 271.

(125) Mill〔1973-1974〕vol. 7, Book 3, ch. 14, section 6, pp. 500-501. このあたりの記述は一八五一年の第三版で大きく修正されたあと、六五年、六八年などの改版でも繰り返し表現に手が加えられており、ミルがヒューウェルの批判への対処に苦慮していたさまがうかがえる。

(126) Whewell 1860, pp. 271-272.

(127) Whewell 1860, pp. 272-274.

(128) Mill〔1981〕p. 233.

(129) Jevons 1874, pp. 13-14, ch. 7.

(130) Jevons 1874, pp. 168-171.

(131) 内井 1995、第二章などを参照。確率・統計の発展が一九世紀の科学全般に与えた影響についてはHacking 1990〔1999〕が参考となる。

(132) Hume 1739, Book I, part 3, section 6.

(133) Mill〔1973-1974〕vol. 7, Book 3, ch. 3, p. 307およびch. 21, p. 562ff.

(134) Scarre 1989, p. 83. スカーによればヒュームの問題を意識的にとりあげた最初の哲学者は一八七四年の著作集の編者の一人T・H・グリーンとのことである（Scarre 1989, p. 103）。

(135) e.g., Jevons 1874, p. 168.

第2章

(1) 本章における匿名の雑誌論文・書評の著者の同定については前章と同じく『ウェレズレー・インデックス』による（Houghton ed 1966, vol. 1, p. 714）。
Todhunter 1876〔2001〕pp. 92-93.

(2) Whewell 1834, pp. 58-59.

(3) Whewell 1834, p. 59.

(4) Whewell 1834, pp. 59-60.

(5) Todhunter 1876〔2001〕p. 92.

(6) 例えば『科学史技術史事典』（伊東ほか 1994）の「科学者」の項など。

(7) 第三回の会合についてはBritish Association for Advancement of Science 1834. 第一回と第二回の会合についてはBritish Association for the Advancement of Science〈1835〉. この報告は第二回の後に初版が出されているが、その現物が確認できなかったため、ここでは一八三五年に出版された第二版を参照している。

(8) OEDは一九八九年の第二版を参照している。

(9) Smedley, Rose and Rose〈1845〉p. x. 第1章でも注記した通り、本百科事典の刊行開始は一八一七年だが、各記事ごとに配本する分冊出版の形をとっていたため、刊本として参照できるのは一八四五年の版となる。

(10) バベッジの回想によると、一八一二年当時、ケンブリッジでは多くの宗教サークルが活動していたのだが、そのパロディとしてフランス流解析学を伝道するサークルのアイデアを書き付けたところ、先輩のブロムヘッドがそのメモを見て本当にやろうと言い出し、当時まだバベッジとは面識のなかったハーシェルやピーコックに声をかけてくれたのだという（Babbage 1864〔1989a〕pp. 28-29）。より客観的な整理としてはWilkes 1990も参照。

(11) Garber 1999, pp. 197–200.

(12) Babbage 1830〔1989〕pp. vi–ix.

(13) ハーシェルの「音」の項の引用は Smedley, Rose and Rose〈1845a〉p. 810 より。ハーシェルの「音」の項は末尾にハーシェル自身が一八三〇年二月三日という日付を書き込んでおり、同年のバベッジの本で参照されているので、この年の内に出版されているものと思われる。

(14) Babbage 1830〔1989〕p. 6.

(15) Moll 1831〔1989〕. 出版時には "by a foreigner" と匿名の形で出版されたが、オランダの科学者ゲラルド・モールが友人のファラデーの助けで出版したものであることが知られている（Agassi 1961）。この反論論文はその後バベッジのもとの論文とセットで出版されるようになったようで、現在オンラインで読めるバージョンでも両者がセットとなっているものが多い。

(16) Morrell and Thackray eds 1984, pp. 29–31.

(17) Morrell and Thackray eds 1984, pp. 33–34.

(18) cultivate にはもちろん「奨励」「涵養」などの比喩的な意味もあるが、「科学奨励者」「科学涵養者」等の訳語では、科学者自身というより研究をサポートする立場の人をイメージしてしまうだろう。そんなわけでここではあえて原義にそった訳語を選んでいる。

(19) Morrell and Theckray eds 1984, pp. 34–37.

(20) British Association for the Advancement of Science〈1835〉p. 22, p. 41.

(21) Morrell and Thackray 1981, p. 32, p. 224. なお、同じ著者たちが編集したこの時代の科学者たちの書簡集（Morrell and Thackray eds 1984）も似たタイトルなので注意。

(22) Morrell and Thackray 1981, pp. 267–272.

(23) Ross 1962, p. 69.

(24) Thurs and Numbers 2013. ただしその science は現在の意味での科学というより「確実な知識」という古い意味の方が多い。

(25) 前掲の science の場合と同じくＯＥＤ第二版を参照している。

(26) Morrell and Thackray 1981, pp. 276–281.

(27) Morrell and Thackray 1981, pp. 276–277, pp. 281–286.

(28) Whewell 1837, p. 6.

(29) Ross 1962, p. 72. ＯＥＤのミスを指摘しているの

は p. 73 n. 17.

（30） Whewell 1840, pp. xlviii-cxx.

（31） Whewell 1840, p. cxiii.

（32） Scott 1840, p. 273.

（33） Houghton ed 1966, vol. 1, p. 63.

（34） Ross 1962, p. 72. ロスはなぜかこの引用を自分の他の論文（Ross 1961, p. 216）からの孫引きという形で行っている。ロスがこれらの論文を書いた六〇年代の時点ではファラデーの書簡は出版されていなかったためだと思われるが、一九九一年の本に収録する際にはすでに注（35）に示すファラデー書簡集に典拠があらためられている。

（35） James ed 1993, Letter 1278（Whewell to Faraday）および Letter 1279（Faraday to Whewell）.

（36） Ross 1962, pp. 76-82.

（37） Whewell 1834, p. 59.

（38） Whewell 1840, p. lxx.

（39） Whewell 1840, p. lxx.

（40） James ed 1993, Letter 1279（Faraday to Whewell）.

（41） Grove 1843. 著者の同定については Houghton ed 1966, vol. 1, p. 72.

（42） Grove 1843, p. 524.

（43） Thomson 1863, p. 577. 同論文は Thomson 1890 に再録されている。Ross 1962, p. 73 でも引用されているが、なぜか「約五〇年後」の論文として言及されている（「約五〇年後」は論文集に再録された年であり、論文そのものは一八六三年に出版されたものだから約二〇年後である）。

第3章

（1） より詳しくは伊勢田ほか編 2013 などを参照。

（2） 以下のアリストテレスについての記述は、岩波書店より近年刊行されている『アリストテレス全集』の第二巻および第三巻（内山ほか編 2014、内山ほか編 2014a）による。

（3） ヴェン図を使う三段論法評価の手法は Salmon 1963 などで紹介されているので、興味のある方は参照されたい。

（4） 「ソフィスト的論駁について」の第四章と第五章で論じられている。内山ほか編 2014a, pp. 375-388。

（5） Woods 2012, p. 520.

（6） Woods 2012, pp. 544-545.

（7） Woods 2012, p. 533.

（8）Bacon〔1994〕Book 1, aphorism 40, pp. 53–54.

（9）Whately 1819. cf. Whately〈1831〉p. 28.

（10）Whately 1831a.

（11）出版情報について詳しくは文献表を参照するとともに、第1章の注（38）も参照。以下の記述では、初期の版に比べ章立てが整理されて読みやすくなっている一八三一年の第四版を主に参照している。

（12）一八三一年の増補版を参照している。

（13）Whately〈1831〉pp. 153–154.

（14）Whately〈1831〉p. 177.

（15）Whately〈1831〉p. 181.

（16）Whately〈1831〉p. 298ff.

（17）Whately〈1831〉p. 307.

（18）Whately〈1831〉pp. 324–336.

（19）Whately〈1831〉pp. 345–346.

（20）『メトロポリタン百科事典』の「修辞学」の項の分冊の正確な刊行年はよくわからない。今回見ることができた初期のバージョンは、同百科事典の一八四五年のリプリントと『修辞学の諸要素』の一八二八年の第二版および一八三〇年の第三版であり、後述の立証責任についての議論も追加されて議論が充実した第三版を主に利用している。

（21）Woods 2012, p. 577.

（22）Whately〈1830〉part 1, ch. 2.

（23）Whately〈1830〉p. 45.

（24）Whately〈1830〉pp. 49–50.

（25）Whately〈1830〉p. 69.

（26）Whately〈1830〉pp. 58–61.

（27）Whately〈1830〉p. 85.

（28）Woods 2012, p. 577.

（29）Whately〈1830〉pp. 97–105.

（30）Whately〈1830〉pp. 102–104.

（31）Whately〈1830〉pp. 100–102.

（32）Whately〈1830〉p. 105.

（33）『体系』には第二次世界大戦後すぐから一〇年ほどかけて出版された全訳があって、今から見ても翻訳の質は悪くないのだが、残念ながら古本などでもまず手に入らない（文献表参照）。そこで現在『体系』を訳し直すプロジェクトが進行中である。本書での紹介は、翻訳チームの厚意により、その新訳の出版前の原稿も参考にさせていただいている。

（34）Mill〔1973–1974〕vol. 7, pp. 164–182.

（35）Mill〔1973–1974〕vol. 8, pp. 736–737.

（36）Mill〔1973–1974〕vol. 8, p. 737.

（37）Mill〔1973-1974〕vol. 8, p. 737.
（38）Mill〔1973-1974〕vol. 8, Book 5, ch. 2.
（39）Mill〔1973-1974〕vol. 8, Book 5, ch. 3.
（40）Mill〔1973-1974〕vol. 8, p. 748.
（41）Mill〔1973-1974〕vol. 8, p. 771.
（42）Mill〔1973-1974〕vol. 8, p. 771.
（43）Mill〔1973-1974〕vol. 8, p. 771.
（44）Mill〔1973-1974〕vol. 8, pp. 763-764.
（45）Mill〔1973-1974〕vol. 8, pp. 752-753.
（46）Mill〔1973-1974〕vol. 8, p. 756.
（47）Mill〔1973-1974〕vol. 8, p. 759.
（48）Mill〔1973-1974〕vol. 8, p. 759.
（49）Mill〔1973-1974〕vol. 7, Book 2, ch. 5.
（50）Mill〔1973-1974〕vol. 8, Book 5, ch. 4.
（51）Mill〔1973-1974〕vol. 8, p. 776; Bacon 1620〔1889〕Book 1, aphorism 46.
（52）伊勢田ほか編 2013, pp. 212-218 などを参照。
（53）Mill〔1973-1974〕vol. 8, p. 777, p. 778.
（54）Mill〔1973-1974〕vol. 8, pp. 782-783.
（55）Mill〔1973-1974〕vol. 8, p. 783.
（56）Whewell 1840, vol. 2, p. 268.
（57）Mill〔1973-1974〕vol. 8, Book 5, ch. 5.
（58）Mill〔1973-1974〕vol. 8, p. 792.
（59）Mill〔1973-1974〕vol. 8, pp. 786-788.
（60）ミルは後の『ウィリアム・ハミルトン卿の哲学の吟味』で一種の観念論的な哲学を展開する（Mill 1865a〔1979〕）。ミルが同書で展開した形而上学が現在の分類で何にあたるかについては諸説ある（Scarre 1989）が、外的世界がわれわれの意識や知覚に還元されるという立場のようである。もしこの立場を『体系』執筆の時点でミルがすでにとっていたとすれば、意識を物質に還元するのが誤謬だとミルが思った理由は、そもそもミルが物質も意識や知覚に還元されると考えていたからかもしれない（この論点については岡本慎平氏のご教示による）。
（61）Mill〔1973-1974〕vol. 8, p. 787.
（62）Mill〔1973-1974〕vol. 8, pp. 805-806.
（63）Mill〔1973-1974〕vol. 8, pp. 815-816.
（64）Mill〔1973-1974〕vol. 8, p. 816.「活力論争」については有賀 2012 も参照。次章でも紹介するようにこの論争は実証主義の歴史とも深い関わりがある。
（65）Woods 2012, pp. 601-602.
（66）Woods 2012, pp. 602-603.
（67）アルフレッドの妻のセシリーは作家で、インターネットで「アルフレッド・シジウィック」で検索するとセシリーについての情報の方が多く出てくる。アルフレッドの業績を現代に紹介したダグラス・ウォルトンの論文も「アルフレッド・シジウィック：非形式論理と論証論のほとんど知られていない（little-known）先駆者」というタイトルで、非形式論理の専門家の間ですらほとんど知られていない人物であった（ある）ことがうかがえる（Walton 2000）。

(68) Sidgwick 1883, p. 11.

(69) Sidgwick 1883, p. 178.

(70) Sidgwick 1883, p. 276, pp. 333-339.

(71) Sidgwick 1883, p. 155.

(72) ロックとクリティカルシンキングは結びつきにくいかもしれないが、死後出版された『正しい知性の導き方』（Locke 1706）は、われわれが陥りやすいバイアスや誤謬を指摘しながら、正しく考える方法をどう訓練すればよいかを一般の読者むけに論じており、クリティカルシンキングマニュアルのはしりのような内容となっている。

第4章

(1) Hankins 1970 および Hankins 1967.

(2) 以下、ダランベールの生涯についての記述は Hankins 1970 のほか、串田 1980a、中田 1999 などを参照している。

(3) d'Alembert 1751, p. vi. 『世界の名著35　ヴォルテール、ディドロ、ダランベール』（串田 1980）所収の「百科全書序論」（佐々木康之訳）pp. 433-434 を参考にしたが、訳文は全面的に訳し直している。

(4) d'Alembert 1751a, p. 790.

(5) Maupertuis〔1768〕pp. 28-29; cf. Hankins 1970, p. 160.

(6) McCloskey 1983 や Kozhevnikov and Hegarty 2001 など。

(7) この観念論の立場がもっとも生き生きと描かれているのが『ハイラスとフィロナスの三つの対話』（Berkeley 1713）である。

(8) Berkeley［1965］.

(9) Berkeley［1965］section 4.

(10) Berkeley［1965］section 15.

(11) Berkeley［1965］section 17.

(12) Hankins 1970, p. 159.

(13) 主に参考にしたのは『哲学の歴史5　デカルト革命』所収の鈴木泉、久米暁の論考である（鈴木 2007；久米 2007）。

(14) 以下、マールブランシュからの引用は一八三七年の全集版を利用し、また、レノンとオルスキャンプによる英訳を参考にした（詳細は文献表参照）。

(15) Marblanche〔1837〕Tome Premier, p. 19,〔1997〕p. 37.

(16) Marblanche〔1837〕Tome Premier, p. 19,〔1997〕p. 37.

(17) Marblanche〔1837〕Tome Premier, p. 219,〔1997〕p. 446.

(18) Marblanche〔1837〕Tome Premier, p. 219,〔1997〕p. 446.

(19) Wright 2009, p. 27.

(20) Hankins 1970, p. 129.

(21) Laplace〔1843〕p. 4,〔2012〕p. 4.　邦訳を参照したが、ここでは原文に基づいて訳し直している。

(22) Laplace〔1843〕p. 16,〔2012〕p. 12.

(23) Carnot 1803, p. xi, p. xvi.

(24) Fourier 1822, p. i.

(25) Abbagnano〔2006〕.　この項を執筆しているのはニコラ・アバニャーノという人で、一九六七年の初版の記事だが、『哲学百科事典』が二〇〇六年に全面改訂された際にもアバニャーノの記事はそのまま残された。

(26) 本書執筆のために参照したのは第四版（Ravesson〈1895〉）と邦訳（Ravesson〔2017〕）である。邦訳者によれば第四版も基本的に修正はないとのことである。なお、邦訳では初版の出版を一八六八年としているが、参照している第四版における記載をもとに、本書では初版出版年を一八六七年と表記する。

(27) Ravesson〈1895〉p. 54,〔2017〕pp. 72-73.

(28) Ravesson〈1895〉p. 55,〔2017〕p. 74.

(29) 用例のみでいえば、一八世紀にも「実証科学」という言葉の用例はあるそうだ。Pickering 1993, p. 65, n. 16 参照。google books による検索でも一八世紀の用例がいくつか散見されるようである。もちろん、そうした早い用例があったとしても、サン＝シモンやコントに直接影響を与えた用例という意味で、スタール夫人の用例の重要性が減るわけではない。

(30) Staël〈1800〉p. 26, p. 269.

(31) Staël〈1800〉p. 340; cf. Pickering 1993, p. 65.

(32) このエピソードについては英訳版選集の序文（Saint-Simon［1952］p. xv.）をはじめ、さまざまなところでいろいろなバージョンが紹介されているが、ソースははっきりしない。

(33) Pickering 1993, pp. 76-79.

(34) Saint-Simon〔1973〕p. 14,［1952］p. 21.

(35) Saint-Simon〔1973〕p. 21,［1952］p. 22.

(36) Pickering 1993, p. 581. バナールの文章についてはピッカリングによる引用があるものの確認できなかった。

(37) これより早い用例らしきものもグーグルの検索でひっかかるが、詳細はもう少し調査する必要がある。

(38) 以下での伝記的記述は前出の Pickering 1993、『世界の名著36　コント・スペンサー』における清水幾太郎による解説（清水 1970a）、および Bourdeau 2014 を参考にしている。

(39) Comte 1822〔1854〕〔1968-1971a〕pp. 77-78. フランス語テキストは全集第一〇巻に収録されている『実践政治体系補遺』版を参照した（この全集はページ数が巻ごとの通し番号となっていないので注意）。タイトルの訳は邦訳に従っているが、以下の訳文はそれを参照しつつ新たに訳し直している（邦訳について詳細は文献表参照）。なお、この論文を含む初期論文集を編集・英訳したH・S・ジョーンズによれば、一八二二年に書かれたときのタイトルは「プラン」ではなく「構想」（prospectus）となっていたが、一八二四年に改題し、若干加筆されたものが公刊され、現在流布しているのも二四年のものである。しかしコント自身が二二年の論文として言及し続けているので、その年号を付されることが多い（Jones 1998, pp. xxix-xxxii.）。

(40) この講義が開催される経緯については Pickering 1993, pp. 365-371 にくわしい。

(41) Comte〔1968-1971〕t. 1-t. 6.

(42) Ravesson〈1895〉ch. VII,［2017］pp. 72-84.

(43) Comte 1830〔1968-1971b〕t. 1, pp. 11-12.

(44) Pickering 1993, pp. 580-581. 原文は Comte〔1968-1971〕t. 2, p. 330.

(45) コントの宗教の機能についての考え方は Bourdeau 2014 で指摘されている。

(46) 『観念史事典』の Positivism の項では「ラテンアメリカにおける実証主義」という節を設けて詳しく紹介している（Hilton 1973）。

(47) Ravesson〈1895〉ch. VIII,［2017］pp. 85-90. なお、

邦訳ではミルやスペンサーを紹介する章に「実証主義（２）イギリスでの展開」というタイトルがついているが、原著は章にタイトルをつけていない。

(48) Mill 1873〔1981〕pp. 217-219.

(49) Mill 1843, Book III, ch. 14, section 6,〔1973-1974〕vol. 7, p. 504.

(50) Mill 1873〔1981〕p. 219. ただし、これについては、コントがミルにお金の無心を繰り返したことが原因かもしれない（Capaldi 2004, p. 173. また、この点については岡本慎平氏のご教示による）。

(51) Mill 1865〔1969〕. 正確にいうと、この本はもともと二つの別の論文として出版された後一冊にまとめられたものである。

(52) Mill〔1969〕pp. 334-335.

(53) Comte 1830 [1853].

(54) Hofstadter 1955, p. 33.

(55) Bowler 1989, p. 238.

(56) Spencer 1862.

(57) Spencer〔1966〕part 1.

(58) Spencer〔1891〕p. 125.

(59) Spencer〔1891〕pp. 122-123.

(60) Spencer〔1891〕pp. 125-130.

(61) ハミルトンの生涯についてはミル全集の『ウィリアム・ハミルトン卿の哲学の吟味』の巻におけるアラン・ライアンの序文で簡単に紹介されている（Ryan 1979, pp. xiv-xvii）ほか、二〇〇一年に出版されたハミルトン選集の序文（Tropea 2001）が参考になる。さらに詳しいソースとしてはヴェイチがハミルトンの死後まもなくまとめた伝記があるが、記述があまり整理されておらずたいへん読みにくい（Veitch 1869）。

(62) Veitch 1869, pp. 65-67; Ryan 1979, p. xv.

(63) Tropea 2001, pp. x-xi.

(64) Hamilton 1829. 以下の引用でのページ数は論文集（Hamilton〔1852〕）版を利用する。

(65) Hamilton〔1852〕pp. 12-15.

(66) Hamilton〔1852〕p. 1; Tropea 2001, p. xiv.

(67) Mill〔1981〕pp. 268-269.

(68) ライトの哲学については、Madden 1963 が詳しい。簡潔なまとめとしてはスタンフォード哲学百科事典のライトの項目（De Groot 2015）も参考になる。

(69) Wright 1865; Wright 1870.

(70) Wright〔2000c〕p. 131. ただし、ライトの著作集の編者ライアンによれば、ライトは初期にはハミルトンを信奉していたものの、ミルのハミルトン批判などを読んだ結果、ハミルトン主義とは距離をおくようになったらしい（Ryan 2000, pp. vii–viii）。知識の相対性テーゼはその中でもハミルトンからの影響の名残と見ることができるかもしれない。

第5章

（1）例えばLosse 1993など。邦語では『哲学の歴史』の11巻、とりわけ今井道夫・小林道夫による第一章「自然科学の哲学」がドイツとフランスの一九世紀の科学哲学の様子を紹介している（飯田編 2007, pp. 51–126）。

（2）以下、本章における科学者の伝記的事項については『科学者伝記事典』（Gillispie ed 1970–1980）を主に参照している。

（3）『自然科学の形而上学的原理』についてはスタンフォード哲学百科事典のKant's philosophy of scienceの項を大いに参考にした（Watkins 2014）。

（4）もう少し細かく見ると、フレデリック・バイザーによれば、一八三一年のヘーゲルの死後ほどなく、一八四〇年代にはドイツ観念論的な科学と哲学の関係のイメージ（哲学がアプリオリな方法で科学の基礎を築くという考え方）はさまざまな方面から攻撃を受けるようになり、それが哲学のアイデンティティ・クライシスを生んだという（Beiser 2014, p. 16）。ヘルムホルツもこの時期のドイツ観念論批判者の一人として、次に見るデュ・ボア＝レーモンらと共に名指されている。ただ、時期からいって、ここでヘルムホルツの観念論批判として想定されているのは、まだカントの影響の強い一八四七年の論文の方だと思われる。

（5）Helmholtz〔1876〕pp. 188–190,〔1885〕pp. 324–326. 引用は一八七六年の講演集版により、英訳も参照した。

（6）Helmholtz〔1876〕pp. 188–190.

（7）Helmholtz 1856-1867〈1910〉Dritter Band, p. 28. 翻訳においては英訳を参考にした（Helmholtz [1962] vol. 3 p. 30）。

（8）Heidelberger 1994, p. 483.

（9）いずれもDu Bois-Reymond 1891に収録されている。以下の本書からの引用は邦訳（Du Bois-Reymond [1928]）を参照した。

（10）Kirchhoff〈1897〉p. 1.

（11）Petzoldt 1906〈1912〉. タイトルの相対的実証主

義が何を指すかははっきりしないが、アインシュタインの相対性理論を意識したというよりは、マッハ的な絶対空間を前提としない力学を想定して「相対的」という言葉を使っているようである。

(12) マッハやヒュームがアインシュタインに影響を与えたかどうかという問題についてはNorton 2009や小野田 2011が参考になる。

(13) 科学哲学に焦点をしぼった英語でのマッハの紹介としてはスタンフォード哲学百科事典のマッハの項の記述がある（Pojman 2009）。

(14) Avenarius 1888-1890. 英語でのアヴェナリウス哲学の解説としてはCarstanjen 1897やSmith 1906などがある。

(15) Mach 1883［2006］上巻 pp. 12-13.

(16) Mach［1906］〔1923〕section 15, pp. 608-609,［1971］, p. 23. この原稿は仏訳が先に出版され、ドイツ語の原文が後から『通俗科学講演集』の第五版に追加収録されるというややこしい経緯をたどっている。さらに、邦訳の注によれば、これはもともと講演原稿として執筆されたものらしいが、仏訳公表前にこれに基づく講演が実際に行われたかどうか判明しなかったので、仏訳を初出として扱う。

(17) Mach 1886〔1963〕p. 303.

(18) Mach 1886［1963］p. 15.

(19) もちろん、マッハのニュートン批判には、ライプニッツによるニュートン力学批判なども歴史的背景として存在する。そのあたりの事情については内井 2006に詳しい。

(20) Mach 1883［1960］p. 272,［2006］上巻 pp. 347-348. 訳文も二〇〇六年の日本語版による。

(21) Mach 1883［1960］p. 273,［2006］上巻 pp. 348-349.

(22) Mach 1883［1960］p. 280,［2006］上巻 p. 356.

(23) 相対主義物理学の近年の試みについては内井 2006で紹介されている。

(24) ボルツマンの生涯、および科学哲学に関する見解についてはCercignani 1998などが参考になる。

(25) Boltzmann 1886〔1905a〕pp. 28-29,［1974a］pp. 15-16.

(26) Cercignani 1998, pp. 29-30, p. 170, pp. 184-185.

(27) Hertz 1894, pp. 2-3,［1899］pp. 2-3.

(28) Boltzman 1899〔1905c〕pp. 257-259,［1974c］pp. 104-106.

(29) Cercignani 1998, ch. 10. ただし、稲葉肇氏によれば、これについてはボルツマン研究者の間でも意見が分かれるところだという。

(30) デルティートのエネルギー論に関する論文は多数存在するが、中でもDeltete 2000、Deltete 2005、Deltete 2007、Deltete 2012を主に参照した。日本語でのオストヴァルトの立場についてのサーベイとしては稲葉 2010が詳しく、本書での訳語の選択でも同サーベイを参考にした。

(31) Helm 1898〔2000〕pp. 76-86.

(32) Helm 1887, p. 45; Deltete 2005, p. 156.

(33) Deltete 2000, p. 11.

(34) Helm 1887, p. 1, p. 76.

(35) Deltete 2005, p. 152; Deltete 2012.

(36) Deltete 2000, p. 14.

(37) オストヴァルトは一九〇六年には（おそらく大学の同僚との衝突により）ライプツィヒ大学を退職して、郊外のグロースボーテンというところに「ラントハウス・エネルギー」という家を建ててそこで終生暮らしたとのことである（稲葉肇氏の教示による）。

(38) Deltete 2007aおよびDeltete 2008で詳しくまとめられている。

(39) Deltete 2007a, pp. 267-267.

(40) この会合についてはDeltete 1999が詳しい。

(41) Boltzmann 1897〔1905a〕; Planck 1896. 論争の解説としてはJungnickel and McCormmach 1986, vol. 2, pp. 222-223などが詳しい。

(42) Planck〔1949〕pp. 33-34. これが有名になったのはクーンが『科学革命の構造』の中で、いわゆる「通約不可能」なパラダイム間の対立が発生している兆候の一例として引用したためである。Kuhn 1962, p. 151.

(43) コンドルセの著作などに用例があるという。Baker 1964参照。

(44) 社会科学も含めた一九世紀の科学における統計の使用についてはHacking 1990〔1999〕が参考になる。

(45) Comte 1839, p. 252,〔1968-1971c〕tome 4, p. 201. この言葉が導入された文脈などについてはPickering 1993, p. 615も参照のこと。

(46) Comte 1839, p. 7,〔1968-1971c〕tome 4, p. 6. Pickering 1993, p. 605も参照。

(47) ミルのこの側面については川名 2012などが参考となる。

(48) Mill〔1973-1974〕vol. 8, Book 6, ch. 1, vol. 8 pp. 833-834.

（49）Mill〔1973-1974〕vol. 8, Book 6, ch. 7, p. 879. ただし，ミル自身「社会科学」という表現をこれより前にも使っており，英語圏でも一九世紀初頭から使用例が存在する（Iggers 1959）。

（50）ディルタイの生涯と哲学の概説についてはスタンフォード哲学百科事典のディルタイの項を参照（Makkreel 2016）。本書で紹介する『精神科学序説』については英訳のイントロダクションや邦訳の解説も参考になる（Betanzos 1988：牧野 2006）。

また，以下，『精神科学序説』のドイツ語原文は全集第六版（Dilthey〔1966〕）を参照し，ページ数もそれによる。その他一九八八年の英訳および二〇〇六年の邦訳を参考にした。引用は邦訳による。

（51）Dilthey〔1966〕p. 5,〔2006〕p. 15.

（52）なお，ディルタイの著作の英訳などでは human sciences（人間科学）という訳語があててある。これにはちょっと入り組んだ事情があって，ディルタイ自身の説明によれば，実は Geisteswissenschaften というドイツ語は，ミルの『論理学体系』がドイツ語訳されたときに moral sciences の訳語として使われ，広まったもので，それをディルタイが採用したらしい（Dilthey〔1966〕p. 5,〔2006〕p. 15, p. 675 訳注19）。moral sciences は今でいえば「人間に関する科学」くらいのニュアンスなので，現代英語としては human sciences の方が適切だというわけである。

（53）Dilthey〔1966〕pp. 9-14,〔2006〕pp. 19-23.

（54）Dilthey〔1966〕p. 6,〔2006〕pp. 15-16. 訳文は邦訳による。

（55）Dilthey〔1966〕p. 4,〔2006〕p. 14.

（56）Dilthey〔1966〕pp. 17-21,〔2006〕pp. 26-30.

（57）『哲学研究』はオンラインで読むことができる。（http://vlp.mpiwg-berlin.mpg.de/library/journals.html?id=lit38260）

（58）Danziger 1979；高橋 2016。ヴントの心理学思想についてはBoring 1950, ch. 16 も参考になるが，ダンツィガーはボーリングの紹介は不正確だといって批判している（Danziger 1979, pp. 205-206）。

（59）Wundt 1889. 精神科学に含まれる諸分野のリストは p. 47。

（60）Boring 1950, ch. 18.

（61）Külpe 1893. この経緯についてはDanziger 1979, p. 209 に詳しく紹介されている。

（62）Danziger 1979, p. 211.

(63) ディルタイの「精神科学」と新カント派の「文化科学」の比較については、Makkreel 2010 が参考になる。
(64) Windelband, 1894. 引用に際しては邦訳（Windelband [1929]）を参考にし、「法則定立的」「個性記述的」という訳語も邦訳のものをそのまま利用している。
(65) 岩波文庫の篠田英雄による訳注でもここで想定している精神科学の分類はヴントの分類を念頭においているらしいということが指摘されている。Windelband [1929] p. 119.
(66) Windelband [1929] p. 18.
(67) Rickert 1899 [1922]; 1902 [1986].
(68) リッケルトらの新カント主義とヴェーバーの関係については Oakes 1986 や Wagner and Härpfer 2015 などが参考になる。
(69) Weber（1913 [1968]）.
(70) Thomson and Tait 1867〈1879〉. 引用は一八七九年の第二版から行うが、「経験」の章については第一版にも同様の記述がある。
(71) Thomson and Tait〈1879〉p. 443.
(72) Thomson and Tait〈1879〉pp. 445-446.
(73) クリフォードの生涯については Madigan 2010 を参照。
(74) ピアソンの生涯については Porter 2004 などを参照。
(75) 具体的にどこに加筆を行ったかはピアソン自身による『厳密科学の常識』の序文に詳しい。全五章のうち、第三章の後半と第四章がピアソンによる書き下ろし、第五章も運動法則などに関する部分はピアソンがクリフォードの立場を推測しながら書いたようである。Clifford 1886, pp. vi-ix.
(76) Clifford 1886, p. 215ff.
(77) Clifford 1886, p. 224ff.
(78) Clifford 1886, p. 226.
(79) Clifford 1886, p. 271.
(80) Pearson 1892, p. 74.
(81) Pearson 1892, p. 83.
(82) Pearson 1892〈1900〉.
(83) Pearson〈1911〉ch. 5.
(84) Easton 1966, chs. 2 and 3.
(85) Stallo〈1888〉p. xxxvi.
(86) Easton 1966, pp. 84-87.
(87) Wiener 1949, ch. 2; Menand 2001, ch. 9.

(88) Peirce 1907〔1998〕p. 399,〔2014c〕pp. 262-263. この一九〇七年の草稿は執筆当時には断片的にしか公開されず、全体が公開されたのが一九九八年の論文集なので、厳密に言えば初出は一九九八年ということになる。

(89) ただし、ホームズはそのことを覚えていないと証言しており、パースの回顧の正確さには疑問もある（Wiener 1949, pp. 21-22)。

(90) Peirce 1907〔1998〕p. 399,〔2014c〕p. 263. パースのこのライト評は Wiener 1949, p. 19, Menand 2001, p. 221 などでも引用されている。

(91) Peirce 1868〔1984〕; Peirce 1877〔1986〕; Peirce 1878〔1986a〕. これらの論文の引用には一九八〇年代に出版された『時系列順パース全集』を利用する。

(92) Peirce 1868〔1984〕.

(93) Peirce〔1984〕pp. 211-213.

(94) パースの「仮説の方法」や「アブダクション」についての記述は多くの著作に断片的にまたがっており、その全体像を知るのは容易ではない。スタンフォード哲学百科事典の「パース」の項（Burch 2014)、「アブダクション」の項（Douven 2017）およびその補遺「パースのアブダクション」（Douven 2017a）を読み比べることで、ある程度のイメージはつかめる。

(95) Peirce 1877〔1986〕.

(96) Peirce 1878〔1986a〕p. 273.

(97) 一九八〇年代にH・パトナムが内的実在論と呼んだ立場もこれに近い。Putnam 1981; Putnam 1983.

(98) James〔1981〕vol. 1, p. 6. ジェイムズからの引用は基本的にハーバード大から出された著作集版による。本著作集は、書誌目録などで通しの巻号が付されている場合があるが、本体にはそうした巻号は付されていない（もともと三分冊の『心理学の諸原理』は巻号が付されているが、著作集全体を通した巻号ではない）。そのため、文献表でも特に巻号表記を行わず、各巻のタイトルで区別している。

(99) James 1904〔1976〕. ジェイムズがこれに先立つ時期にアヴェナリウスの著作を参照していたことについては Lamberth 1999 で詳しく考察されている。

(100) マッハ、ジェイムズ、ラッセルの形而上学を一つの知的な系統として捉える研究としては、Banks 2014 などがある。

(101) Russell 1914. ラッセル研究者のR・E・タリーによれば、その後数年してラッセル自身も中立一元論を受け入れるようになったようである（Tully 2003）。

（102） James 1907〔1975〕pp. 92-94.

（103） ついでに言えば、ここでのジェイムズの「道具的」という言葉の用法が、おそらくは二〇世紀後半の科学的実在論論争における「道具主義」という言葉の一つの元ネタになっているのではないかと思われる。「道具主義」という言葉自体はジョン・デューイが使っているのだが、科学理論ではなく人間の信念全般についての立場となっており、若干意味がずれる。

（104） 論理実証主義者たちがアメリカへ来たとき、プラグマティズムの中には彼らと対立する面と協調する面があり、モリスは協調できる面を重視して彼らを積極的に受け入れたとされる。Richardson 2003 がこの問題をとりあげている。

（105） Brenner and Gayon 2009. また、以下の伝記的な記述については『フランス哲学・思想事典』（小林ほか編 1999）も参考にしている。

（106） Le Roy 1901, p. 140.

（107） 詳しくは小林ほか編 1999 での各哲学者についての項目を参照。

（108） Brenner and Gayon 2009.

（109） ポアンカレについての記述は Gray 2013 を参考にしている。

（110） Gray 2013 など。

（111） Poincaré 1895, pp. 641-642, Poincaré 1902〔1938〕ch. 4.

（112） Poincaré〔1938〕pp. 16-17.

（113） Poincaré〔1938〕p. 15.

（114） Poincaré〔1938〕pp. 164-167.

（115） Worrall 1989; Zahar 2001 など。

（116） 正確に言えば、ここで紹介しているのは「認識論的構造実在論」と呼ばれる立場で、そもそも構造以外のものは存在しない、と考える「存在論的構造実在論」という立場もある。ポアンカレは認識論的構造実在論に近いと考えられる。

（117） Poincaré〔1938〕p. 15.

（118） Duhem 1906〈1914〉〔1981〕〔1954〕〔1991〕. フランス語の原文の確認には一九八一年の復刻版を利用し、五四年の英訳（その後出版社を変え再版されている）と九一年の邦訳を参照した。Duhem〔1991〕の小林による解説も参照。

（119） Quine〔1953〕p. 41.

(120) Duhem〔1981〕pp. 282-284,〔1991〕pp. 251-252.
(121) Duhem〔1981〕pp. 284-285,〔1991〕p. 253. 以下、本書からの引用は邦訳による。
(122) Duhem〔1981〕pp. 217-239,〔1991〕pp. 192-211.
(123) Duhem〔1981〕p. 331,〔1991〕p. 294.
(124) Duhem〔1981〕p. 27,〔1991〕p. 23.
(125) 機械論は歴史的には近接作用のみを認める立場を指す言葉としても使われてきたが、ここでは生気論と対比する用法で使われており、遠隔作用も認めるような用法である。
(126) Duhem〔1981〕p. 424,〔1991〕pp. 374-375.
(127) Duhem〔1981〕pp. 35-36,〔1991〕pp. 30-31.
(128) Meyerson 1908 [1930].

第6章

(1) 設立前後のウィーン学団についてはStadler 2007を参考にした。また、スタンフォード哲学百科事典の「ウィーン学団」の項は、最近の文献までふまえつつ手頃な長さでウィーン学団についての研究の現状をまとめてくれており、文献の注も充実していておすすめである（Uebel 2016）。
(2) Hahn, Neurath and Carnap 1929. これはパンフレットとして公表されたものであり、書籍に収録されたのは英訳という形でノイラートの英訳著作集（Neurath 1973）に収録されたのが最初のようである。原語版はノイラートのドイツ語での著作集に収録されているようであるが、この著作集は未見。
(3) Frank 1949, p. 38.
(4) Hahn, Neurath and Carnap 1929 [1990] pp. 234-235. 本文書からの訳文は邦訳を利用している。
(5) Hahn, Neurath and Carnap 1929 [1990] p. 235.
(6) これについては伊勢田 2017 である程度紹介したのでそちらを参照されたい。
(7) 『哲学の歴史』11巻はこうした論理の文脈の中でウィーン学団を紹介しており、とりわけ蟹池陽一による第四章「ウィーン学団とカルナップ」は非常に参考になる（飯田編 2007, pp. 431-475）。
(8) Reisch 2005, p. 48.
(9) Carnap 1931 [1959].
(10) Cat, Cartwright and Chang 1996 やスタンフォード哲学百科事典のノイラートの項（Cat 2014）がノイラートの考えについて知る上では助けになる。
(11) Frank 1949, pp. 1-4; Haller [1991].
(12) Rey 1907; Frank 1949, pp. 2-4.

（13） Frank 1949, pp. 23–25.
（14） ハーンの論文集につけられたメンガーの序文にこの事情についての記載がある（Menger 1980, p. ix）。
（15） カルナップへの新カント派の影響についてはFriedman 1987, Friedman 1999, Richardson 1998などで詳しくとりあげられている。シュリックの実証主義者になる前の哲学についてはFriedman 1999, ch. 1 がまとまっている。
（16） Schlick［1974］section 27.
（17） Friedman 1999, ch. 1.
（18） 第二次世界大戦後、物理学が実用主義に傾いて物理学の中に哲学の場所がなくなったことについてはKragh 1999, p. 441,［2015］下巻 p. 561 でも言及されている。カーオはボーアとシュレーディンガーが物理学者兼哲学者の最後の世代であるとして名前を挙げている。
（19） これについては原典を確認できなかったため、Nye 1972, pp. 151-152 の記述に依拠している。
（20） Poincaré 1912, pp. 347, 348. Nye 1972, p. 157 の訳文も参照した。
（21） Millikan 1917, p. 10.
（22） キャンベルについてはBuchdahl 1964 が詳しい。
（23） Campbell［1957］p. 122.
（24） Campbell［1957］pp. 122–123.
（25） Campbell［1957］p. 132.
（26） Campbell［1957］pp. 137–139.
（27） Campbell［1957］p. 139.
（28） Feigl 1969, pp. 644–645.
（29） Bridgman 1927, p. v.
（30） Bridgman 1927, p. 5.
（31） Bridgman 1927, pp. 9–25.
（32） Bridgman 1936, pp. 13–15.
（33） Bridgman 1927, pp. 52–60.
（34） Bridgman 1927, p. 59.
（35） Bridgman 1927, p. 60.
（36） Carnap 1928［1967］sections, pp. 175–178.
（37） Schlick 1918, section 26（a）2,［1974］p. 218.
（38） Schlick［1959］p. 101.

あとがき

本書のもととなっているのは、『ミネルヴァ通信「究」』の三一号から六六号まで（二〇一三年一〇月から二〇一六年九月まで）に掲載された連載「科学哲学の温故知新」である。ただし、連載時から構成を大幅に見直し、全面的に加筆している。また、以下の二つの文章から転載した部分もある（ただし、それぞれかなり加工した上で組み込んでいる）。

「クリティカルシンキングの系譜」『アリストテレス全集月報5』岩波書店、五‐八頁、二〇一四年七月

「十九世紀科学哲学を現代の目で振り返る」『哲学研究』五九九号、一‐二九頁、二〇一五年四月

そもそも、本書のもとになった連載をすることになった理由であるが、二〇一三年の六月に当時ミネルヴァ書房で編集者をしておられた安宅美穂さんより、同書房のPR誌に連載をしないかというお誘いの手紙をいただいたのがきっかけである。といっても、そんな連載を持つ時間もないし、また、送っていただいた雑誌に掲載されている文章の多くが軽い読み物志向のものだったこともあって、最初はお断りした。しかし、読み物として面白いものを書く必要はないので、書きたいことを書いて下さい、とあらためて依頼されたので、思いついて、当時、ブログに掲載するつもりで書きかけていた「サイエンティストの起源」の原稿を安宅さんにお見せした。わたしとしては、マニアックなテーマであるし、あま

りよい反応はないだろうと思っていたのだが、連載はこういう内容で全然かまわない、という反応をいただいたので、結局折れて三年の連載を開始することになった。

依頼をお引き受けした理由はほかにもある。本書のテーマとなっている一九世紀の科学哲学の見取り図については、そのうち本を書けたらよいな、と以前から思っていた。わたし自身手っ取り早くこのあたりの流れを勉強したいと思って本を探したことがあるのだが、日本語でも英語でもまとまったものがない。ロセーの『科学哲学の歴史』は一九世紀あたりの科学哲学についての情報量は多いが、全体がどうなっているかよくわからない。これまでも「こんな本があったらいいのにない！」というのが本を書く動機となってきたので、この機会にひとつやってみようと考えたのである。

もう一つ、この連載をはじめる動機になったのが、その少し前から進行していたミルの『論理学体系』の翻訳プロジェクトである。わたしも含めた十数人で翻訳を進めている（参加者に忙しい人が多くてなかなか刊行までたどりつけていないが、第五篇・第六篇は近々刊行されるはずである）。この翻訳においても、同時代的なイギリスの科学哲学や科学全般の状況が前提知識として必要なのに、そこを整理してくれている本というと内井惣七先生の『科学哲学入門』が目立つくらいで、あまり多くない。そこで自分で調べてみようとまとめはじめた内容が本書の前半となっている。

ただ、書きはじめる前からわかっていたことではあるが、実際にやってみると「科学哲学」をやることと「科学哲学史」をやることの差の大きさを痛感することとなった。はたからみれば科学哲学も科学哲学史も似たようなものかもしれない。しかし、要求される能力はかなり違う。この差を説明するときに「哲学者は思いつきを適当にしゃべるのが仕事で、哲学史家は昔の哲学者が思いつきを適当にしゃべっているのを厳密に解釈するのが仕事」みたいな言い方をすることがある。これはまあちょっと面白くしすぎだが、それに近い方向性の違いは確かにある。

それに加えて重荷になったのがドイツ語、フランス語である。わたしは（自慢ではないが）語学は苦手である。何しろ研究室を選ぶときにも哲学系研究室で唯一ギリシャ語・ラテン語が必修でないからという理由で倫理学研究室を選んだくらいである（そんな人間がさきほど紹介したような『アリストテレス全集』の挟み込み月報の記事の依頼を受けたのでたいへん恐縮した）。現代の英米系の科学哲学をやっている限り、読むものは九九％以上英語で、英語以外の言語ができなくて困ることはまずない。しかし、一九世紀の科学哲学史をやるとなると、主役はドイツ語・フランス語圏の科学者・哲学者たちである。ドイツ語はそれでも学部の外国語で選択したし、学部時代にカントの演習なども受けていたから最低限はなんとかなるが、フランス語に至っては必要になるたびにその場しのぎで勉強してごまかしてきただけで何一つ身に付いていない。

そんなわけで、本書の後半にあたる部分の連載はその場しのぎにつぐその場しのぎの連続だったし、その場しのぎすらできていない部分も多い。本書を注意深く読まれた方は、日本語や英語での情報が利用できる部分とそうでない部分で記述の厚みにずいぶん違いがあることに気づかれただろう。哲学系の研究では、使える語学の幅が、そのまま研究の幅に影響する。本書を読まれる哲学研究志望の若い方たちには、語学に取り組む機会と時間があるうちにやっておかないとこんなことになるよ、という反面教師として読んでいただければ幸いである。

他方、本書を執筆する上でプラスになったのが、近年の書籍のオンライン化の動きである。一九世紀の英語圏の主要な著作はだいたいオンラインで読むことができる上に、サイトによってはOCRもかけて検索できるようにしてある。フランス語も主要な書籍はオンライン化されてかなり利用しやすくなってきた。そのおかげで、ヒューウェルやウェイトリーの著作の版ごとの異同の調査など、一〇年前なら各国の図書館をめぐって膨大な時間をかけてやらなくてはならなかった研究が、ものの三〇分もあればできてしまう。読者も、こういう本に書いてあることで気になることがあったらすぐに原典をチェックすることができる。わたしのように哲学史が専門でない人間が曲がりなりにもこんな本が書けたのは、ひとえにこうした情報環境の変化のおかげである。オンラインのリソースといえば、『スタンフォード哲学百科事典』というオンライン哲学事典の存在も大きい。これは、他の類似のオンラインリソースと違い、それぞれの問題についての第一人者がかなり長文の紹介を行っている事典で、記述の信頼性は高く、研究の進展に応じてアップデートもされている。この事典には一九世紀科学哲学関係の記事もかなりあり、不慣れな領域について調べはじめる際などにかなり参考にさせていただいた。感謝の気持ちもこめて、本書のサポートサイトでは、利用したオンラインテキストのURLをまとめて掲載している(http://tiseda.sakura.ne.jp/headwaters.html)。

本書を誰か一人に捧げるとするなら、連載の進行中に亡くなられた小林道夫先生に捧げたい(もちろん、他に捧げるべき方はたくさんいるのであるが)。さきほども書いたようにわたしはフランス語はほぼ独学なのだが、唯一授業でフランス語をならったのが小林先生のデカルトの演習だった(当時はまだ京大に着任される前だったが、非常勤で授業を持たれていた)。小林先生にはその後も「京都科学哲学コロキアム」などでずっと気にかけていただいていた。その先生がわたしにいつも言っていたのが、「一九世紀の科学哲学をやりなさい、特にフランスの科学哲学をやりなさい」ということであった。一九世紀、特にフランスは、科学と哲学の距離がとても近く、また科学の内容も現代にくらべればよほど文系の人間にもアクセスしやすいから、というのが理由だった。本書はまだ小林先生が期待されていたような内容とはほど遠いが、本書の執筆の過程で小林先生が何を言っておられたかの一端はわかった気がする。ちなみに、第4章でとりあげた、「実証主義的思想の根源はマールブランシュにある」という説をどう思いますか、ということはご存命中に一度おうかがいする機会があったが、「よくわからないがそういうこともありえなくはないな」という反応であった。本書の完成した姿をお見せできなかったのが残念である。

本書の執筆のプロセスではさまざまな方たちにお世話になった。まず連載中についてであるが、ミネルヴァ書房の安宅さん、および途中からバトンタッチして編集していただいた涌井格さんには、細かい校正から文章のわかりやすさについてのフィードバックまで、さまざまなサポートをいただいた。前述の『論理学体系』翻訳チームのみなさんとは翻訳検討会の中でミルについてかなり長時間議論しあい、本書第3章にあたる部分はそこから着想したものである。連載と並行して同じ内容を授業でもとりあげたが、その際には出席した学生のみなさんからの質問や意見も連載原稿にさまざまな形で生かさせていただいた。有賀暢迪氏には連載中にダランベールやその前後の実証主義的な思想について多くをご教示いただいた。

連載終了後も涌井さんには書籍化のための原稿を辛抱強く（最初の脱稿予定から一年以上も）待っていただいた。書籍版の原稿に対しては、涌井さんによる大変丁寧な校正のほか、岡本慎平氏にはミルに関する記述を中心に、稲葉肇氏にはドイツ語圏の科学と哲学の関わりを中心に、多久和理実氏には「決定実験」の「決定」にあたるcrucialの意味の変遷について、それぞれ丁寧なご教示をいただいた。さらに、大学院博士課程在籍中の森田紘平、河西棟馬、苗村弘太郎の三氏にも全体にわたって原稿を読んでいただいた。わたし自身、大学院生のころにさきほど名前を挙げた内井先生の『科学哲学入門』の原稿を読んでチェックするという仕事をいただいたのだが、そのときのわたしはあまり役に立つチェックができず、先生にたいへんご迷惑をおかけしてしまった。それにくらべると今の大学院生諸君ははるかに優秀で、わたしの恥ずかしいミスから読みにくい箇所の指摘まで、たいへん細かくチェックし、建設的なコメントをしていただいた。ここに謝意を表する。

なお、本書は科学研究費補助金基盤研究C「19世紀イギリス科学哲学の現代科学哲学の視点からの再検討」(二〇一五年度〜二〇一七年度)の補助を受けて行った研究の成果を利用している。

伊勢田哲治

科学哲学関連年表

年	科学哲学の動き	関連する科学・社会の動き
一六〇九		ケプラー『新天文学』（墺）［ケプラーの第一法則、第二法則］
一六一九		ケプラー『世界の調和』（墺）［ケプラーの第三法則］
一六二〇	ベーコン『新オルガノン』（英）	
一六三二		ガリレオ『天文対話』（伊）
一六三七	デカルト『方法序説』（仏）	
一六三八		ガリレオ『新科学対話』（伊）
一六四一		清教徒革命（英）
一六四四		デカルト『哲学原理』（仏）［運動の法則］
一六六〇		王政復古（英）、ロンドン王立協会設立（英）
一六六二	アルノー&ニコル『論理学ないし思考の技法』（仏）［いわゆる『ポール・ロワイヤル論理学』］	
一六七四-七五	マールブランシュ『真理探究論』（仏）［実証主義の起源?］	
一六八六		ライプニッツによるデカルト批判（独）［活力論争の発端］

一六八七	ニュートン『自然哲学の数学的原理』初版（英）［四つの自然哲学の方法］	ニュートン『自然哲学の数学的原理』初版（英）
一六八八		名誉革命（英）
一六八九	ロック『人間知性論』（英）	
一六九九		フランス科学アカデミー設立（仏）
一七〇〇		プロイセン科学アカデミー設立（独）
一七〇四		ニュートン『光学』（英）
一七〇六	ロック『知性の正しい導き方』（英）	
一七一三	ニュートン『自然哲学の数学的原理』第二版（英）［「われ仮説を作らず」］、バークリー『ハイラスとフィロナスの三つの対話』（英）［観念論］	
一七二一	バークリー『運動論』（英）	
一七二五		ロシア科学アカデミー（露）
一七三五		リンネ『自然の体系』（スウェーデン）
一七三六		オイラー『力学』（瑞）
一七三九	ヒューム『人間本性論』第一巻（英）	
一七四一		モーペルテュイの最小作用の原理（仏）
一七四三	ダランベール『動力学論』（仏）［力についての実証主義］	ダランベール『動力学論』（仏）［活力論争の一応の終了］
一七五〇	モーペルテュイ『宇宙論についての論考』（仏）	
一七五一	ディドロ、ダランベール『百科全書』刊行開始（仏）［ダランベール「序論」「原因（力学的、物理	ディドロ、ダランベール『百科全書』刊行開始（仏）

一七六五	学的）」］	ワット型蒸気機関の発明（英）
一七七六		アメリカ独立革命（米）
一七八一	カント『純粋理性批判』（独）	ハーシェルによる天王星の発見（英）
一七八六	カント『自然科学の形而上学的原理』（独）［引力と斥力の議論］	
一七八七		ラヴォアジェら『化学命名法』（仏）［化学革命］
一七八八		ラグランジュ『解析力学』（仏）
一七八九		フランス革命（仏）
一七九九	ラプラス『天体力学論』第一巻（仏）、スタール夫人『社会的制度との関係における文学の考察』（仏）［「実証諸科学」という表現の初出？］	ラプラス『天体力学論』第一巻（仏）
一八〇二		トレビシックの蒸気機関車（英）
一八〇三	カルノー『均衡と運動の基本原理』（仏）	
一八〇七		ヤング『自然哲学講義』（英）［光の波動説］
一八〇八		ドルトン『化学哲学の新体系』（英）［近代的原子論の提案］
一八一〇		ベルリン大学設立（独）
一八一一		クールトアによるヨウ素の発見（仏）
一八一二	ケンブリッジの解析協会設立（英）［バベッジとハーシェルの出会い］	ラプラス『確率の解析理論』（仏）
一八一三	サン＝シモン『人間の科学についての論考』（仏）	

一八一四		ウィーン会議
一八一七	メトロポリタン百科事典出版開始（英）［コールリッジによる序文、ウェイトリー「論理学」（一八二三）「修辞学」、ハーシェル「音」（一八三〇）などが順次寄稿される］	リカード『経済学および課税の原理』（英）
一八一九		アラゴスポットの観測（仏）［光の波動説の勝利］
一八二〇		エルステッドによる電気の磁気作用の発見（デ）、アンペールらによる電磁気学研究のはじまり（仏）、エジンバラ骨相学協会設立（英）［イギリスにおける骨相学論争のはじまり］
一八二二	コント「社会再組織に必要な科学的作業のプラン」（仏）［コント自身による「実証」という言葉の初期の用例］、フーリエ『熱の解析的理論』（仏）［一般化された実証主義の宣言］	バベッジによるディファレンスエンジンの設計（英）、ドイツ自然科学者医師協会設立（独）、フーリエ『熱の解析的理論』（仏）
一八二四		カルノー『火の動力』（仏）［熱力学の創始］
一八二六	ウェイトリー『論理学の諸要素』初版（英）	
一八二八	ウェイトリー『修辞学の諸要素』初版（英）、ミルの『論理学の諸要素』の書評（英）	
一八二九	ハミルトン「無条件的なるものの哲学」（英）	
一八三〇	ハーシェル『自然哲学研究序説』（英）、セジウィックの地質学会会長講演（英）［帰納主義の表明としてヒューウェルに引用される］、コント『実	ライエル『地質学原理』第一巻（英）

	証哲学講義』第一巻（仏）［フランス語における「諸科学の哲学」の初出?］、バベッジ『イングランドにおける科学の衰退に関する考察』（英）	
一八三一	ジョーンズ『富の分配についての論考』（英）、ブリュースターによる『衰退』の書評（英）、ヒューウェルによるハーシェル『序説』書評（英）［「自然科学の哲学」の初出?］	英国科学振興協会発足（英）、ファラデーによる電磁誘導の発見（英）［電磁場の理論へと展開］
一八三三	英国科学振興協会第三回年会（英）［ヒューウェルがサイエンティストの語を提案したと思われる会合］	
一八三四	アンペール『科学哲学論』（仏）、サマーヴィル『物理的諸科学の連結について』（英）、ヒューウェルのサマーヴィル書評（英）［「サイエンティスト」の初出?］、ヒューウェル『自然神学との関わりにおける天文学と一般物理学』（英）［ヒューウェルの自然神学］	
一八三五		ケトレー『人間とその能力の発展について』（ベルギー）［社会統計学］
一八三七	ヒューウェル『帰納的諸科学の歴史』第一版（英）、ブリュースターによる『歴史』の書評（英）	
一八三九	コント『実証哲学講義』第四巻（仏）［「社会学」という語の初出］	

一八四〇	ヒューウェル『帰納的諸科学の哲学』初版（英）	
一八四一	ハーシェルによるヒューウェルの二つの主著への書評（英）	
一八四二	コント『実証哲学講義』第六巻（仏）［これで実証哲学講義は完結］	
一八四三	ミル『論理学体系』初版（英）	
一八四五		キルヒホッフの電気回路に関する法則の発見（独）
一八四六		海王星の発見（仏・英）
一八四七	ヒューウェル『帰納的諸科学の哲学』第二版（英）［仮説についての議論の追加、ハーシェルの書評への応答］	ヘルムホルツ「力の保存について」（独）［エネルギー保存則］、ブール「論理学の数学的分析」（英）
一八四八	コント「実証主義の全体についての序説」（仏）	二月革命（仏）
一八四九	ヒューウェル『帰納について』（英）［ミルへの応答］	
一八五一	ミル『論理学体系』第三版（英）［ヒューウェルからの応答をふまえた加筆・修正］	
一八五二	ハミルトン『哲学・文学・教育・大学改革についての論考』（英）	
一八五三	マーティノーによるコント『講義』の要約翻訳（英）	黒船来航（日）
一八五四		リーマン「幾何学の基礎にある仮説について」

一八五八	ヒューウェル『科学的観念の歴史』（英）［『帰納的諸科学の歴史』第三版の第一分冊］	（独）［非ユークリッド幾何学］
一八五九	ヒューウェル『新オルガノンの改良』（英）［『帰納的諸科学の歴史』第三版の第二分冊］	ダーウィン『種の起原』（英）、ミル『自由論』（英）
一八六〇	ヒューウェル『発見の哲学』（英）［『帰納的諸科学の歴史』第三版の第三分冊、『帰納について』を修正の上再録］	フェヒナー『精神物理学の諸要素』（独）［実験心理学の草分け］
一八六二	スペンサー『第一の諸原理』（英）、ミル『論理学体系』第五版（英）［ヒューウェルの『帰納について』の修正版を踏まえた加筆］	
一八六三		ミル『功利主義論』（英）
一八六四	スペンサー「コント氏の哲学に同意しない理由」（英）	マックスウェル「電磁場の動力学的理論」（英）
一八六五	ミル『コント氏の実証哲学』（英）、ミル『ウィリアム・ハミルトン卿の哲学の吟味』（英）、ライト「ハーバート・スペンサーの哲学」（米）［アメリカにおける実証哲学のはしり］	メンデル「植物雑種の実験」（墺）、ケクレによるベンゼン環の発見（独）、ベルナール『実験医学序説』（仏）
一八六七	ラヴェッソン『一九世紀フランス哲学』（仏）、トムソン‐テイト『自然哲学論』（英）	大政奉還（日）、マルクス『資本論』第一部（独）
一八六八	パース「四つの無能力の帰結」（米）	
一八六九	ヘルムホルツ「物理科学の目的と進歩」（講演）	メンデレーエフの周期表の発表（露）

	（独）	
一八七〇	ジェヴォンズ『論理学』（英）、ベイン『論理学』（英）	普仏戦争（独・仏）
一八七一	デュ・ボア＝レーモン「自然認識の限界について」（講演）（独）	
一八七二	メタフィジカル・クラブ（米）［ライト、パース、ジェイムズらの談話サークル］、ミル『論理学体系』第八版（英）［最終版］	ボルツマンによるエントロピー増大則の導出（墺）
一八七三	ミル『自伝』（英）	
一八七四	ブートルー『自然法則の偶然性』（仏）、ジェヴォンズ『科学の原理』（英）	
一八七六	キルヒホッフ『力学講義』（独）［ドイツ語圏における実証主義のはしり］	
一八七七	パース「信念の固定」（米）	ボルツマンの原理（墺）
一八七八	パース「アイデアの明確化の方法」（米）	
一八七九		ヴントの心理学実験室開設（独）、フレーゲ『概念記法』（独）
一八八一	スタロ『近代物理学の概念と理論』（米）	
一八八二		発電所の登場（英）
一八八三	マッハ『力学史』（墺）、シジウィック『誤謬論』（英）、ディルタイ『精神科学序説』第一巻（独）	
一八八六	クリフォード（ピアソン）『厳密科学の常識』（英）、	帝国大学令（日）

	マッハ『感覚の分析』（墺）、ボルツマンのキルヒホッフ批判の講演（独）	
一八八七	ハックスレー「科学と疑似科学」（英）、ヘルム『エネルギー学』（独）［エネルギー論の形成］	ヘルツらによる光電効果の発見（独）、マッハの超音速の研究、衝撃波の撮影（墺）
一八八八	アヴェナリウス『純粋経験批判』（〜一八九〇）（瑞）	ヘルツによる電磁波の観測（独）
一八九〇		ジェイムズ『心理学の諸原理』（米）
一八九二	ピアソン『科学の文法』初版（英）、ボルツマン「理論物理学の方法について」（墺）	
一八九四	ヘルツ『力学の原理』（独）［「像」としての科学理論］、ヴィンデルバント「歴史と自然科学」（講演）（独）、「サイエンティスト」論争（英）［これを最後にサイエンティストという語が定着していく］	
一八九五	ブートルー『現代の科学と哲学における自然法則の観念について』（仏）、マッハ、ウィーン大学赴任、「哲学（特に帰納科学の歴史と基礎論）講座」創設（墺）、ドイツ自然科学者医師協会におけるエネルギー論論争（独）、ポアンカレ「空間と幾何学」（仏）	レントゲンによるX線の発見（独）、ピアソンの相関係数（英）、デュルケーム『社会学的方法の規準』（仏）
一八九六	リッケルト『自然科学における概念形成の限界』（独）	
一八九七		トムソンの陰極線に関する論文（英）［電子の発

一九〇〇		見に至る重要なステップとされる論文」プランク「通常スペクトルのエネルギー分布則の理論」（独）［プランク定数の導入］、ピアソンのカイ二乗検定（英）、メンデルの法則の再発見（蘭・独・墺）
一九〇一	ル＝ロワ「新しい実証主義」（仏）、マッハ、ウィーン大学を退職、ボルツマンが帰納科学の哲学の教授職を受け継ぐ（墺）	
一九〇二	ポアンカレ『科学と仮説』（仏）	
一九〇四	ジェイムズ「純粋経験の世界」（米）	ヴェーバー『プロテスタンティズムの倫理と資本主義の精神』（～一九〇五）（独）
一九〇五	マッハ『認識と錯誤』（墺）、ポアンカレ『科学の価値』（仏）	アインシュタインによる特殊相対性理論の提唱（瑞）、アインシュタインの光量子仮説（瑞）、アインシュタインのブラウン運動の理論（瑞）
一九〇六	デュエム『物理理論の目的と構造』（仏）、ボルツマン自殺（墺）［シュテールが一九二一年まで帰納科学の哲学の教授職を引き継ぐ］	
一九〇七	ジェイムズ『プラグマティズム』（米）、レイ『現代物理学者による物理学理論』（仏）、ハーン、ノイラート、フランクの「第一ウィーン学団」活動開始（墺）	
一九〇八	メイエルソン『同一性と実在』（仏）	

一九一〇	カッシーラー『実体概念と関数概念』（独）、デューイ『思考の方法』（米）	ラッセル‐ホワイトヘッド『プリンキピア・マテマティカ』第一巻（英）
一九一三	ヴェーバー「理解社会学のカテゴリー」（独）	ペラン『原子』（仏）、ボーアの原子模型（デンマーク、以下「デ」）
一九一四		第一次世界大戦（〜一九一八）
一九一五‐一六		アインシュタインの一般相対性理論提唱（独）
一九一七		ロシア革命（露）
一九一八	シュリック『知識の一般理論』（独）	バイエルン革命（独）［ノイラートも関与していた］
一九一九	キャンベル『物理学』（英）［理論語と観察語の区別の提唱、のちに『科学の基礎』として再刊］	エディントンによる日食観測（英）［一般相対性理論の予言の確認］
一九二〇		国際連盟成立
一九二一	ヴィトゲンシュタイン『論理哲学論考』出版（墺）	
一九二二	シュリックがウィーン大学に赴任し帰納科学の哲学の教授職を引き継ぐ（墺）、カルナップ『空間論』（独）	
一九二四	シュリックのサークルの会合はじまる（墺）	
一九二五		ハイゼンベルクらによる行列力学の成立（デ・独）
一九二六	カルナップ、ウィーン大学赴任（墺）	シュレーディンガーの波動力学（独）

一九二七	ブリッジマン『現代物理学の論理』（米）	ハイゼンベルクの不確定性関係の発見（デ）
一九二八	カルナップ『世界の論理的構築』（墺）、エルンスト・マッハ協会設立（墺）	
一九二九	プラハにてマッハ協会と経験哲学協会の国際会議。ハーンら「科学的世界把握――ウィーン学団」発表（墺）	

・各事項の国名は著者・発見者等の主な活動地域やその時点での滞在地などを目安として示している。
・同一年内の出来事については必ずしも時系列に沿って配列されてはいない。
・科学技術史に関する事項の年代は伊東ほか編 1994を主に参照した。

叢書・知を究める⑬
科学哲学の源流をたどる
――研究伝統の百年史――

2018年11月20日　初版第1刷発行　〈検印省略〉

定価はカバーに
表示しています

著　者　伊勢田哲治
発行者　杉田啓三
印刷者　田中雅博

発行所　株式会社　ミネルヴァ書房
607-8494　京都市山科区日ノ岡堤谷町1
電話代表（075）581-5191
振替口座　01020-0-8076

創栄図書印刷・新生製本

ISBN978-4-623-08431-9
Printed in Japan

《著者紹介》

伊勢田哲治（いせだ・てつじ）

1968年　福岡県生まれ
1999年　京都大学大学院文学研究科博士後期課程単位取得退学
2001年　Ph. D.（University of Maryland）
名古屋大学情報文化学部講師・助教授，名古屋大学大学院情報科学研究科助教授・准教授を経て，
現　在　京都大学大学院文学研究科准教授
主　著　『疑似科学と科学の哲学』名古屋大学出版会，2003年。
『認識論を社会化する』名古屋大学出版会，2004年。
『哲学思考トレーニング』ちくま新書，2005年。
『動物からの倫理学入門』名古屋大学出版会，2008年。
『倫理学的に考える――倫理学の可能性をさぐる十の論考』勁草書房，2012年。
『科学を語るとはどういうことか――科学者，哲学者にモノ申す』（須藤靖との共著）河出書房新社，2013年。
『マンガで学ぶ動物倫理――わたしたちは動物とどうつきあえばよいのか』（なつたかとの共著）化学同人，2015年。
ほか多数。

人名索引

あ 行

アインシュタイン，A.　196, 249, 250, 258, 262, 267, 268
アヴェナリウス，R.　170, 195, 197, 198, 201, 207, 216, 217, 227, 231, 249
アバニャーノ，N.　169–171
アボット，F. E.　183, 228
アラゴ，F.　20, 240, 241
有賀暢迪　145
アリストテレス　12, 13, 36, 37, 78, 101–107, 109, 110, 112, 119, 120, 129, 178, 223
アルノー，A.　106
アンペール，A. M.　6, 24
イーストン，L. D.　225, 227
ヴァイスマン，F.　246, 254
ヴィトゲンシュタイン，L.　250, 254, 258
ヴィンデルバント，W.　217, 218
ウェイトリー，R.　29, 34, 53, 57, 62, 108–116, 120, 121, 129, 133
ヴェーバー，M.　213, 218
ウォラストン，W　35
ウォレス，A. R.　175, 182
ウッズ，J.　101, 112, 114, 116, 131, 132
ヴント，W.　215–217
エイヤー，A. J.　255
エリオット，G.　174
エルステッド，H. C.　188, 189
エンゲルス，F.　165
エンリケス，F.　249
オイラー，L.　79
オストヴァルト，W.　206–210, 262, 263

か 行

カーネギー，A.　175
カーライル，T.　174
ガイヨン，J.　233
カッシーラー，E.　255–258
ガリレオ　45
カルナップ，R.　203, 245, 247, 251, 252, 254, 255, 257–260, 269–271
カルノー，L.　159, 161
カルノー，S.　159
カンギレム，G.　235
カント，I.　32, 41, 42, 49, 178, 180, 185, 187–191, 193, 197, 198, 218, 229, 233, 234, 256, 258
キケロ　126
ギディングス，F.　175
ギャリソン，P.　235, 251
キャリントン，J. T.　93
キャンベル，N. R.　263–266, 269
キュルペ，O.　216, 217
キルヒホッフ，G.　194, 195, 203, 204, 207, 209, 260
クーザン，V.　180, 181
クーリー，C. H.　175
クーン，T. S.　31, 33, 240
グッドマン，N.　71

クライン，F.　209
クラフト，V.　246
グリーン，N.　229
クリフォード，W. K.　220–223, 267
グレイザー，E. M.　135
グローヴ，W.　96
グロステスト，R.　12
クワイン，W. V. O.　239
ゲーテ，J. W. v.　74
ゲーデル，K.　246, 255
ケトレー，A.　212
ケプラー，J.　40, 43, 45, 60, 62
コールリッジ，S. T.　75, 77, 78
小林道夫　239
コペルニクス，N.　123
コント，A.　6, 10, 38, 46, 53, 54, 137, 161–174, 177–179, 182, 191, 197–199, 203, 209, 212, 213, 215, 227, 231, 233–235, 249, 272
コンドルセ，N. d.　166

さ　行

サース，D. P.　86
サガード，P.　51
サックレー，A.　83, 87
サマーヴィル，M.　74, 89
サムナー，W. G.　175
サモン，W.　15, 17
サン＝シモン伯爵　161–166, 171
ジェイムズ，W.　175, 182, 201, 228, 229, 231, 232
ジェヴォンズ，W. S.　16, 69, 70, 219
シェリング，F.　189
シジウィック，A.　132, 133, 136, 226
シジウィック，H.　132
シャナハン，T.　189
シュテール，R.　254
シュリック，M.　197, 245, 248, 252, 254, 255, 257, 258, 261, 270, 271
ジョーンズ，R.　17, 29, 30
スヴェドベリ，T.　270
スカー，G.　71
スコット，D.　92
スタール夫人　162, 163
スタロ，J. B.　225–227, 267
スナイダー，L.　11, 17, 28, 39, 42, 56, 68
スピノザ，B.　151
スペンサー，H.　161, 170, 173–179, 182, 195, 198, 203
スミス，A.　111
セジウィック，A.　28, 39

た　行

ダーウィン，C.　50–52, 174–176, 182, 205
高橋澪子　216
ダランベール，J.　79, 130, 141–144, 146–151, 154–161, 167, 171, 195, 203, 223, 228, 249, 272
ダンツィガー，K.　216
タンヌリ，P.　233–235
チェルチニャーニ，C.　205
ディアゴラス（メロスの）　125, 126
デイヴィー，H.　35
テイト，P.　219, 220
ディドロ，D.　141, 142
ディルタイ，W.　214–217
デカルト，R.　29, 122, 124, 144, 145, 151, 230
デューイ，J.　134, 135, 175
デュエム，P.　186, 222, 233–235, 239–244, 249, 263

デュ・ボア＝レーモン，E.　189, 192–194, 214, 215
デュルケーム，E.　213
テュルゴー，J.　166
デルティート，R.　206–208
トドハンター，I.　74, 76, 77
トムソン，W.（ケルヴィン卿）　96, 219, 220
ドルトン，J.　21, 27, 35, 79

な　行

ナイ，M. J.　261, 263
ナポレオン　108, 156, 162
ナンバーズ，R. L.　86
ニールセン，F. S.　132
ニコル，P.　106
ニュートン，I.　14, 17–19, 45, 124, 141, 145, 156, 157, 178, 199, 201–203, 214, 222, 237, 272
ネーゲル，E.　34, 264, 265
ノイマン，C.　226
ノイマン，F.　194
ノイラート，O.　245, 250, 252–255, 261

は　行

バークリー，G.　130, 140, 148–150, 154–156, 197, 200
ハーコート，W. V.　82
ハーシェル，J.　7, 8, 10–12, 14, 17–19, 21–28, 30, 34, 37, 38, 43, 44, 46, 47, 49, 50, 52, 53, 59, 61, 69, 70, 72, 79–81, 122, 192, 219
ハーシェル，W.　7
パース，C. S.　182, 228–232
バーダン，J.　164
ハーン，H.　245, 253–255
ハーン＝ノイラート，O.　246
ハイデガー，M.　251
ハイデルベルガー，M.　189, 191, 192
バウフ，B.　258
バシュラール，G.　235
ハックスレー，T. H.　86, 93, 174
バナール，A.　165
バベッジ，C.　7, 17, 79–81
ハミルトン，W.　170, 178–183
ハラー，R.　253
ハンキンス，T. L.　141, 150, 151, 155, 159
ハンブリン，C. L.　131
ピアス，T.　183
ピアソン，K.　170, 195, 220–225
ピーコック，G.　79
ビオー，J. B.　241
ピッカリング，M.　163, 168
ヒッパルコス　40
ヒューウェル，W.　6–8, 10, 11, 16–18, 26–32, 34–39, 42–47, 49–56, 59–70, 72–77, 79, 81, 83–85, 88–90, 92, 94–97, 119, 122, 124, 125, 127, 137, 172, 219, 272
ヒューム，D.　69–71, 108, 111, 147–150, 154–156, 197, 249
ヒルベルト，D.　246, 258–260
廣松渉　196
ファイグル，H.　246, 248, 266, 267
ファラデー，M.　92, 95, 96
ファン＝フラーセン，B. C.　4, 62
フィスク，J.　183, 228
フィヒテ，J. G.　190–192
ブートルー，E.　233, 234, 236
フーリエ，J.　12, 160, 161, 166, 167, 171, 203, 260
フェヒナー，G.　198

ブラーエ，T.　43
ブラムバーグ，A.　248, 266, 267
ブランヴィル，H.　166
プランク，M.　206, 209, 210
フランク，P.　252, 254, 255
フリードマン，M.　251, 257, 258
ブリッジマン，P.　266–269
ブリュースター，D.　35–38, 46, 50, 81, 82, 84
ブルセ，F.　162
フレーゲ，G.　250, 258
ブレナー，A.　233
プロタゴラス　178
ベイン，A.　131, 132
ヘーゲル，G. W.　225–228
ベーコン，F.　9, 12–15, 17, 18, 23, 26, 31, 38, 39, 51, 59, 64, 83, 102, 105, 106, 118, 122, 125, 128, 134, 170, 178, 272
ベーコン，R.　12
ペツォルト，J.　196
ペラン，J.　262, 263, 265, 269, 270
ヘルツ，H.　190, 204, 205
ベルトゥロー，M.　239
ヘルム，G.　206–209
ヘルムホルツ，H. v.　189–194, 248
ベンサム，J.　171
ヘンペル，C.　246
ポアソン，S.　20
ポアンカレ，H.　4, 186, 222, 233–239, 248, 253, 257, 263, 267
ボイル，R.　74
ポープ，A.　21
ホームズ，O. W.　228
ホール，F.　93
ホッブズ，T.　74
ポパー，K. R.　14, 71, 255
ホフスタッター，R.　175
ボルツマン，L.　197, 203–206, 209, 210, 249, 254, 262

ま　行

マーティノー，H.　165, 173
マールブランシュ，N. d.　150–156, 167, 228
マイヤー，R.　206
マコーリー，T.　54
マッハ，E.　9, 10, 140, 170, 178, 186, 191, 194–203, 206, 207, 209, 216, 217, 223–225, 227, 231, 232, 242, 248, 249, 253, 254, 257, 258, 260, 263, 267, 270–272
マルクス，K.　165, 213
ミーゼス，R. v.　246
ミュラー，J.　189
ミヨー，G.　234, 235
ミリカン，R. A.　263
ミル，J.　53, 171
ミル，J. S.　11, 14, 16, 23, 35, 37, 39, 51–64, 66–72, 106, 107, 116–125, 127–134, 136, 137, 161, 168, 170–173, 181, 182, 195, 203, 213, 215, 219, 227, 234, 249, 272
メイエルソン，E.　243, 244
メナンド，L.　228
メンガー，C.　246
モーペルテュイ，P. L.　144, 150, 156, 157
モリス，C.　232
モレル，J.　83, 87

や　行

ヤング，T.　79
ユークリッド　41, 57, 117, 124, 125, 185,

187, 222, 236
吉田敬　211

ら　行

ラードナー，D.　18
ライシュ，G.　251
ライト，C.　170, 182, 183, 228–231
ライプニッツ，G.　144, 151
ライヘンバッハ，H.　71, 246, 248, 261
ラヴェッソン，F.　161, 162, 166, 170
ラグランジュ，J.-L.　79, 141
ラッセル，B.　227, 232, 250, 260
ラプラス，P.-S.　79, 156–160, 167, 193
ラボアジェ，A. L.　79
ラマルク，J.-B.　176
ラムジー，F. P.　246, 264
リーマン，B.　248
リチャードソン，A. W.　257
リッケルト，H.　217, 218, 256, 258
ルース，M.　51
ル＝ロワ，E.　234, 237, 238, 253
レイ，A.　234, 235, 253
レーニン，V.　195, 196
ロウ，R. C.　220
ロス，S.　73, 76, 77, 89, 92
ロセー，J.　12, 13
ロック，J.　64, 129, 134, 135
ロックハート，J. G.　74

わ　行

ワード，L.　175

事項索引

あ　行

アブダクション　230
アボガドロ数　65, 262
暗黙の定義　258, 259
一致法　58
一般化の誤謬　119, 128, 129
意味の検証理論　247, 248, 265, 266, 271
入れ子モデル　34
因果　41, 49, 61, 71, 148, 155, 191, 193
『イングランドにおける科学の衰退に関する考察』　79, 80
インペトゥス　145
引力と斥力　187-189
ウィーン学団　6, 10, 137, 197, 242-245, 247, 249, 250, 252, 257, 260, 264, 266, 267, 272
ウィーン大学　9, 196, 204, 248, 254, 258
ウィッグ史観（主義）　31, 222
『ウィリアム・ハミルトン卿の哲学の吟味』　181
『ウェレズレー・インデックス』　91
ヴェン図　101
宇宙的偶然の一致　65
『宇宙論についての論考』　144
『エアケントニス』　246
英国科学振興協会　36, 75, 77, 79, 81-85, 87, 89, 91
エーテル　4, 21, 22, 46, 47, 61, 65, 66
『エジンバラ・レビュー』　35, 37, 180, 181
エネルギーの原理　207
エネルギー保存則　189, 190, 193, 206
エネルギー論　204-206, 208-210, 262, 272
エパゴーゲー　13
エルンスト・マッハ協会　254, 255
演繹　15-17, 29, 34, 54, 61, 69, 70, 119, 133, 135, 230
オルガノン　13, 102

か　行

懐疑論　71, 139, 148, 178, 231
解析協会　79
介入実在論　4
概念としての科学哲学　2, 5
概念の明確化　41, 42
科学アカデミー　7, 80, 144, 149, 150
『科学革命の構造』　33
科学耕作者　82, 84, 85, 90
科学思想史（エピステモロジー）　233, 235, 244
科学人　81, 84, 85
『科学紳士たち』　83
科学的実在論論争　3, 5, 19, 62, 65, 237
「科学的世界把握——ウィーン学団」　245-248, 252, 254, 255, 259, 265, 266
『科学哲学論』　6, 24
『科学と仮説』　236
科学内的実証主義　138, 147, 161, 195, 203, 260, 263, 269

『科学の基礎』 264
『科学の原理』 69, 71
『科学の構造』 264
『科学の文法』 223-225
確証バイアス 107
確率 70, 100
仮説 11, 18, 20-24, 26, 34, 35, 43, 46, 47, 51, 60-62, 65-68, 83, 100, 104, 140, 172, 203, 208, 219, 230, 264, 266
仮説の方法 66
活力論争 130, 144-146, 149
『神々の本性について』 126
感覚印象 224
感覚的所与 252, 259, 270
『感覚の分析』 199, 223
関係テーゼ 207, 209
還元主義 128
観察（不）可能 3-5, 61, 67, 137, 138, 156, 158, 161, 180, 183, 198, 206, 217, 220, 237, 271
観察の誤謬 119, 120, 125, 127
観察の理論負荷性 47, 127, 241
関数概念 256-258, 260
慣性の法則 124
観念 32, 36-40, 42, 43, 48, 49, 52, 59, 60, 69, 83, 130, 139, 152, 155
観念論 138-140, 148, 149, 154, 155, 196, 200, 201, 270
含有テーゼ 207, 209
機会原因論 151, 152, 155
機械論 206, 208, 226, 242, 243
記号論理学 16, 70, 99, 131, 133, 250
疑似科学 86, 87
奇跡 111, 113
奇跡論法 3
基礎的観念 39, 41, 42, 48
帰納 11, 13, 15-17, 21, 23-30, 32, 34, 38, 40, 41, 43-45, 51, 52, 54, 55, 57-60, 63, 64, 67-71, 83, 91, 105, 106, 109, 113, 117, 119, 122, 128, 133, 135, 148, 172, 230
帰納期 32, 40
帰納チャート 33
『帰納的諸科学の哲学』 30-33, 35, 38, 39, 43, 46, 48-50, 55, 56, 62, 65, 66, 89, 94
『帰納的諸科学の歴史』 8, 30, 31, 33-35, 38, 46, 48, 50, 54, 81, 88, 89
『帰納について』 62, 65, 66
帰納の合流 44, 45, 51, 65, 83
帰納の四つの方法 14, 23, 58, 63
規約主義 234, 236-238, 241, 253, 260
共変法 58
『均衡と運動の基本原理』 159
『近代物理学の概念と理論』 226, 227
『近代物理学の論理』 266, 267
空間 39, 41, 48, 177, 178, 194, 201, 202, 221-223, 258
『クォータリー・レビュー』 48, 74
クオリア 129
クリティカルシンキング 99-103, 105, 108, 112, 116, 121, 126, 127, 132, 134-136, 273
経験主義 13
経験哲学協会 246, 250, 260
経験批判主義 195, 199
結合の誤謬 103, 110
決定実験 15
決定不全性論法 4, 62
原因 18, 19, 23, 26, 39, 45, 46, 48, 49, 58, 59, 61, 64, 86, 113, 114, 122, 128, 133, 143, 149, 153, 154, 159, 160, 167, 177, 178, 192, 223, 225, 242, 261

研究伝統としての科学哲学　2, 5,6, 9,10
原子　3, 21, 22, 25, 27, 28, 35, 46, 65, 138, 147, 185, 187, 193, 201, 204–206, 208–210, 226, 232, 238, 261–263, 265, 266, 268–270, 272
現象的法則　139–141, 143
ケンブリッジ大学　6, 17, 50, 79, 81, 263
『厳密科学の常識』　221–223
厳密論証の誤謬　119, 120, 129, 130
後件肯定の誤謬　104
構成テーゼ　208, 209
構成的経験主義　4, 5,19, 62
構造実在論　4, 237, 238, 257
功利主義　52, 68, 69, 132, 171
個性記述的　218
骨相学　87, 162, 169, 180
誤謬論　101, 102, 105–110, 112, 114, 116, 117, 119, 120, 125, 128, 131–133, 136
『誤謬論――実践的側面から論理学を見る』　132, 226
混同の誤謬　119, 120, 129, 130
『コント氏の実証哲学』　173

さ　行

サイエンティスト　43, 73–78, 85, 88–92, 94, 95, 97
差異法　14, 58
三段論法　13, 16, 29, 56, 78, 101, 102, 109, 110, 116
思惟の経済　191, 199, 202, 224, 242, 253
『思考の方法』　134
事実のまとめあげ　41–44, 49, 62, 64, 67, 83
『自然科学の形而上学的原理』　187
自然神学　7, 50
『自然哲学研究序説』　7, 9,12, 18, 22, 24, 25, 28, 50
『自然哲学論』　219
自然な分類　242
実験的相互作用主義　192
実証主義　31, 46, 47, 54, 130, 137–142, 144–147, 150, 153, 156, 158–162, 165, 167–169, 171, 173, 174, 177–180, 183, 191, 194–197, 203, 207, 209, 212, 213, 216, 220, 223, 225, 227–229, 231, 233–235, 239, 241–244, 257–263, 269
『実証政治体系』　165, 169
『実証哲学講義』　38, 47, 55, 165–169, 173, 178, 212
実体概念　256, 257
『実体概念と関数概念』　256
社会科学　211–215, 217, 219
社会科学の哲学　210, 211
社会学　167, 169, 170, 175, 212–214, 218, 234
「社会再組織に必要な科学的作業のプラン」　165–168
社会実証主義　170, 171
社会進化論　175
『社会的制度との関係における文学の考察』　162
社会物理学　212
『一九世紀フランス哲学』　161, 166, 170
修辞学　112, 113
『修辞学の諸要素』　108, 112, 114, 121
自由放任主義　175, 177
『種の起原』　50–52, 174, 175, 182
純粋経験　201, 231
『純粋経験批判』　197, 198
『純粋理性批判』　187
剰余法　58, 219

「序論」（百科全書）　142, 144, 156, 158, 160
『新オルガノン』　12–14, 17, 26, 38, 102, 105, 125
進化実証主義　170, 171
進化論　50, 86, 182, 183
新カント派　217, 251, 253, 255–260, 270
新規な予言　67
新実証主義　234, 253, 255
心身二元論　129, 151
信念の倫理　220
真の原因　19, 46
『真理探究論』　151, 153, 155
真理の収束　230
人類教　169, 183
推定　114, 115
斉一性の原理　70
精神科学　214
精神的因果性　216
精神物理学　198
正当化の文脈　18, 21
西南学派　217, 255, 256, 258
『世界の論理的構築』　247, 251, 254, 259, 269
絶対空間　201, 202, 226
前奏曲　33, 40
像　204, 205
総合哲学　175, 178
操作主義　266, 268
相対性理論　125, 196, 222, 235, 256, 268
続編　33, 40
ソフィスト的論駁　102, 103
素朴物理学　145

た　行

第一ウィーン学団　252, 253, 255
『第一の諸原理』　175–177
代示　104
対人論法　104
代表性ヒューリスティックス　100
単純視察の誤謬　119–125
力　130, 138, 144–147, 149, 153, 155–160, 183, 187, 190, 191, 194, 195, 222, 223, 257
『知識の一般理論』　257, 270
知識の相対性　181, 183
中名辞不周延　109, 110
中立一元論　140, 196, 199, 209, 224, 231, 232
直観主義　68
『哲学朝食クラブ』　11, 17
哲学的実証主義　138, 147, 161
『哲学百科事典』　161, 169, 174, 176, 195
デュエム＝クワインテーゼ　239, 241
電磁気学　185, 188, 190
『天体力学論』　157
伝統的論理学　16
ドイツ観念論　187, 188, 191, 192
ドイツ自然科学者医師協会　79, 82, 190, 209
道具主義　3, 5,241
統計　70, 126, 134, 212, 221, 224
『動力学論』　141, 146–148, 150, 155
特権的事例　14, 23
トラクタリアン　84

な　行

『ナポレオン・ボナパルトに関する歴史的疑い』　108
『人間の科学についての論考』　163
『人間本性論』　71, 148
認識論の自然化　199
認知バイアス　100, 134, 135

熱　13–15, 18, 25, 26, 47, 66, 75, 122, 160, 203, 220
熱素　4, 160, 268
『熱の解析的理論』　12
年周視差　123

は　行

『ハイラスとフィロナスの三つの対話』　155
『発見の哲学』　62
発見の文脈　18, 21
ハレー彗星　67
反実在論　3, 4,62, 67, 68, 141, 205, 232
反証主義　14, 72
反省的思考　134, 135
光の波動説　20, 220, 240–243
悲観的帰納法　4, 238
非形式論理　132
批判的実証主義　170, 171, 195–197, 199
百科全書　24, 142, 144, 155, 156, 158, 159
非ユークリッド幾何学　117, 125, 185, 249, 256
非ユークリッド空間　236
フィジシスト　73, 90, 93–97
不可貫入性　187
物理主義　128
『物理諸科学の連結について』　74
『物理理論の目的と構造』　239, 240
ブラウン運動　261, 262, 271
プラグマティズム　182, 228, 231, 232
『ブラックウッズ・マガジン』　91, 95
『ブリッジウォーター論集』　51
『プリンキピア』　19
文化科学　218
分割表　225
『分析論後書』　78
『分析論前書』　102
分離の誤謬　103, 110
法則　15, 21, 25, 27, 29, 45–47, 60, 61, 65, 71, 84, 124, 157, 158, 160, 167, 172, 188, 190, 191, 195, 198, 199, 202, 213, 215, 220, 221, 223, 234, 236, 237, 242, 243, 266, 271
法則定立的　218
『ポール・ロワイヤル論理学』　106, 118, 120

ま　行

マールブルク学派　217, 255, 256
枚挙的帰納　13, 128
道標の事例　14
『ミル自伝』　52–55, 69, 181
「無条件的なるものの哲学」　180
メタフィジカル・クラブ　182, 228
『メトロポリタン百科事典』　29, 78, 80, 108, 114

や　行

ユークリッド幾何学　117, 124, 187
ユークリッド空間　41, 125, 185, 236
ヨウ素　25
ヨークシャー哲学会　81, 82
四つのイドラ　13, 105, 120, 134
四分割表　126

ら　行

ラプラスの魔　156, 193, 214
理解社会学　218
『力学史』　197, 223, 227
立証責任　114–116, 121, 133
理念的概念　39, 40, 42
利用可能性バイアス　121

良識　241, 243
論点先取の誤謬　56, 103, 129
ロンドン王立協会　7, 30, 80–82
『論理学』（W. サモン）　15
『論理学』（A. ベイン）　131
『論理学体系』　53–57, 59, 62, 64, 66, 71, 116, 117, 120, 124, 125, 131, 172, 173, 213
『論理学の諸要素』　29, 53, 57, 108–110
論理経験主義　248, 264
論理実証主義　137, 203, 231, 232, 245, 247, 248, 250, 255, 257, 259–261, 264, 265, 267–269

参照文献

【凡例】

・本文執筆において参照した版についての情報をできるかぎり明示するよう努めた。

・各エントリ冒頭に著者名と年号が示されている。年号の示し方についてのルールは以下の通りである。

—最初の公表年は，その版を参照した，しないに関わらずできるかぎり最初に示す（初出年があまり重要でない二次文献等についてはこの限りではない）。

—講演の論文集への採録などについては，講演が行われた年を最初にわかる範囲で示す。

—内容や版組の改変を伴う改版（edition）を参照した場合はその版の出版年を続けて山括弧〈　〉で記載する。内容や版組の改変をほとんど伴わない第○刷（print）を参照した場合は同内容での最初の刷の書誌情報を掲載する。

—論文集，全集，復刻版を参照した場合は内容や版組の改変を伴うかどうかに関わらずその出版年を亀甲括弧〔　〕で記載する。

—講演の論文集への収録についてもこのルールに準じ，講演年を無印で，論文集収録年を亀甲括弧〔　〕で示す。

—英訳，邦訳を参照した場合はその出版年を角括弧［　］で示す。

—同一年に同一著者の複数の著作（全集版，翻訳等も含めて）が文献表にある場合，二つ目以降にａ，ｂ，ｃ等のアルファベットを付す。これは出版の先後関係と必ずしも対応せず，基本的には文献表中での登場順による。ただし，同一年の出版物が書籍とその中におさめられた文章という関係にある場合は，書籍版側に若い記号を付す。

・各エントリの本体においても，初出，別版，論文集，全集，復刻版，英訳，邦訳の順で参照した文献の情報をセミコロンで区切って列記している。英訳と邦訳は冒頭に「英訳」「邦訳」と注記している。

・例外的に原語版が確認できなかった翻訳文献は翻訳版の情報のみを掲載している。

・20 世紀初頭より以前の文献で，オンラインで比較的容易に当該の文献にアクセスできるものについては，以下のサポートサイトでリンク集を公開して

いる。「http://tiseda.sakura.ne.jp/headwaters.html」

邦語文献

有賀暢迪（2011）「黎明期の変分力学――モーペルテュイ，オイラー，ラグランジュと最小作用の原理」『数理解析研究所講究録』1749，pp. 16-29。

有賀暢迪（2012）「活力論争を解消する18世紀の試み」『科学史研究』51，pp. 160-169。

飯田隆編（2007）『哲学の歴史 第11巻　論理・数学・言語 20世紀Ⅱ』中央公論新社。

伊勢田哲治（2003）『疑似科学と科学の哲学』名古屋大学出版会。

伊勢田哲治（2011）「疑似科学問題」戸田山和久・出口康夫編『応用哲学を学ぶ人のために』世界思想社，pp. 2-16。

伊勢田哲治（2017）「社会派科学哲学の復権――『ポスト冷戦時代』の科学哲学の進む道の再検討」中島秀人編『岩波講座　現代第2巻　ポスト冷戦時代の科学／技術』岩波書店，pp. 15-37。

伊勢田哲治ほか編（2013）『科学技術をよく考える――クリティカルシンキング練習帳』名古屋大学出版会。

伊東俊太郎ほか編（1994）『科学史技術史事典』弘文堂。

稲葉肇（2010）「オストヴァルトのエネルゲティーク――熱力学の物理化学への導入との関係において」『科学哲学科学史研究』vol. 4，pp. 85-103。

植木豊編訳（2014）『プラグマティズム古典集成――パース，ジェイムズ，デューイ』作品社。

内井惣七（1995）『科学哲学入門――科学の方法・科学の目的』世界思想社。

内井惣七（2006）『空間の謎・時間の謎』中央公論新社。

内山勝利ほか編（2014）『アリストテレス全集2　分析論前書　分析論後書』岩波書店。

内山勝利ほか編（2014a）『アリストテレス全集3　トポス論　ソフィスト的論駁について』岩波書店。

小野田波里（2011）「慣性の相対性とマッハ原理」『科学哲学科学史研究』第5号，pp. 21-49。

川名雄一郎（2012）『社会体の生理学――J. S. ミルと商業社会の科学』京都大学学術出版会。

岡道男編（2000）『キケロー選集8　哲学4』岩波書店。

串田孫一編（1980）『世界の名著35　ヴォルテール・ディドロ・ダランベール』

中央公論社。

串田孫一・高橋安光・中川久定（1980a）「フランス18世紀の哲学者たち」串田孫一編『世界の名著35　ヴォルテール・ディドロ・ダランベール』中央公論社，pp. 5-60。

久米暁（2007）「マルブランシュの機会原因論――バークリ，ヒュームへの影響」小林道夫責任編集『哲学の歴史5　デカルト革命』中央公論新社，pp. 506-510。

児玉聡（2010）『功利と直観』勁草書房。

小林道夫ほか編（1999）『フランス哲学・思想事典』弘文堂。

佐々木憲介（2001）『経済学方法論の形成――理論と現実との相克 1776-1875』北海道大学出版会。

清水幾太郎責任編集（1970）『世界の名著36　コント・スペンサー』中央公論社。

清水幾太郎（1970a）「コントとスペンサー」清水幾太郎責任編纂『世界の名著36　コント・スペンサー』中央公論社，pp. 5-46。

鈴木泉（2007）「マルブランシュ」小林道夫責任編集『哲学の歴史5　デカルト革命』中央公論新社，pp. 459-505。

高橋澪子（2016）『心の科学史――西洋心理学の背景と実験心理学の誕生』講談社学術文庫。

多久和理実（2018）「『決定実験』と『実験による証明』――アイザック・ニュートンが用いた二つの概念の比較」『技術文化論叢』21号，pp. 1-20。

中田良一（1999）「ダランベール」小林道夫ほか編『フランス哲学・思想事典』弘文堂，pp. 152-160。

ブットマン，ギュンター（2009）『星を追い，光を愛して――19世紀科学界の巨人，ジョン・ハーシェル伝』中崎昌雄・角田玉青・日本ハーシェル協会訳，産業図書。

牧野英二（2006）「解説」『ディルタイ全集　第一巻　精神科学序説　I』編集・校閲牧野英二，法政大学出版局，pp. 799-852。

森田邦久（2010）『理系人に役立つ科学哲学』化学同人。

吉田敬（2008）「社会科学の哲学の現状」『科学哲学ニューズレター』40号（http://pssj.info/NL/data/040.pdf）

欧語文献

Abbagnano, N.（1967〔2006〕）“Positivism”; reprinted in D. M. Borchert editor

in chief, *Encyclopedia of Philosophy* second edition. Thomson Gale, vol. 7, pp. 710-717.

Agassi, J. (1961) "An unpublished paper of the young Faraday," *Isis* 52, pp. 87-90.

Ampère, A. M. (1834) *Essai sur la philosophie des sciences, ou, Exposition analytique d'une classification naturelle de toutes les connaissances humaines.* Chez Bachelier.

Arnauld, A. and Nicole, P. (1662 [1850]) *La Logique ou l'art de pense*; 英訳 Arnauld, A. and Nicole, P., *Logic or the Art of Thinking, being The Port-Royal Logic.* translated by T. S. Baynes. Sutherland and Knox.

Avenarius, R. (1888-1890) *Kritik der reinen Erfahrung.* Fues's Verlag.

Babbage, C. (1830 〔1989〕) *Reflections on the decline of Science in England and on some of Its Causes.* B. Fellows; reprinted as the vol. 7 of *The Works of Charles Babbage*, edited by M. Campbell-Kelly. Pickering.

Babbage, C. (1864 〔1989a〕) *Passages from the Life of a Philosopher.* Longman, Green, Longman, Roberts and Green; reprinted as the vol. 11 of *The Works of Charles Babbage*, edited by M. Campbell-Kelly. Pickering.

Bacon, F. (1620 〔1889〕 [1994] 〔1978〕) *Novem Organum*; reprinted in *The Works of Francis Bacon*, vol. I, Philosophical Works, vol. 1. new edition, collected and edited by J. Spedding, R. L. Ellis, and D. D. Heath. Longmans and Co.; 英訳 *Novum Organum With Other Parts of The Great Instauration*, translated and edited by P. Urbach and J. Gibson. Open Court; 邦訳 ベーコン『ノヴム・オルガヌム（新機関)』桂寿一訳, 岩波文庫。

Bain, A. (1870) *Logic.* Longmans, Green, Reader, and Dyer.

Baker, K. M. (1964) "The early history of the term 'social science'," *Annals of Science* 20, pp. 211-226.

Banks, E. C. (2014) *The Realistic Empiricism of Mach, James and Russell: Neutral Monism Reconceived.* Cambridge University Press.

Beiser, F. C. (2014) *After Hegel: German Philosophy 1840-1900.* Princeton University Press.

Berkeley, G. (1713 [2008]) *Three Dialogues between Hylas and Philonous*; 邦訳 バークリ『ハイラスとフィロナスの三つの対話』戸田剛文訳, 岩波文庫。

Berkeley, G.（1721［1965］）*De Motu*; 英訳　"De Motu" translated by A. A. Luce, in D. M. Armstrong ed. *Berkeley's Philosophical Writings*. Collier Books, pp. 250–273.

Betanzos, R. J.（1988）"Wilhelm Dilthey: an introduction," in Dilthey［1988］, pp. 9–63.

Blumberg A. E. and Feigl, H.（1931）"Logical Positivism: A New Movement in European Philosophy," *The Journal of Philosophy* 17, pp. 281–296.

Boltzmann, L.（1886〔1905a〕［1974a］）"Der zweite Hauptsatz der mechanischen Wärmetheorie"; reprinted in Boltzmann 1905, pp. 25–50; 英訳　"The second law of thermodynamics," in Boltzmann 1974, pp. 13–32.

Boltzmann, L.（1897〔1905b〕［1974b］）"Über die Unentbehrlichkeit der Atomistik in der Naturwissenschaft"; reprinted in Boltzmann 1905, pp. 141–157; 英訳　"On the indispensability of atomism in natural science," in Boltzmann 1974, pp. 41–53.

Boltzmann, L.（1899〔1905c〕［1974c］）"Über die Grundprinzipen und Grundgleichungen der Mechanik"; reprinted in Boltzmann 1905, pp. 253–307; 英訳　"On the method of theoretical physics," in Boltzmann 1974, pp. 101–128.

Boltzmann, L.（1905）*Populäre Schriften*. Verlag von Johann Ambrosius Barth.

Boltzmann, L.（1974）*Theoretical Physics and Philosophical Problems*, edited by B. McGuiness, translated by P. Foulkes. Reidel.

Boring, E. G.（1950）*A History of Experimental Psychology*, second edition. Prenctice-Hall.

Bourdeau, M.（2014）"Auguste Comte," *Stanford encyclopedia of Philosophy*.（http://plato.stanford.edu/entries/comte/）

Boutroux, É.（1874［1916］）*De la contingence des lois de la nature*; 英訳 The *Contingency of the Laws of Nature*, translated by F. Rothwell. Open Court.

Boutroux, É.（1895［1914］）*De l'idée de loi naturelle dans la science et la philosophie contemporaines*; 英訳 *Natural Law in Science and Philosophy*, translated by F. Rothwell. David Nutt.

Bowden, J. W.（1839）"The British Association for the Advancement of Science," *British Critic* 25, pp. 1–48.

Bowler, P. J. (1989) *Evolution*, revised edition. University of California Press.

Brenner, A. and Gayon, J. (2009) "Introduction," in A. Brenner and J. Gayon eds. *French Studies in the Philosophy of Science*. Springer, pp. 1-22.

Brewster, D. (1831) "Observations on the decline of science in England," *The Edinburgh Journal of Science* New Series vol. V no. IX, pp. 1-16.

Brewster, D. (1837) "History of the Inductive Sciences, from the Earliest to the Present Times," *Edinburgh Review* 66, pp. 110-151.

Brewster, D. (1838) "*Cours de Philosophie Positive*. Par M. Auguste Comte. 2 tom. 8 vo. Paris 1830-5," *Edinburgh Review* 67, pp. 271-308.

Bridgman, P. W. (1927) *The Logic of Modern Physics*. Macmillan.

Bridgman, P. W. (1936) *Nature of Physical Theory*. Dover.

British Association for Advancement of Science (1834) *Report of the third meeting of the British Association for the Advancement of Science: held at Cambridge in July 1833*. John Murray.

British Association for Advancement of Science. (1833 〈1835〉) *Report of the first and second meetings of the British Association for the Advancement of Science; at York in 1831, and at Oxford in 1832*. John Murray; second edition. John Murray.

Buchdahl, G. (1964) "Theory Construction: The Work of Norman Robert Campbell," *Isis* 55, pp. 151-162.

Burkhardt, F. and Smith, S. eds. (1993) *The Correspondence of Charles Darwin vol. 8, 1860*. Cambridge University Press.

Burch, R. (2014) "Charles Sanders Peirce," *Stanford Encyclopedia of Philosophy*. (https://plato.stanford.edu/entries/peirce/)

Campbell, N. R. (1919 〔1957〕) *Physics: The Elements*. Cambridge University Press; reprinted with the title *Foundations of Science: The Philosophy of Theory and Experiment*. Dover.

Campbell, N. R. (1921) *What is Science?*, Methuen & Co.

Capaldi, N. (2004) *John Stuart Mill: A Biography*. Cambridge University Press.

Carnap, R. (1928 〈1961〉 [1967]) *Der logische Aufbau der Welt*. Weltkreis-Verlag; second edition. F. Meiner; 英訳 *The Logical Structure of the World*, tranlated by R. A. George. University of California Press.

Carnap, R. (1931 [1959]) "Überwindung der Metaphysik durch logische

Analyse der Sprache," *Erkenntnis* 2, pp. 219–241; 英訳 "The elimination of metaphysics through logical analysis of language," translated by A. Pap, in A. J. Ayer ed. *Logical Positivism*. The Free Press, pp. 60–81.

Carnot, L.（1803）*Principes Fondamentaux de l'Equilibre et du Mouvement*. chez Deterville.

Carstanjen, F.（1897）"Richard Avenarius and his General Theory of Knowledge, Empiriocriticism," *Mind* New Series 6, pp. 449–475.

Cassirer, E.（1910 [1979]）*Substanzbegriff und Funktionsbegriff: Untersuchungen über die Grundfragen der Erkenntniskritik*. B. Cassirer; 邦訳 カッシーラー『実体概念と関数概念――認識批判の基本的諸問題の研究』山本義隆訳，みすず書房。

Cat, J., Cartwright, N. and Chang, H.（1996）"Otto Neurath: Politics and the Unity of Science," in Galison, P. and Stump, D. J. eds. *The Disunity of Science: Boundaries, Contents, and Power*. Stanford University Press, pp. 347–369.

Cat, J.（2014）"Otto Neurath," *Stanford Encyclopedia of Philosophy*（http://plato.stanford.edu/entries/neurath/）

Cercignani, C.（1998）*Ludwig Boltzmann: The Man Who Trusted Atoms*. Oxford University Press.

Clifford, W. K.（1877）"The ethics of belief," *Contemporary Review* 29, pp. 289–309.

Clifford, W. K.（1886）*The Common Sense of the Exact Sciences*. Kegan Paul, Trench and co.

Comte, A.（1822〔1854〕〔1968–1971a〕[1970]）"Plan des travaux scientifiques nécessarires pour réorganiser la société"; printed in *Appendice General du Système de Politique Positive*, troisième partie, pp. 47–136; reprinted as tome 10 of Comte 1968–1971; 邦訳 コント「社会再組織に必要な科学的作業のプラン」霧生和夫訳，清水責任編集 1970，pp. 47–139。

Comte, A.（1830〔1968–1971b〕[1853]）*Cours de philosophie positive, tome 1*; reprinted as tome 1 of Comte 1968–1971; 英訳 *The positive philosophy of Auguste Comte*, freely translated and condensed by Harriet Martineau. J. Chapman.

Comte, A.（1839〔1968–1971c〕）*Cours de philosophie positive, tome 4*; reprinted as tome 4 of Comte 1968–1971.

Comte, A. (1848) *Discours sur l'ensemble du positivisme.* Mathias.
Comte, A. (1851-1854 〔1968-1971d〕) *Système de politique positive*; reprinted as t. 7-t. 10 of Comte 1968-1971.
Comte, A. (1968-1971) *Oeuvres D'Auguste Comte.* Éditions Anthropos.
Comte, A. (1998) *Early Political Writings*, edited and translated by H. S. Jones. Cambridge University Press.
d'Agostino, S. (1990) "Boltzmann and Hertz on the *Bild*-conception of physical theory," *History of Science* 28, pp. 380-398.
d'Alembert, J. (1751 [1980]) "Discours préliminaire des editeurs," *Encyclopédie*, I, pp. i-xlv; 邦訳　ダランベール「百科全書序論」佐々木康之訳，串田編 1980，pp. 419-528。
d'Alembert, J. (1751a) "Cause, en Méchanique and en Physique," *Encyclopédie*, II, pp. 789-790.
Dalton, J. (1808) *A New System of Chemical Philosophy.* Printed by J. Russell for R. Bickerstaff, Strand.
Danziger, K. (1979) "The positivist repudiation of Wundt," *Journal of the History of the Behavioral Sciences* 15, pp. 205-230.
Darwin, C. (1859 [1963]) *On the Origin of Species by Means of Natural Selection, or the Preservation of Favoured Races in the Struggle for Life.* John Murray; 邦訳　ダーウィン『種の起原』（上・中・下）八杉竜一訳，岩波文庫。
De Groot, J. (2015) "Chauncey Wright," *Stanford Encyclopedia of Philosophy*, http://plato.stanford.edu/entries/wright/
Deltete, R. (1999) "Helm and Boltzmann: Energetics at the Lübeck Natureforscherversammlung," *Synthese* 119, pp. 45-68.
Deltete, R. (2000) "Helm's history of energetics: a reading guide," in Helm [2000], pp. 4-45.
Deltete, R. (2005) "*Die Lehre von der Energie*: Georg Helm's energetics manifesto," *Centaurus* 47, pp. 140-162.
Deltete, R. (2007) "Wilhelm Ostwald's energetics 1: Origins and motivations," *Foundations of Chemistry* 9, pp. 3-56.
Deltete, R. (2007a) "Wilhelm Ostwald's energetics 2: Energetic theory and applications, Part I," *Foundations of Chemistry* 9, pp. 265-316.
Deltete, R. (2008) "Wilhelm Ostwald's energetics 3: Energetic theory and

applications, Part II," *Foundations of Chemistry* 10, pp. 187-221.

Deltete, R. (2012) "Georg Helm's chemical energetics," *Hyle: International Journal for Philosophy of Chemistry*, 18, pp. 23-44.

Dewey, J. (1910) *How We Think*. Heath and Co.

Dilthey, W. (1883〔1966〕[1988] [2006]) *Einleitung in die Geisteswissenschaften: Versuch einer Grundlegung für das Studium der Gesellschaft und der Geschichte*; reprinted as *Gesammelte Schriften* B. 1; 英訳 *Introduction to the Human Sciences: An attempt to Lay a Foundation for the Study of Society and History*, translated with an introductory essay by R. J. Betanzos. Harbester; 邦訳 『ディルタイ全集 第一巻 精神科学序説 I』編集・校閲牧野英二，法政大学出版局。

Douven, I. (2017) "Abduction," *Stanford Encyclopedia of Philosophy*. (https://plato.stanford.edu/entries/abduction/)

Douven, I. (2017a) "Peirce on abdaction," *Stanford Encyclopedia of Philosophy*. (https://plato.stanford.edu/entries/abduction/peirce.html)

Du Bois-Reymond, E. H. (1871〔1891a〕[1928a]) "Über die Grenzen des Naturerkennens"; published in Du Bois-Reymond 1891; 邦訳 デュ・ボア・レーモン「自然認識の限界について」デュ・ボア・レーモン [1928], pp. 25-76。

Du Bois-Reymond, E. H. (1880〔1891b〕[1928b]) "Die sieben Welträtsel"; published in Du Bois-Reymond 1891; 邦訳 デュ・ボア・レーモン「宇宙の七つの謎」デュ・ボア・レーモン [1928], pp. 77-115。

Du Bois-Reymond, E. H. (1891 [1928]) *Über die Grenzen des Naturerkennens; Die sieben Welträtsel*. Veit; 邦訳 デュ・ボア・レーモン『自然認識の限界について 宇宙の七つの謎』坂田徳男訳，岩波文庫)。

Duhem, P. (1906〈1914〉〔1981〕[1954] [1991]) *Théorie Physique, son objet et sa structure*. Chevalier et Rivière; second edition. Chevalier et Rivière; second edition reprinted. J. Vrin; 英訳 *The Aim and Structure of Physical Theory*, translated by P. P. Wiener. Princeton University Press; 邦訳 デュエム『物理理論の目的と構造』小林道夫・熊谷陽一・安孫子信訳，勁草書房。

Durkheim, É. (1895 [1978]). *Les règles de la méthode sociologique*; 邦訳 デュルケム『社会学的方法の規準』宮島喬訳，岩波文庫。

Durkheim, É. (1897 [1985]) *Le Suicide: Étude de sociologie*; 邦訳 デュルケ

ム『自殺論』宮島喬 訳，中央公論社。
Easton, L. D. (1966) *Hegel's First American Followers The Ohio Hegelians: John B. Stallo, Peter Kaufmann, Moncrure Conway and August Willich, with Key Writings.* Ohio University Press.
Feigl, H. (1969) "The Wiener Kreis in America," in D. Fleming and B. Bailyn eds. *The Intellectual Migration: Europe and America, 1930–1960.* Harvard University Press, pp. 630–673.
Ferrari, M. (2015) "Cassirer and the philosophy of science," in N. De Warren and A. Staiti eds. *New Approaches to Neo Kantianism.* Cambridge University Press, pp. 261–284.
Frank, P. (1949) *Modern Science and Its Philosophy.* Harvard University Press.
Friedman, M. (1987) "Carnap's Aufbau Reconsidered" *Nous* 21, pp. 521–545.
Friedman, M. (1996) "Overcoming metaphysics: Carnap and Heidegger," in Giere and Richardson eds. 1996, pp. 45–79.
Friedman, M. (1999) *Reconsidering Logical Positivism.* Cambridge University Press.
Fourier, J. (1822) *Théorie analytique de la chaleur.* chez Firmin didot, pere et fils.
Galison, P. (1996) "Constructing modernism: the cultural location of *Aufbau*" in Giere and Richardson eds. 1996, pp. 17–44.
Galison, P. (2003 [2015]) *Einstein's Clock's, Poincaré's Maps.* Norton; 邦訳ギャリソン『アインシュタインの時計　ポアンカレの地図——鋳造される時間』松浦俊輔訳，名古屋大学出版会。
Garber, E. (1999) *The Language of Phyasics: The Calculus and the Development of Theoretical Physics in Europe, 1750–1914,* Springer.
Geological Society of London (1834) *Proceedings of the Geological Society of London, November 1826 to June 1833.* Richard Taylor.
Giere, R. N. and Richardson, A. W. eds. (1996) *Origins of Logical Positivism,* Minnesota Studies in the Philosophy of Science volume XVI. University of Minnesota Press.
Gieryn, T. F. (1983) "Boundary work and the demarcation of science from non-science: strains and interests in professional ideologies of scientists," *American Sociological Review* 48 pp. 781–795.

Gillispie, C. C. ed. (1970–1980) *Dictionary of Scientific Biography*, 16 vols. Charles Scribner's Sons.

Glazer, E. M. (1941) *An Experiment in the Development of Critical Thinking.* Teachers College, Columbia University.

Gray, J. (2013) *Henri Poincaré: A Scientific Biography.* Princeton University Press.

Grove, W. (1843) "Physical Science in England," *Blackwood's Magazine* 54, pp. 514–525.

Guillin, V. (2009) *Auguste Comte and John Stuart Mill on Sexual Equality: Historical, Methodological and Philosophical Issues.* Brill.

Hacking, I. (1983 [2015]) *Representing and Intervening.* Cambridge University Press; 邦訳　ハッキング『表現と介入——科学哲学入門』渡辺博訳，ちくま学芸文庫。

Hacking, I. (1990 [1999]) *The Taming of Chance.* Cambridge University Press; 邦訳　ハッキング『偶然を飼いならす——統計学と第二次科学革命』石原英樹・重田園江訳，木鐸社。

Hahn, H., Neurath, O., and Carnap, R. (1929 [1973] [1990]) "Wissenschaftliche Weltauffassung: Der Wiener Kreis,"; reprinted and translated in Neurath 1973, pp. 299–318; 邦訳「科学的世界把握——ウィーン学団」，寺中平治訳，クラーフト『ウィーン学団——論理実証主義の起源・現代哲学史への一章付：科学的世界把握——ウィーン学団』勁草書房，pp. 217–252。

Haller, R. (1982 [1991]) "The First Vienna Circle," translated by T. E. Uebel, in T. E. Uebel ed. *Rediscovering the Forgotten Vienna Circle: Austrian Studies on Otto Neurath and the Vienna Circle.* Kluwer, pp. 95–108.

Hamblin, C. L. (1970) *Fallacies.* Methuen.

Hamilton, W. (1829 〔1852〕) "*Cours de philosophie*, par M. Victor Cousin," *Edinbourgh Review* 50(99), pp. 194–221; reprinted with the title "On the philosophy of unconditioned; in reference to Cousin's Infinito-Absolute," in *Discussions on Philosophy and Literature, Education and University Reform.* Longman, Brown, Green and Longmans, pp. 1–37.

Hankins, T. L. (1967) "The influence of Malebranche on the science of mechanics during the eighteenth century," *Journal of the History of Ideas* 28, pp. 193–210.

Hankins, T. L. (1970) *Jean d'Alembert: Science and the Enlightenment.*

Gordon and Breach.

Heidelberger, M. (1994) "Force, law and experiment: the evolution of Helmholtz's philosophy of science," in D. Cahan ed. *Herman von Helmholtz and the Foundations of Nineteenth-Century Science.* University of California Press, pp. 461–497.

Helm, G. (1887) *Lehre von der Energie.* Verlag von Arthur Felix.

Helm, G. (1898 [2000]) *Die Energetik nach ihrer geschichtlichen Entwickelung.* Verlag von Veit & Comp; 英訳 *The Historical Development of Energetics,* translated with an introductory essay by Robert J. Deltete. Kluwer Academic Pub.

Helmholtz, H. v. (1869 〔1876〕 [1885]) "Über das Ziel unddie Fortschritte der Naturwissenschaft,"; included in his *Populäre wissenschaftliche Vorträge.* F. Vieweg und Sohn, 1 Heft., pp. 183–211; 英訳 *Popular lectures on scientific subjects,* translated by E. Atkinson. Longmans, Green, vol. 1, pp. 319–348.

Helmholtz, H. v. (1856–1867 〈1910〉 [1962]) *Handbuch der physiologischen Optik*; 3rd edition. Verlag von Leopold Voss; 英訳 *Helmholtz's Treatise on physiological optics,* translated from the third German edition edited by James P. C. Southall. Dover Publications.

Herschel, J. F. W. (1830 〔1996〕) *The Preliminary Discourse on the Study of Natural Philosophy.* (Lardner's Cabinet Cyclopedia). Longman, Rees, Orme, Brown and Green; Reprinted by Thoemmes Press.

Herschel, J. F. W. (1841) "1. *History of the Inductive Sciences from the Earliest to the Present Times.* 2. *The Philosophy of the Inductive Sciences founded upon their History,*" *Quarterly Review* 68, pp. 177–238.

Hertz, H. (1894 [1899]) *Die Prinzipien der Mechanik in neuem Zusammenhange dargestellt.* Barth; 英訳 *The Principles of Mechanics: Presented in a New Form.* Macmillan and co.

Hilton, R. (1973) "Positivism in Latin America," in P. P. Wiener editor in chief, *Dictionary of the History of Ideas.* Charles Scribner's Sons. vol. III, pp. 539–545.

Hofstadter, R. (1955) *Social Darwinism in American Thought,* revised edition. Beacon Press.

Houghton, W. E. ed. (1966) *The Wellesley Index to Victorian periodicals,*

1824–1900. Routledge & K. Paul.

Hume, D. (1739) *A Treatise Of Human Nature* Book I. John Noon.

Huxley, T. H. (1887) "Science and pseudo-science," *Nineteenth Century* 21, pp. 481–498.

Huxley, T. H. (1894) "The word 'scientist'," *Science-Gossip* 1, p. 242.

Iggers, G. G. (1959) "Further remarks about early uses of the term 'social science'," *Journal of the History of Ideas* 20, pp. 433–436.

Iseda, T. (1996) "Changes in the concept of fitness in evolutionary biology," *Jissentetsugaku-Kenkyu* (Studien zur Praktischen Philosophie) 19, pp. 67–104.

James, F. A. J. L. ed. (1993) *The Correspondence of Michael Faraday vol. 2, 1832-December 1840; Letters 525–1333.* Institution of Electrical Engineers.

James, W. (1890 〔1981〕) *The Principles of Psychology*; reprinted as *The Principles of Psychology* vols. I–III, The Works of William James, F. H. Burkhardt (general editor). Harvard University Press.

James, W. (1904 〔1976〕〔2004〕) "World of pure experience"; reprinted in *Essays in Radical Empiricism*, The Works of William James, F. H. Burkhardt (general editor). Harvard University Press, pp. 21–44; 邦訳　ジェイムズ「純粋経験の世界」伊藤邦武訳，ジェイムズ『純粋経験の哲学』伊藤邦武編訳，岩波文庫，pp. 46–96。

James, W. (1907 〔1975〕〔1957〕) *Pragmatism*; reprinted as *Pragmatism*, The Works of William James, F. H. Burkhardt (general editor). Harvard University Press; 邦訳　ジェイムズ『プラグマティズム』桝田啓三郎訳，岩波文庫。

Jevons, W. S. (1870) *Elementary Lessons in Logic: Deductive and Inductive.* Macmillan and co.

Jevons, W. S (1874) *The Principles of Science: A Treatise on Logic and Scientific Method.* Macmillan and co.

Jones, H. S. (1998) "Notes on text and translation," in Comte 1998.

Jones, R. (1831) *An Essay on the Distribution of Wealth, and on the Sources of Taxation.* John Murray.

Jungnickel, C. and McCormmach, R. (1986) *Intellectual Mastery of Nature: Theoretical Physics from Ohm to Einstein*, two volumes. University of

Chicago Press.

Kaminsky, J. (1967) "Spencer, Herbert," in P. Edwards ed. *The Encyclopedia of Philosophy*, Macmillan and the Free Press, vol. 7, pp. 523–527.

Kant, I. (1781) *Kritik der reinen Vernunft.* Johann Friedrich Hartknoch.

Kant, I. (1786 [2004]) *Metaphysische Anfangsgründe der Naturwissenschaft.* Johann Friedrich Hartknoch; 英訳 *Metaphysical Foundations of Natural Science*, translated and edited by M. Friedman. Cambridge University Press.

Kirchhoff, G. (1876 〈1897〉) *Vorlesungen über Mechanik* (*Vorlesungen über Mathematische Physik, Erst band: Mechanik*). Leipzig; fourth edition.

Kozhevnikov, M. and Hegarty, M. (2001) "Impetus beliefs as default heuristics: Dissociation between explicit and implicit knowledge about motion," *Psychological Bulletin & Review* 8, pp. 439–453.

Kragh, H. (1999 [2015]) *Quantum Generations: A History of Physics in the Twentieth Century.* Priceton University Press; 邦訳 カーオ『20世紀物理学史』(上・下), 岡本拓司監訳・有賀暢迪・稲葉肇他訳, 名古屋大学出版会。

Kuhn, T. S. (1962) *The Structure of Scientific Revolutions.* University of Chicago Press.

Külpe, O. (1893) *Grundriss der Psychologie: auf experimenteller Grundlage dargestellt.* Engelmann.

Lamberth, D. C. (1999) *William James and The Metaphysics of Experience.* Cambridge University Press.

Laplace, P. S. (1799 〔1843〕 [2012]) *Traité de mécanique céleste*, tome 1; reprinted in Oeuvres de Laplace tome 1. Imprimerie royale; 邦訳 ラプラス『ラプラスの天体力学』第一巻, 竹下貞雄訳, 大学教育出版。

Lenin, V. (1909 [1927]) *Materialism and empirio-criticism: critical notes concerning a reactionary philosophy*, translated by D. Kvitko. International Publishers.

Le Roy, É. (1901) "Un positivisme nouveau," *Revue de Métaphysique et de Morale* 9, pp. 138–158.

Locke, J. (1706 [2015]) *Of the Conduct of the Understanding. ch. 1 of The Posthumous Works of Mr. John Locke.* Churchill; 邦訳 ロック『正しい知性の導き方』下嶋潔訳, ちくま学芸文庫。

Losse, J. (1993) *A Historical Introduction to the Philosophy of Science.* Third Edition. Oxford University Press.

Mach, E. (1883 [1893] [1960] [2006]) *Die Mechanik in ihrer Entwickelung: historisch-kritisch dargestellt.* Brockhaus; 英訳 *The Science of Mechanics: A Critical and Historical Account of Its Development.* translated by T. J. McCormack. Open Court; sixth American edition (translation of ninth German edition) translated by T. J. McCormack. Open Court; 邦訳 マッハ『マッハ力学史——古典力学の発展と批判』(上・下), 岩野秀明訳, ちくま学芸文庫。

Mach, E. (1886 [1963]) *Die Analyse der Empfindungen und das Verhältnis des Physischen zum Psychischen.* Verlag von Gustav Fischer; 邦訳 マッハ『感覚の分析』須藤吾之助・広松渉訳, 創文社。

Mach, E. ([1906] [1923] [1971]) 仏訳 "Sur le rapport de la physique avec la psychologie," *L'anneé Psychologique* 12, pp. 303-318; "Über den Zusammenhang zwischen Physik und Psychologie," in *Populär-wissenschaftliche Vorlesungen* fünfte Auflage. Johann Ambrosius Barth, pp. 589-612; 邦訳 マッハ「物理学と心理学との内面的な関係について」広松渉訳, 広松渉編訳『認識の分析』法政大学出版局, pp. 3-27。

Madden, E. H. (1963) *Chauncey Wright and the Foundations of Pragmatism.* University of Washington Press.

Madigan, T. J. (2010) *W. K. Clifford and "The Ethics of Belief."* Cambridge Scholars Publishing.

Makkreel, R. A. (2010) "Wilhelm Dilthey and the Neo-Kantians: on the conceptual distinctions between Geisteswissenschaften and Kulturwissenschaften," in R. A. Makkreel and S. Luft eds. *Neo-Kantianism in Contemporary Philosophy.* Indiana University Press, pp. 253-271.

Makkreel, R. A. (2016) "Wilhelm Dilthey," *Stanford Encyclopedia of Philosophy.* (https://plato.stanford.edu/entries/dilthey/)

Marblanche, N. (1674-1675 [1837] [1997]) *De la recherche de la vérité, Où l'on traite de la Nature de l'Esprit de l'homme, et de l'usage qu'il en doit faire pour éviter l'erreur dans les Sciences*; reprinted in *Ouvres Complètes* De Malebranche, Tome Premier, Chez Michel David; 英訳 *The Search after Truth*, translated and edited by T. M. Lennon and

P. J. Olscamp. Cambridge University Press.

Maupertuis, P.-L. M. de (1750 〔1768〕) *Essai de cosmologie*; reprinted in Oeuvres de Maupertuis, Nouvelle Edition, tome I, Bruyset, pp. 3–78.

McCloskey, M. (1983) "Intuitive Physics," *Scientific American* 248, pp. 122–130.

Menand, L. (2001 [2011]) *The Metaphysical Club: A Story of Ideas in America*. Farrar, Straus and Giroux; 邦訳 メナンド『メタフィジカル・クラブ』野口良平・那須耕介・石井素子訳，みすず書房。

Menger, K. (1980) "Introduction," in H. Hahn, *Empiricism, Logic, and Mathematics: Philosophical Papers*, edited by B. McGuinness. Reidel, pp. ix–xviii.

Meyerson, E. (1908 [1930]) *Identité et réalité*. Félix Alcan; 英訳 *Identity and Reality*, translated by K. Loewenberg. Macmillan.

Mill, J. S. (1828 〔1978〕) "1. Elements of Logic. Comprising the Substance of the Article in the Encyclopaedia Metroplitana, with addtions &. By Richard Whately, D. D., Principal of St. Alban's Hall, and late Fellow of Oriel College, Oxford. London. Mawman. 1826. 2. The Second Edition of the Same. 1827," *Westminster Review* 9(17). January 1828, pp. 137–172; reprinted in vol. 11 of *The Collected Works of John Stuart Mill*, edited by J. M. Robson. University of Tronto Press, pp. 3–35.

Mill, J. S. (1843 〈1851〉〈1862〉〈1872〉〔1973–1974〕[1949–1959]) *A System of Logic; Ratiocinative and Inductive*; third edition; fifth edition; eighth edition; reprinted as vols. 7 and 8 of *The Collected Works of John Stuart Mill*, edited by J. M. Robson. University of Tronto Press; 邦訳 ミル『論理学体系』全六巻，大関将一・小林篤郎訳，春秋社。

Mill, J. S. (1865 〔1969〕[1978a]) *Auguste Comte and Positivism*. Trübner; reprinted in vol. 10 of *The Collected Works of John Stuart Mill*, edited by J. M. Robson. University of Tronto Press, pp. 261–368; 邦訳 ミル『コントと実証主義』村井久二訳，木鐸社。

Mill, J. S. (1865a 〔1979〕) *Examination of Sir William Hamilton's Philosophy*. Longmans, Green, Reader, and Dyer; reprinted as vol. 9 of *The Collected Works of John Stuart Mill*, edited by J. M. Robson. University of Tronto Press.

Mill, J. S. (1873 〔1981〕) *Autobiography of John Stuart Mill*; reprinted in vol. 1

of *The Collected Works of John Stuart Mill*, edited by J. M. Robson and J. Stillinger. University of Tronto Press.

Millikan, R. A. (1917) *The Electron.* University of Chicago Press.

Moll, G. (1831 〔1989〕) *On the Alleged Decline of Science in England*; reprinted in vol. 7 of *The Works of Charles Babbage*, edited by M. Campbell-Kelly. Pickering.

Morrell, J. and Thackray, A. (1981) *Gentlemen of Science: Early Years of the British Association for the Advancement of Science.* Clarendon Press.

Morrell, J. and Thackray, A. eds. (1984) *Gentlemen of Science: Early Correspondence of the British Association for the Advancement of Science.* Royal Historical Society.

Nagel, E. (1961) *Structure of Science.* Harcourt, Brace & World.

Neurath, O. (1973) *Empiricism and Sociology*, edited by M. Neurath and R. S. Cohen. Reidel.

Newman, J. H. and Whately, R. (1823-1826) *Contributions to Encyclopaedia metropolitana, 1823-1826.* J. Mawman.

Newton, I. (1671) "A letter of Mr. Isaac Newton, mathematick professor in the University of Cambridge, containing his new theory about light and colors," *Philosophical Transactions of the Royal Society* 6 (80), pp. 3075-3087.

Newton, I. (1687 〈1713〉 〈1726〉 [1999]) *Philosophiae Naturalis Principia Mathematica*; second edition; third edition; 英訳 *The Principia: Mathematical Principles of Natural Philosophy: A New Translation*, translated by I. B. Cohen and A. Whitman from the third edition. University of California Press.

Nielsen, F. S. (1999) "Alfred Sidgwick's 'rogative' approach to argumentation," *OSSA Conference Archive*, Paper 36.

Norton, J. D. (2009) "How Hume and Mach helped Einstein find special relativity," in M. Domski and M. Dickson eds. *Discourse on a New Method: Reinvigorating the Marriage of History and Philosophy of Science.* Open Court, pp. 359-386.

Nye, M. J. (1972) *Molecular Reality: A Perspective on the Scientific Work of Jean Perrin.* MacDonald.

Oakes, G. (1986) "Introduction: Rickert's theory of historical knowledge," in

Rickert [1986], pp. vii-xxx.

Orange, A. D. (1971) "The British Association for the Advancement of Science: The provincial background," *Science Studies* 1, pp. 315-329.

Pearce, T. (2015) ""Science organized": positivism and the Metaphysical Club, 1865-1875," *Journal of the History of Ideas* 76 (3), pp. 441-465.

Pearson, K. (1892 〈1900〉〈1911〉) *The Grammar of Science.* Walter Scott; Second edition, Adam and Charles Black; Third edition, Adam and Charles Black.

Peirce, C. S. (1868 〔1984〕[2014]) "Some consequences of four incapacities," *Journal of Speculative Philosophy* 2, pp. 140-157; reprinted in M. H. Fisch (general editor) *Writings of Charles S. Peirce: A Chronological Edition,* vol. 2. Indiana University Press, pp. 211-242; 邦訳 パース「四つの能力の否定から導かれる諸々の帰結」植木豊訳，植木編訳 2014，pp. 93-143。

Peirce, C. S. (1877 〔1986〕[2014a]) "The fixation of belief," *Popular Science Monthly* 12, pp. 1-15; reprinted in M. H. Fisch (general editor) *Writings of Charles S. Peirce: A Chronological Edition,* vol. 3. Indiana University Press, pp. 242-257; 邦訳 パース「信念の確定の仕方」植木豊訳，植木編訳 2014，pp. 144-167。

Peirce, C. S. (1878 〔1986a〕[2014b]) "How to make our ideas clear," *Popular Science Monthly* 12 pp. 286-302; reprinted in M. H. Fisch (general editor) *Writings of Charles S. Peirce: A Chronological Edition,* vol. 3. Indiana University Press, pp. 257-276; 邦訳 パース「我々の概念を明晰にする方法」植木豊訳，植木編訳 2014，pp. 168-197。

Peirce, C. S. (1907 〔1998〕[2014c]) "Pragmatism"; printed in Peirce Edition Project ed. *The Essential Peirce, Volume 2 (1893-1913)* Indiana University Press, pp. 398-433; 邦訳 パース「プラグマティズム (1907)」植木豊訳，植木編訳 2014，pp. 259-330。

Peirce, C. S. (1982-) *Writings of Charles S. Peirce: A Chronological Edition.* Indiana University Press.

Perrin, J. (1913 [1990]) *Les Atomes.* Librairie Félix Alcan; 英訳 *Atoms,* translated by D. Hammick. Ox Bow Press.

Petzoldt, J. (1906 〈1912〉) *Das Weltproblem vom Standpunkte des relativistischen Positivismus aus historisch-kritisch dargestellt;* second edition. Teubner.

Pickering, M.（1993）*Auguste Comte: Volume 1: An Intellectual Biography.* Cambridge University Press.

Planck, M.（1896）"Gegen die neuere Energetik," *Annalen der Physik* 293, pp. 72–78.

Planck, M.（1948［1949］）"Wissenschaftliche Selbstbiographie"; 英訳 "Scientific autobiography," in *Scientific Autobiography and Other Papers*, translated by F. Gaynor. Greenwood Press.

Poincaré, H.（1895）"L'espace et la géométrie," *Revue de métaphysique et de morale* 3, pp. 631–646.

Poincaré, H.（1902［1938］）*La science et l'hypothése.* Flammarion; 邦訳　ポアンカレ『科学と仮説』河野伊三郎訳，岩波文庫。

Poincaré, H.（1912）"Les rapports de la matière et de l'éther," *Journal de physique théorique et appliquée* 2, pp. 347–360.

Pojman, P.（2009）"Ernst Mach," *Stanford Encyclopedia of Philosophy.*（http://plato.stanford.edu/entries/ernst-mach/）

Pope, A.（1751［1998］）*Moral essays, in four epistles to several persons*; 邦訳　ポウプ『道徳論集』中川忠訳，あぽろん社。

Popper, K. R.（1934［1959］）*Logik der Forschung: Zur Erkenntnistheorie der modernen Naturwissenschaft.* Springer; 英訳　*The Logic of Scientific Discovery.* Hutchinson.

Popper, K. R.（1963）*Conjectures and Refutations.* Routledge & K. Paul.

Popper, K. R.（1983）*Realism and the Aim of Science.* Hutchinson.

Porter, T. M.（2004）*Karl Pearson: the scientific life in a statistical age.* Princeton University Press.

Putnam, H.（1981）*Reason Truth and History.* Cambridge University Press.

Putnam, H.（1983）*Realism and Reason: Philosophical Papers volume 3.* Cambridge University Press.

Quetelet, A.（1835）*Sur l'homme et le développement de ses facultés, ou essai de physique sociale.* Bachelier.

Quine, W. V. O.（1951〔1953〕）"Two dogmas of empiricism"; reprinted in *From a Logical Point of View*, Harvard University Press.

Ravesson, F.（1867〈1895〉［2017］）*La philosophie en France au XIXe siècle*; Quatrième Édition. Hachette; 邦訳　ラヴェッソン『十九世紀フランス哲学』杉山直樹・村松正隆訳，知泉書館。

Reisch, G. A. (2005) *How the Cold War Transformed Philosophy of Science: To the Icy Slopes of Logic*. Cambridge University Press.

Rey, A. (1907) *La Théorie de physique chez les physiciens contemporarins*. Alcan.

Richardson, A. W. (1998) *Carnap's Construction of the World: The Aufbau and the Emergence of Logical Positivism*. Cambridge University Press.

Richardson, A. W. (2003) "Logical empiricism, American pragmatism, and the fate of scientific philosophy in North America," in G. L. Hardcastle and A. W. Richardson eds. *Logical Empiricism in North America: Minnesota Studies in the Philosophy of Science volume XVIII*. University of Minnesota Press, pp. 1-24.

Rickert, H. (1899 [1922]) *Kulturwissenschaft und Naturwissenschaft*. Verlag von J. C. B. Mohr; 邦訳　リッカート『文化科学と自然科学』佐竹哲雄訳, 大村書店。

Rickert, H. (1902 [1986]) *Die Grenzen der naturwissenschaftlichen Begriffsbildung: eine logische Einleitung in die historischen Wissenschaften*; 英訳　*The Limits of Concept Formation in Natural Science: A Logical Introduction to the Historical Sciences*, edited and translated by G. Oakes. Cambridge University Press.

Ross, S. (1961) "Faraday consults the scholars: the origins of the terms of electrochemistry," *Notes and Records of the Royal Society* 16, pp. 187-220.

Ross, S. (1962) "Scientist: the story of a word," *Annals of Science* 18, pp. 65-85.

Ruse, M. (1989) *The Darwinian Paradigm*. Routledge.

Russell, B. (1914) "On the nature of acquaintance II: neutral monism," *The Monist* 24, pp. 161-187.

Ryan, A. (1979) "Introduction," in Mill〔1979〕, pp. vii-lxvii.

Ryan, F. X. (2000) "Introduction," in C. Wright, *The Evolutionary Philosophy of Chauncey Wright*, with an introduction by F. X. Ryan. Thoemmes, pp. v-xxi.

Saint-Simon, H. (1813〔1973a〕[1952]) *Mémoire sur la Science de l'Homme*; included in Saint-Simon 1973 vol. 2; 英訳　*Henri Comte de Saint-Simon (1760-1825): Selected Writings*, edited and translated by

F. M. H. Markham. Blackwell.

Saint-Simon, H. (1973) *Œuvres Choisies.* G. Olms.

Salmon, W. (1963) *Logic.* Prentice-Hall.

Scarre, G. (1989) *Logic and reality in the philosophy of John Stuart Mill.* Kluwer.

Schlick, M. (1918 [1974]) *Allgemeine Erkenntnislehre.* Verlag von Julius Springer; 英訳 *General Theory of Knowledge,* translated by A. E. Blumberg. Springer-Verlag.

Schlick, M. (1932 [1959]) "Positivismus und Realismus," *Erkenntnis* 3, pp. 1–31; 英訳 "Positivism and realism," translated by D. Rynin, in A. J. Ayer ed. *Logical Positivism.* The Free Press, pp. 82–107.

Scott, D. (1840) "On Leonardo da Vinci and Coreggio," *Blackwood's Magazine* 48, pp. 270–280.

Shanahan, T. (1989) "Kant, *Naturphilosophie,* and Oersted's discovery of electromagnetism: a reassessment," *Studies of History and Philosophy of Science* 20, pp. 287–305.

Sidgwick, A. (1883) *Fallacies, A view of Logic From the Practical Side.* Kegan Paul.

Smart, J. J. C. (1963) *Philosophy and Scientific Realism.* Routledge & K. Paul.

Smedley, E., Rose, Hugh J., and Rose, Henry J. (〈1845〉) *Encyclopaedia metropolitana; or, Universal dictionary of knowledge on an Original Plan; Comprising the Twofold Advantage of a Philosophical and an Alphabetical Arrangement vol. 1: Pure Sciences, vol. 1.* Griffin and Co; reissued, Fellowes et al.

Smedley, E., Rose, Hugh J. and Rose, Henry J. (〈1845a〉) *Encyclopaedia metropolitana; or, Universal dictionary of knowledge on an Original Plan; Comprising the Twofold Advantage of a Philosophical and an Alphabetical Arrangement vol. 4: Mixed Sciences vol. 2.* Griffin and Co; reissued, Fellowes et al.

Smith, N. (1906) "Avenarius' Philosophy of Pure Experience," (I and II) *Mind* New Series 15, pp. 13–31, 149–160.

Snyder, L. J. (2006) *Reforming Philosophy: A Victorian Debate on Science and Society.* The University of Chicago Press.

Snyder, L. J. (2011) *The Philosophical Breakfast Club.* Broadway Paperbacks.

Somerville, M. (1834) *On the Connexion of the Physical Sciences.* John Murray.

Spencer, H. (1862 〔1966〕) *First Principles.* Williams and Norgate; reprinted as *The Works of H. Spencer. vol. 1. A system of Synthetic Philosophy I, First Principles.* Zellor.

Spencer, H. (1864 〔1891〕) "Reasons for dissenting from the philosophy of M. Comte"; reprinted in *Essays: Scientific, Political & Speculative,* vol. 2. Williams & Norgate, pp. 118–144.

Staël, Madame de (1799 〈1800〉) *De la littérature considérée dans ses rapports avec les institutions sociales*; Seconde Édition. Bibliothéque-Chapentier.

Stadler, F. (2007) "The Vienna Circle: context, profile, and development," in A. Richardson and T. Uebel eds. *The Cambridge Companion to Logical Empiricism.* Cambridge University Press, pp. 13–40.

Stallo, J. B. (1848) *General Principles of the Philosophy of Nature.* Crosby and Nichols.

Stallo, J. B. (1881 〈1888〉) *The Concepts and Theories of Modern Physics.* Appleton; second edition. Appleton.

Thomson, W. (1863) "On the rigidity of the earth," *Philosophical Transactions of the Royal Society* 153, pp. 573–582.

Thomson, W. (1890) *Mathematical and Physical Papers*, volume 3. C. J. Clay and Sons.

Thomson, W and Tait, P. G. (1867 〈1879〉) *Treatise of Natural Philosophy.* Clarendon Press; new edition. Cambridge University Press.

Thurs, D. P. and Numbers, R. L. (2013) "Science, pseudoscience, and science falsely so-called," in M. Pigliucci and M. Boudry eds. *Philosophy of Pseudoscience: Reconsidering the Demarcation Problem.* The University of Chicago Press, pp. 121–144.

Todhunter, I. (1876 〔2001〕) *William Whewell: An Account of His Writings with Selections from His Literary and Scientific Correspondence.* vols. I and II; reprinted as vols. 15 and 16 of *Collected Works of William Whewell*, edited and introduced by R. Yeo. Thoemmes Press.

Tropea, S. (2001) "Introduction," in S. Tropea ed. *Works of William*

Hamilton, vol. 1, Thoemmes Press, pp. v–xxvi.

Tully, R. E. (2003) "Russell's Neutral Monism," in N. Griffin ed. *The Cambridge Companion to Bertrand Russell*. Cambridge University Press, pp. 332–370.

Uebel, T. (2016) "Vienna Circle," *Stanford Encyclopedia of Philosophy*. (https://plato.stanford.edu/entries/vienna-circle/)

van Fraassen, B. C. (1980) *The Scientific Image*. Oxford University Press.

Veitch, J. (1869) *Memoir of Sir William Hamilton, Bart*. Blackwood.

Wagner, G. and Härpfer, C. (2015) "Neo-Kantianism and the social sciences: from Rickert to Weber," in N. De Warren and A. Staiti eds. *New Approaches to Neo Kantianism*. Cambridge University Press, pp. 171–185.

Walter, M. L. (1990) *Science and Cultural Crisis: An Intellectual Biography of Percy Williams Bridgman (1882–1961)*. Stanford University Press.

Walton, D. (2000) "Alfred Sidgwick: A little-known precursor of informal logic and argumentation," *Argumentation* 14, pp. 175–179.

Watkins, E. (2014) "Kant's philosophy of science," *Stanford Encyclopedia of Philosophy*. (http://plato.stanford.edu/entries/kant-science/)

Weber, M. (1913 [1968]) *Über einige Kategorien der verstehenden Soziologie*; 邦訳　ウェーバー『理解社会学のカテゴリー』林道義訳，岩波文庫。

Whately, R. (〈1845〉〈1826〉〈1827〉〈1831〉〈1857〉[1888]) "Logic," in Smedley, Rose and Rose 〈1845〉; *Elements of Logic*; Second edition. J. Mawman; Fourth edition. B. Fellowes; ninth (octavo) edition. J. W. Parker and Son; 邦訳　ホウエトリ『論理原論』小野太郎訳，佐久間剛蔵校補。神戸甲子二郎，大倉保五郎発行。

Whately, R. (〈1845a〉〈1828〉〈1830〉) "Rhetoric," in Smedley, Rose and Rose 〈1845〉; *Elements of Rhetoric* second edition. John Murray and J. Parker; Third edition. John Murray and J. Parker.

Whately, R. (1819) *Historic Doubts Relative to Napoleon Buonaparte*. J. Hatchard.

Whately, R. (1831a) *Introductory Lectures on Political Economy*. B. Fellowes.

Whewell, W. (1819) *An Elementary Treatise on Mechanics*. J. Smith.

Whewell, W. (1828) *An Essay on Mineralogical Classification and*

Nomenclature: With Tables of the Orders and Species of Minerals. J. Smith.

Whewell, W. (1831) "*A Preliminary Discourse on the Study of Natural Philosophy, by J. F. W. Herschel, Esq. M. A. of St. John's College, Cambridge, 1830*," *Quarterly Review* 45, pp. 374–407.

Whewell, W. (1834) "*On the Connexion of the Physical Sciences.* By Mrs. Somerville," *Quarterly Review* 51, pp. 54–68.

Whewell, W. (1834a) *Astronomy and General Physics Considered with Reference to Natural Theology.* William Pickering.

Whewell, W. (1837) *History of the Inductive Sciences from the Earliest to the Present Times.* Parker and Son.

Whewell, W. (1840〈1847〉) *The Philosophy of the Inductive Sciences founded upon their History* (first edition). Parker and Son; Second Edition. Parker and Son.

Whewell, W. (1849) *Of Induction, with Especial Reference to R. J. S. Mill's System of Logic.* John W. Parker.

Whewell, W. (1859) "Prefatory Notice," in Jones, R. *Literary Remains, consisting of Lectures and Tracts on Political Economy of the Late rev. Richard Jones*, edited with prefatory notice by W. Whewell. John Murray, pp. xix–xx.

Whewell, W. (1860) *On the Philosophy of Discovery.* Parker and Son.

Wiener, P. P. (1949) *Evolution and Founders of Pragmatism.* Harvard University Press.

Wilkes, M. V. (1990) "Herschel, Peacock, Babbage and the Development of the Cambridge Curriculum," *Notes and Records: The Royal Society Journal of the History of Science* 44, pp. 205–219.

Windelband, W. (1894〔1910〕[1929]) "Geschichte und Naturwissenschaft"; reprinted in *Präludien. Aufsätze und Reden zur Einleitung in die Philosophie.* Freiburg Breisgau, pp. 136–160; 邦訳 ヴィンデルバント『歴史と自然科学 道徳の原理に就て 聖――『プレルーディエン』より』篠田英雄訳，岩波文庫。

Woods, J. (2012) "A history of the fallacies in Western logic," in D. M. Gabby et al. eds. *Handbook of History of Logic vol 11: Logic: A History of Its Central Concepts.* Elsevier, pp. 513–610.

Worrall, J. (1989) "Structural realism: the best of both worlds?" *Dialectica* 43, pp. 99–124.

Wright, C. (1865 〔1878〕〔2000a〕) "Philosophy of Herbert Spencer"; reprinted in his *Philosophical Discussions*. Henry Holt and Co., pp. 43–96; reprinted as the volume 1 of Wright 2000.

Wright, C. (1870 〔1878a〕〔2000b〕) "Limits of natural selection"; reprinted in his *Philosophical Discussions*. Henry Holt and Co., pp. 97–127; reprinted as the volume 1 of Wright 2000.

Wright, C. (1878b 〔2000c〕) *Letters of Chauncey Wright*; reprinted as the volume 2 of Wright 2000.

Wright, C. (2000) *The Evolutionary Philosophy of Chauncey Wright*, 3 vols., with an introduction by F. X. Ryan. Thoemmes.

Wright, J. P. (2009) *Hume's Treaties of Human Nature: An Introduction*. Cambridge University Press.

Wundt, W. (1889) "Ueber die Eintheilung der Wissenschaften," *Philosophische Studien* 5, pp. 1–55.

Yeo, R. (1993) *Defining Science: William Whewell, Natural Knowledge, and Public Debate in Early Victorian Britain*. Cambridge University Press.

Zahar, E. (2001) *Poincaré's Philosophy: From Conventionalism to Phenomenology*. Open Court.